佛教中国化的实现路径
——以汉文大藏经为中心的文本研究

纯一 著

文物出版社

图书在版编目（CIP）数据

佛教中国化的实现路径：以汉文大藏经为中心的文
本研究 / 纯一著. -- 北京：文物出版社，2020.4
ISBN 978-7-5010-6663-6

Ⅰ.①佛… Ⅱ.①纯… Ⅲ.①佛教 – 研究 – 中国②大
藏经 – 研究 Ⅳ.①B948②B941

中国版本图书馆 CIP 数据核字(2020)第043197号

佛教中国化的实现路径：以汉文大藏经为中心的文本研究

著　　者　纯　一

责任编辑　孙　霞

封面设计：鲁　人

责任印制　张道奇

出版发行　文物出版社

地　　址　北京市东直门内北小街 2 号楼

邮　　编　100007

网　　址　http://www.wenwu.com

邮　　箱　web@wenwu.com

经　　销　新华书店

印　　刷　北京荣宝艺品印刷有限公司

开　　本　710mm×1000mm　1/16

印　　张　18

版　　次　2020年4月第1版

印　　次　2020年4月第1次印刷

书　　号　978-7-5010-6663-6

定　　价　188.00元

前　言

佛教产生于印度，发扬光大于中国。史载，西汉哀帝元寿元年（公元前 2 年），大月氏使臣伊存向汉博士弟子景卢口授《浮屠经》，景卢笔录流传，[1] 是为已知成文的第一部汉译佛经；半个多世纪后，又有"汉明感梦，初传其道"，[2] 佛教在东汉政府的支持下正式输入中国。迄今，佛教在中国的历史，已经有两千多年了。在这漫长的发展演变进程中，儒释道都既致力于突出各自的个性特征，又致力于充分吸收另外两家的文化来充实自己，从而在多方面形成了你中有我，我中有你的水乳交融状态。就佛教而言，中国的高僧大德和知识精英们对佛教的思想义理、修行方法、清规戒律、组织形式、传播方式，以及如何把握政教关系、处理宗教之间的关系等方面，融入了中国文化的基因与精神特色，最终使佛教成为中国特色的佛教，而不是原封不动的印度佛教或者其他国度的佛教，进而使之已经成为悠久的中国传统文化的重要组成部分，与中国本土产生的儒、道并称为"三教"，构成中国传统文化的三大支柱。如果剔除唐宋以来儒教、道教中的佛教成分，后两者就会面目全非，反之亦然。[3] 习近平主席 2014 年 3 月 28 日在联合国教科文组织总部演讲时指出："佛教同中国儒家文化和道家文化融合发展，最终形成了具有中国特色的佛教文化，给中国人的宗教信仰、哲学观念、文学艺术、礼仪习俗等留下了深刻影响"，"中国人根据中华文化发展了佛教思想，形成了独特的佛教理论，而且使佛教从中国传播到了日本、韩国、东南亚等地。"[4]

1　［西晋］陈寿撰述、［南朝宋］裴松之集注：《三国志·魏书·乌丸鲜卑东夷传第三十》，引注鱼豢《魏略·西戎传》。

2　［南朝梁］释慧皎：《高僧传》卷九"晋邺中竺佛图澄传"。

3　魏道儒：《从文明交流互鉴角度认识和理解佛教——学习〈习近平在联合国教科文组织总部的演讲〉》，《世界宗教文化》2014 年第 3 期。

4　习近平：《在联合国教科文组织总部的演讲》，《人民日报》2014 年 3 月 28 日第 3 版。

在中国历史上，佛教有着巨大的社会影响力和群众基础。在南北朝到隋唐五代时期，佛教在中国社会中的影响力最大，其次为道教，儒教的影响力最弱。唐人杜牧诗云："南朝四百八十寺，多少楼台烟雨中。"描绘出南朝故都金陵（今南京）佛法兴盛的状况。唐代以后，三教趋于融汇调和，共同促进中国文化的发展。宋儒更是援佛入儒，革新儒学，形成理学。明代政府提倡佛教，佛、道、儒三教趋于合流。如明太祖朱元璋认为："于斯三教，除仲尼之道，祖尧舜，率三王，删诗制典，万世永赖。其佛、仙之幽灵，暗助王纲，益世无穷，惟常是吉。尝闻天下无二道，圣人无两心。三教之立，虽持身荣俭之不同，其所济给之理一。……于斯三教，有不可缺者。"[1]明英宗也认为，佛教"以慈悲为用，阴翊王度，化导群迷，良足嘉尚"。[2]三教之外无正教，孔子、释迦、老子之外无圣人，不仅为清代统治阶级所提倡，也为各阶层的大多数民众所接受。而近代太虚大师提出的"以人生为本位"、以"利益众生"为旨趣的"人生佛教"，在当代中国发展为赵朴初居士倡导和力行的"人间佛教"，"就要奉行五戒、十善以净化自己；广修四摄、六度以利益人群，就会自觉地以实现人间净土为己任，为社会主义现代化建设这一庄严国土、利乐有情的崇高事业贡献自己的光和热"。而这种巨大的影响，源自中国佛教在中外文化的相互渗透、交融、互鉴中，既继承了佛陀创教的根本情怀和基本精神，同时又在传统文化的土壤中，进一步创造性地演化而形成的汉传佛教八大宗派—唯识、三论、天台、华严、净土、禅、律、密，前四宗侧重义理，后四宗侧重实修，即中国佛教内在的主体性。由此可以概括出，中国佛教的特质就是大乘佛教，大乘佛教的主要内涵就是八大宗派，呈现给我们的精神就是菩萨道精神，而这也是中国佛教与中国虽久不废，

---

1 《明太祖御制文集》卷一一"三教论"。
2 《明太祖御制文集》卷一一"三教论"。

流芳百世的"三不朽"——"立德""立功""立言",[1] 乃至"为天地立心,为生民立命,为往圣继绝学,为万世开太平"[2]的儒家"修齐治平"思想息息相通的关键所在。中国是菩萨道佛教,结合菩萨与众生的关系,阐释普度众生、兼善天下、和谐万邦与当前中国提出的人类命运共同体的思想,相得益彰,也为实现中国梦,争取最大公约数。致力世界和平,提供推陈出新的思想理念与活力源泉,通过弘扬大乘佛教的菩萨道思想来对外表述中华文明的品质,也可以充分展示我国对外平等互助、和谐共生的良好愿景。我国汉语、藏语、巴利文三大语系具足,大小二乘并存,就目前而言,我们还是要集中精力,在汉传八大宗派的基础上,结合藏语系的大乘译典,进行整合,进一步归纳、总结和完善当代中国佛教自身的修学体系,显得尤为必要和迫切。

从思想的成熟与文本的载体来看,历史上不断完善的汉文大藏经既是佛教中国化的具体呈现,也是中国化佛教重大成果的结晶。

佛教所说大藏经,是指各种佛教典籍的总汇。佛经源源不断地进入中土之后,起初称为"众经""一切经",后来,也有称为"经藏""藏经""大藏"或"三藏经"者,亦可简称为"藏"。"大藏经"之名,并非来自印度,在梵文中也没有相对应的名词,而是缘于中土佛教的创造。关于"大藏经"的含义,方广锠先生有一段颇为精彩的解释:

"大",是一种褒义,它表示佛教的经典穷天地之极致,无所不包。佛教常把只有佛才可能具有的最高智慧称作"大圆镜智",把佛教的法身佛——毗卢遮那佛——称作"大日如来",所用的"大"与"大藏经"的"大"都是同一种含义。

"藏",是梵文"pitaka"的意译。"pitaka"意为盛放东西的箱子、筐子等器皿。古代印度的僧侣们常把他们抄写的贝叶经存放在这类箱

---

1 《左传·襄公二十四年》载,春秋时鲁国的叔孙豹与晋国的范宣子曾就何为"死而不朽"展开讨论。范宣子认为,他的祖先从虞、夏、商、周以来世世代为贵族,家世显赫,香火不绝,这就是"不朽"。对此,叔孙豹认为这只能叫作"世禄"而非"不朽"。在他看来,真正的不朽乃是:"太上有立德,其次有立功,其次有立言,虽久不废,此之谓三不朽。"唐人孔颖达在《春秋左传正义》中则又对德、功、言分别作了界定,即"立德谓创制垂法,博施济众""立功谓拯厄除难,功济于时""立言谓言得其要,理足可传"。

2 [明]张载:《张子语录》。

子或箧子中。因此，"藏"也就逐渐成为佛典的计标单位乃至代名词。

"经"，是梵文"sūtra"的意译。"sūtra"原意为"贯穿"，古印度佛教徒认为，用一根线绳把花瓣穿起来，这些花瓣就不会再被风吹散。同理，把释迦牟尼的言教搜集总摄在一起，便可永不散失，流传后代，所以称之为"sūtra"。中文的"经"字，原意是指织物的纵线，有绵延之意，故引申为"常"，指常存之义理、法则、原则。中国人自来有一点"天不变，道亦不变"的思想，认为宇宙间存在着某种终极真理。对"经"字的上述诠解，就是中国人这种心态的反映。晋高僧释僧肇的解释说："经者，常也。古今虽殊，觉道不改。群邪不能沮，众圣不能异，故曰'常'也。"意思是说：所谓"经"，是一种永久不变的东西，尽管时间流逝，古今的情况不同，但释迦牟尼指明的觉悟真理不会发生变化。这种真理是任何不信佛的外道（群邪）所破坏不了的，即使是佛弟子们（众圣）也不能随便改变它，所以称作"常"，也就是"经"。因此，中国人用"经"字，来对译梵文中的"sūtra"，反映出中国佛教徒对释迦牟尼及其言教的无限崇拜与信仰。[1]

值得注意的是，梵文"经藏"一词，汉译为"经"，在印度语境中仅指佛教经、律、论三藏中的"经藏"；而在中国语境中，"经"在佛教中的内涵逐渐扩展，形成了不同的层次。从狭义到广义，大体有三层含义。第一层含义指三藏中的经藏，等同于印度佛教的"经藏"。第二层含义指域外传入的所有翻译佛典。从佛教初传开始，中国人往往把属于印度佛教律藏、论藏的典籍，都译称为"经"。第三层含义，譬如"大藏经"的"经"，就包括了中国人自己编撰的中华佛教撰著。"经"之含义的演变，与中国人对翻译佛典的观感有关，与南北朝时期的"三宝崇拜"思潮有关，与随着中国佛教蓬勃发展，中华佛教撰著大量出现有关。

因此，中国人创造的"大藏经"一词，"既吸收了印度佛典管理的内容，又融贯了中国人的思想与情感，本身就是中印文化相结合的产物"。不过，佛经虽源源不断地传入中土，但并非一开始就称"大

---

1 方广锠：《佛教大藏经史（八～十世纪）》，中国社会科学出版社，1991年，第213页。

藏经"，起初用"众经""一切经"来指称"大藏经"，后来，也有用"经藏""藏经""大藏"或"三藏经"的，亦可简称为"藏"。至于"大藏经"一词何时出现，方广锠先生指出，"大藏经"最早出现于隋朝灌顶法师所撰《隋天台智者大师别传》的说法是错误的，当属误读。该书末尾有关智者大师一生共造"大藏经十五藏"的这段文字并非灌顶的原著，而是"铣法师"所作的补注；但"铣法师"系何时、何许人，待考，所以不能把它当作"大藏经"一词在隋代已经出现的证据。方广锠先生发现，敦煌遗书《西天大小乘经律论并见在大唐国内都数目录》（伯2987号、斯3565号）、《大唐大藏经数》（伯3846号）均出现"大藏经"一词，其中前者是敦煌归义军时期的写本，其产生的上限不会早于唐玄宗时代，下限不会晚于会昌废佛；而至于后者产生的年代则稍迟，为会昌废佛后出现的。后来，方先生在日本《大正藏》中又发现，由空海入唐所得《金刚顶经大瑜伽秘密心地法门义诀》卷上有"其百千颂本，复是菩萨大藏经中次略也"的说法，而空海入唐的年代是公元804年到806年，相当于唐德宗贞元二十年至唐宪宗元和元年；在唐代海云《两部大法相承师资付法记》中发现有"依梵本译成六卷，又总集一部教持念次第共成一卷，成七卷。共成一部，编入大藏经"的说法，该书撰于唐文宗太和八年（834年），时为会昌废佛之前。因此，他认为最迟在唐贞元年间"大藏经"一词已经产生。[1]

对"大藏经"的内涵，敦煌遗书伯2987号、斯3565号有"西天大藏经有八万四千亿五百卷"，由此可知，古代中国将之视为佛教典籍的总称，而非仅仅局限于汉文佛教典籍。20世纪初，为建立三大系佛教之总体观、整合各不同语种之佛典的需要，日本学者将汉传佛教的"大藏经"一词窄化为"汉文大藏经"，以区分各类其他语种的佛教典籍汇编，如藏文大藏经、巴利语系大藏经、西夏文大藏经、蒙文大藏经、满文大藏经、傣文大藏经等。不过，这些称呼仅局限在汉传佛教系统内部使用，南传佛教则仍然沿用传统，称其典籍为"三藏"（Tripitaka），藏传佛教称其典籍为"甘珠尔""丹珠尔"。而起步

1 方广锠：《佛教大藏经史（八～十世纪）》，中国社会科学出版社，1991年，第213页。

于研究南传佛教的欧美佛教研究也曾长期使用"Tripitaka"（三藏）一词，并以之对译汉文的"大藏经"，直到近年才逐渐改用"dazangjing"（大藏经）这一称谓，有的则采用"大藏经"的日语发音"taizokyo"。

基于此，我们对大藏经的探讨也可以视为对汉文大藏经的探讨。就汉文大藏经的内容而言，可分作"翻译佛典"与"中华撰述"两大部分。其中，"翻译佛典"不仅包括经、律、论三藏，还包括西土先贤有关经、律、论的注释和疏解等"藏外典籍"，其原语种十分繁杂，既包括从梵文、藏文、巴利文翻译的经典，还包括从中亚一带各种少数民族语言翻译的经典，内容涉及大小乘、显密教等许多部分。而中华撰述部分均为中国人的著作，其中，唐代禅宗六祖慧能的《坛经》唯一称为"经"并流传后世成为中国佛教重要的经典著作。其他如慧远的《沙门不敬王者论》《三报论》和《明报应论》，僧肇的《肇论》，吉藏的《三论玄义》，智顗的《法华经玄义》《摩诃止观》，窥基的《成唯识论述记》《因明入正理论疏》和《大乘法苑义林章》，智俨的《华严经搜玄记》，法藏的《华严经探玄记》《华严一乘教义分齐章》《华严金师子章》，湛然的《金刚錍》，宗密的《原人论》《禅源诸诠集都序》，普济编的《五灯会元》，赜藏主编的《古尊宿语录》，延寿的《宗镜录》，契嵩的《辅教篇》，宗杲的《正法眼藏》等，也都是重要的中国佛教名著，这些著作构成了汉文大藏经极为重要的组成部分。据近人吕澂先生《新编汉文〈大藏经〉目录》统计，这类著作在汉文大藏经里占582部，4172卷，内容有对三藏所作的疏、钞、章、记以及史传著作，各类论著、地志、目录等，可以说种类繁多，题材广泛，资料宏富。大藏经收录的虽然是佛教典籍，但是其内容则涉及哲学、历史、民族、中外关系、语言、文学、艺术、天文历算、医药、建筑等诸多领域，是研究中国佛教，乃至中国历史、哲学、社会、经济等诸多领域不可或缺的宝贵资料。

由唐代开启、宋元明清继踵的中国文化繁荣与国际地位，一个重要的指标就是，古代乃至近代，朝鲜半岛和日本及东南亚各国的许多重要文本都是中文版本，通过汉文编纂的大藏经成为东北亚佛教共尊的文本，中文的世界话语权在唐代达到了前所未有的通畅、殊胜、高峰。当今，在东北亚佛教共尊的文本基础上，如何构建一个当代的汉文大藏经文本，"外化其形"，使之成为宏富的中国化佛教的"教化载体"，充分展现出中国佛教的价值观念和中华佛教文化独特魅力，实际上是"努力传播当代中国价值观念""努力展示中华文化独特魅力"的重要思想文化基础之一。

目　录

第一章　西土佛经的结集及经律论三藏的由来

　　释迦牟尼 29 岁出家修行，35 岁在菩提伽耶（今印度比哈尔南部伽耶市近郊）觉悟成道，到 80 岁入灭前在拘尸那拉（今印度联合邦迦麦城）、中印度恒河中游一带弘扬佛法、教化众生长达 45 年。[1] 佛陀以摩揭陀国王舍城和憍萨罗国舍卫城为两大据点，沿着当时已开辟的商路，向其他各城市传教。其足迹所至，东到鸯伽的瞻波国，西至拘留的劫摩沙昙摩，南到摩揭陀的拘睒弥国，北至释迦族的迦毗罗卫国和拘萨罗的舍卫国。在各地都有人布施精舍之类的建筑物，但佛陀居住说法时间较长的是王舍城竹园精舍、舍卫城祇园精舍；此外有王舍城的耆婆园和七叶窟、舍卫城的鹿子母讲堂、毗舍离城郊的重阁讲堂和庵摩罗园、憍赏弥城的瞿师罗园、迦毗罗卫的尼拘律园等；其他还有王舍城北的耆阇崛山（灵鹫山）、舍卫城附近的拓梨山、憍赏弥城的恐怖林和支提山等。

　　佛陀最初的言教，是成道后在波罗奈城的鹿野苑（今印度瓦腊那西城西北），向原受净饭王派遣跟随守护他、后因他放弃苦修而离开到别处去的五位侍者阿若憍陈如、阿说示（又译马胜）、跋提、十力迦叶、摩诃男拘利，宣说四谛、十二因缘、三十七菩提分、五蕴、四禅和三明等教说，五人皈依了他，成为最初的佛弟子，号"五比丘"。这次说教，佛教称为初转法轮。

　　佛陀最后的言教，是在拘尸那迦（今印度北方邦哥达拉克浦县凯

---

1 佛陀说法的年数，在各种经律的记载中并不一致，有些微的差异，四十五年是后来多数接受的传说。这个传说，或依《僧伽罗刹所集经》卷下，对佛陀历年结夏居处所的记载计算而得："如是，世尊于波罗奈国而转法轮，初转此法时，多饶益众生，即于此夏坐，有益于摩竭国王。第二、三于灵鹫顶山，第五脾舒离，第六摩拘罗山（白善）为母故，第七于三十三天，第八鬼神界，第九拘苦毗国，第十枝提山中，第十一复鬼神界，第十二摩伽陀闲居处，第十三复还鬼神界，第十四本佛所游处，于舍卫祇树给孤独园，第十五迦维罗国释种村中，第十六还迦维卫国，第十七罗阅城，第十八复罗阅城，第十九柘梨山中，第二十夏坐在罗阅城，第二十一还柘梨山中。于鬼神界，不经历余处连四夏坐。十九年不经历余处，于舍卫国夏坐。如来如是最后夏坐时，于跋祇境界毗将村中夏坐。"

西以北）附近的娑罗树林临涅槃前，对 120 岁的婆罗门须跋陀罗的咨问所作的解答，以及对诸比丘所作的精进修行的谆谆教诲。

佛法体现在佛陀 45 年的弘化中。印顺法师指出，"释尊有他的自觉圣境；他吐露在语言中，表现在行为中。这意境、言说、身行的三业大用，出现在世人的认识中，是这个世间的佛法根源"。而"从佛的自证境地，而成为世间的，为人类所信、所知、所学习的，一定要经'表达'的过程"。这些"表达"即是佛陀直接为弟子们释疑、指导、依止的口传佛经。检讨其内容，有教说、有制度、有佛的生活实况。教说，是佛所宣说的，是佛的"言教"。法制，部分是当众宣布制定的；部分是佛的生活轨范，成为大众的楷模，这里面就有"身教"（还有佛的事迹，也不用佛说，是当时所知而流传下来的）。当然，佛法也并非仅仅是佛说的。从教说角度而言，佛法而见于圣典中的，除佛说的之外，有弟子说的，有弟子与弟子互相对论的，有佛略说而弟子广为分别的，还有佛涅槃后弟子说的。[1]《大智度论》即说："佛法有五种人说：一者佛自口说，二者佛弟子说，三者仙人说，四者诸天说，五者化人说。"[2]

由于没有文字记载，因此早期佛法的传承只能依靠口诵，所以需要有能够专门背诵教法的某一部分的修行者，诸如持律者（vinayadhara，律的暗诵者，即律师）、持法者（dharmadhara，法的暗诵者，即经师）、持论者（dharmakathika，论师）、持论母者（matikadhara，论母的奉持者）等专门人才。所以，佛陀说法的准确程度，便取决于弟子们的记忆力，这使得佛法在流传的过程中，会出现因记忆力或其他原因而产生的误传。为防止佛陀遗教散佚，统一教法，便有了佛经结集的活动。

第一节 佛经的结集

所谓结集，是梵文"samgīti"的意译，又作"集法""集法藏""结

---

1 印顺：《以佛法研究佛法》，正闻出版社，1987 年，第 155～156 页。

2 ［后秦］鸠摩罗什：《大智度论》卷二。

经""经典结集",是指集合僧众以"合诵"的方式进行,先将僧众"合诵"的结果,由僧众的结集代表诵出,再经由集体勘验、审定,并得到僧众共同确认无误后,以公开形式得到僧团的肯定。综合南传和北传佛教文献的记载,关于佛经结集的时间和次数,虽然并不一致,但佛陀涅槃之后的四五百年之间所举行的四次结集是北传佛教和南传佛教共同承认的。

第一结集

第一结集是在佛陀入灭后的第一个雨季。

佛陀晚年,舍利弗、目犍连两大弟子在佛陀入灭前一年相继去世。佛陀带领 500 位比丘自摩揭陀国的王舍城,朝着出生的故乡继续最后的弘法之旅。当时众多弟子中最为长老的摩诃迦叶留意到佛陀将要入灭,于是也带领五百位比丘追随在释尊队伍后面,来到拘尸那揭罗附近的波婆城。

那时,有位外道从拘尸那揭罗前来,迦叶探询他是否知道释尊的近况。这位外道答道:"沙门乔达摩已于一周前入灭了,我手上带回的这朵曼陀罗花,就是供养其遗体当中的一枝。"听到这消息后,比丘们都非常震惊,并且骚动不安。其中,已经开悟的人因了知诸行无常的真理,知道无法改变事实而能忍住悲痛。但是尚未觉悟的凡夫比丘们,却如丧考妣,寝食难安,悲叹不已。当中有跋难陀提出"我等于今始脱此苦,任意所为无复拘碍"的说法。[1] 由于跋难陀和难陀、迦留陀夷、阐那、马宿(阿湿鞞)、满宿(不那婆娑)等人,是同为释迦族出身的比丘,因为不守律仪,又曾支持提婆达多的破僧而"异住",所以被称为"六群(恶)比丘",为僧团当中非释族出身的十方僧众所防范。对此,《十诵律》序记载:

> 尔时长老摩诃迦叶语诸比丘:"我昔时从波婆城,将五百比丘向拘尸城。尔时有一顽愚不善及老比丘,出恶口言,彼长老常言:'应当行是,

---

1 见[刘宋]佛陀什、竺道生等译:《五分律》。对是谁提出这种说法的记载并非一致,如《摩诃僧祇律》说是摩诃罗,铜鍱部的《善见律》则传为须跋陀罗。

不应行是，我今得自在，所欲便作，不欲便止。'是愚痴比丘作是语时，唯我独闻，余无知者，是诸天神力之所隐蔽。复有一比丘，在我前说，法言非法，非法言法；善言不善，不善言善。"

《大智度论》卷二"初品总说如是我闻"亦有长篇记载了这件事情。然而与上述大迦叶听到有不善比丘说的言语有所不同："是时大迦叶思惟：'我今云何使是三阿僧祇劫难得佛法而得久住？'如是思惟竟：'我知是法可使久住，应当结集修妒路、阿毗昙、毗尼作三法藏，如是佛法可得久住。'"《迦叶结经》也记载，佛陀灭度后不久，"诸罗汉等悉会共议未集经藏法律诸议，各心念言：'吾等所作已办。'越尘劳山，枯竭爱河，一切智日佛，天中天眼忽不见。"佛陀的大弟子迦叶认为，"今摄结义，当集经律，诸法化要，用哀悯故，安隐世间。何以故？世尊从无数劫作行，积功累德，勤苦难量，欲安世间，集是法律，律以救摄。于是奉护佛法所化未灭度顷，当共合集，摄护法化"。因此，十方僧众的上座长老大迦叶，为了避免佛陀之法与律被忘失、败坏，如《五分律》之所谓"勿令跋难陀等别立眷属，以破正法"，[1]决心召集佛陀遗教结集大会，以传续佛法，令不散失。

于是，迦叶在佛陀涅槃后的第一个月便赶到王舍城。在摩竭陀国王阿阇世的支持下，于王舍城附近的灵鹫山（又作耆阇崛山）[2]五峰中最高者毗婆罗山侧的正七叶窟修建了精舍，并邀请阿罗汉千人集于王舍城，从中选出五百大阿罗汉，且预定 3 个月后在那里结集佛陀之说。

1　［刘宋］佛陀什、竺道生等译：《五分律》卷第三十第五分之九"五百集法"。
2　［唐］释玄奘：《大唐西域记》卷九对此山有着详细的记载："宫城东北行十四五里，至姞栗陀罗矩吒山。接北山之阳，孤摽特起，既栖鹫鸟，又类高台，空翠相映，浓淡分色，如来御世垂五十年，多居此山广说妙法。频毗娑罗王为闻法故，兴发人徒，自山麓至峰岑，跨谷凌岩，编石为阶，广十余步，长五、六里。中路有二小窣堵波，一谓下乘，即王至此徒行以进；一谓退凡，即简凡夫不令同往。其山顶东西长、南北狭，临崖西垂有砖精舍，高广奇制，东辟其户，如来在昔多居说法，今作说法之像，量等如来之身。"此外，该书亦列举此山附近的多处佛教圣迹，如提婆达多投石击佛处、佛陀与舍利弗等诸声闻入定的石室、阿难遭魔王娆乱之处等。

因这次集五百比丘大德，故又称"五百结集"。[1]正七叶窟，今印度比哈尔邦的巴特那地区，又名刹帝山窟、七叶岩、车帝石室。"车帝"意为七叶树，为常绿乔木，因石室前有此树而得名。又因这次结集在正七叶窟内，故又称"窟内结集"。[2]

迦叶主持了这次结集。结集从农历五月十六日开始，至八月十五日结束，历时3个月。结集时，每唱诵一部经典时，被选出的诵持者必须即登于高座，逐一回答迦叶有关佛陀说法的地点、对象、缘由等方面的提问，然后述佛陀在那次说法时所说的内容，若在座比丘对诵持者讲述的内容，凡是认为符合佛陀言教者，即表示认可；认为有所遗误者，即提出纠正、补充。会上，先有最通晓律、持律第一的优波离尊者诵出戒律类经典，[3]次由"多闻第一"的阿难尊者背诵出佛陀在世时说过的经法。[4]

有关律藏的结集情况是这样的：

具寿摩诃迦叶告僧伽，言："诸大德！请听我言！若僧伽机熟，我问律于优波离。"具寿优波离告僧伽，言："诸大德！请听我言！若僧伽机熟，我答具寿摩诃迦叶所问之律。"时，具寿摩诃迦叶言具寿优波离，曰："友！优波离！于何处制立第一波罗夷耶？""大德！于毗舍离城。""因谁耶？""因须提那迦兰陀子。""为何事耶？""为不净

1 对于第一次结集人数的记载，大多为五百大阿罗汉，如《十诵律》"序"、《五分律》《摩诃僧祇律》卷三十二、《善见律》卷一、《岛史》《大史》等，而《大智度论》卷一与《大唐西域记》卷九所记载的则是千人结集。

2 关于结集的地址，各书记载大多是王舍城外的七叶窟。虽然玄奘法师所撰《大唐西域记》卷九说这次结集的地址是在王舍城迦兰陀竹园西南山阴石室，东晋佚名译《撰集三藏及杂藏传》说僧伽尸城，龙树著、后秦鸠摩罗什译《大智度论》卷二则说在耆阇崛山。对此，唐窥基撰《大乘法苑义林章》卷四在介绍耆阇崛山的地理位置曰："山城北门外西南山之阴，真谛云王舍城七叶岩，《集藏传》云僧伽尸城北，三说同也。《大智度论》云耆阇崛山结集者，非也。此山在王宫城之正北十四五里，接北山之阳。结集在大城北门外，记迹现存，故知非也。"

3 对于结集律藏的主持人有种不同的说法。在诸部律中，记载的都是优波离尊者结集的律藏，如《五分律》卷三十、《摩诃僧祇律》卷三十二、《善见律毗婆沙》卷一、《阿育王传》卷四、《有部毗奈耶杂事》卷三十九、《十诵律》卷六十、《四分律》卷五十四、《大智度论》卷二、《阿育王论》卷六、《大唐西域记》卷九等，而《毗尼母经》卷四、《迦叶结经》中记载的则是阿难结集的律藏。

4 对于结集次序，有"先律后经"和"先经后律"两种不同的说法。《四分律》《五分律》《十诵律》《善见律毗婆沙》《说一切有部毗奈耶杂事》《大智度论》《撰集三藏及杂藏传》等记载是先律后经，而《摩诃僧祇律》记载的是先经后律。

法也。"时，具寿摩诃迦叶问具寿优波离第一波罗夷之事，问因缘、人、制、随制、犯、不犯。"友！优波离！于何处制立第二波罗夷耶？""大德！于王舍城。""因谁耶？""因坛尼迦陶师子。""为何事耶？""为不与取。"时，具寿摩诃迦叶问具寿优波离第二波罗夷之事，问因缘……不犯。"友！优波离！于何处制立第三波罗夷耶？""大德！于毗舍离城。""因谁耶？""因众多比丘。""为何事耶？""为人身。"时，具寿摩诃迦叶问具寿优波离第三波罗夷之事，问因缘……不犯。"友！优波离，于何处制立第四波罗夷耶？""大德！于毗舍离城。""因谁耶？""因婆裘河边诸比丘。""为何事耶？""为上人法。"时，具寿摩诃迦叶问具寿优波离第四波罗夷之事，问因缘……不犯。由此方便，问两部律，具寿优波离随问而答之。[1]

诵出经后，阿难在会上提出，佛陀将入火之时，恐怕后来的弟子们疑于小枝小节而有碍佛化的发展，便对他说："吾灭度后，应集众僧，舍微细戒。"迦叶便问阿难："汝亲从如来闻如是语，微细戒者何者是？"阿难回答说："当尔之时为忧苦恼所逼，迷塞遂不及问。"迦叶尊者便呵啧阿难："汝所语非时，先何不问世尊，今乃言不问？"随即提由在会的大众比丘讨论。有人说除"杀、盗、淫、妄"的四根本戒之外，其余皆属微细戒，乃至有人说除了九十条威仪戒之外，才算微细戒。众说纷纭，莫衷一是。因此，迦叶便以结集大会召集人的身份，总结不舍小小戒的理由：

我等不听放舍微细戒，何以故？外道异学若闻是事，便言弟子聪明，所以者何？师结戒弟子放舍。以是故，我等一心集会筹量，不听舍微细戒。外道异学有如是言："大师在时，释子沙门皆具持戒；师灭度后，不能具持戒，便还放舍。释子法灭不久，譬如燃火烟出，火灭烟止。"以是故，我等一心集会筹量，不听舍微细戒。若我等听放舍微细戒者，诸比丘不知何者是微细戒，或如是言："微细戒非独是突吉罗，更有四波罗提提舍尼，亦名微细戒。"以是故，我等不听舍微细戒；若我等

1 《汉译南传大藏经》卷四，台湾元亨寺妙林出版社，1996年，第383～384页。

一心集会，听舍微细戒者，或有比丘不知何者是微细戒，作如是言："非独突吉罗、四波罗提提舍尼，九十波夜提亦名微细戒。"以是故，我等一心集会，不听放舍微细戒；若我等一心集会，听舍微细戒者，或有诸比丘不知何者是微细戒，如是言："非独突吉罗、四波罗提提舍尼、九十波夜提是微细戒，三十尼萨耆波夜提亦名微细戒。"以是故，我等不听舍微细戒；若我等一心集会，听舍微细戒者，或有诸比丘不知何者是微细戒，作如是言："非独突吉罗、四波罗提提舍尼、九十波夜提、三十尼萨耆波夜提，二不定法亦名微细戒。"以是故，我等不听舍微细戒；若我等一心集会筹量，听舍微细戒者，或有比丘不知何者是微细戒，作如是言："微细戒非独是突吉罗、四波罗提提舍尼、九十波夜提、三十尼萨耆波夜提、二不定法，十三僧伽婆尸沙亦名微细戒。"以是故，我等不听舍微细戒；若我等一心集会筹量，听舍微细戒者，或有比丘作如是言："我受持四戒，余残戒放舍。"以是故，我等一心集会筹量，不听舍微细戒。我等随佛结戒，若佛结戒，一切受持。佛经中说摩伽陀国中大臣婆罗沙迦婆罗门因缘，七不灭法中，若诸比丘，佛不结戒不结，已结戒不舍，如说戒受持，诸比丘善法增益不灭。以是故，我等尽当受持，不应放舍。[1]

并做了如下的决定："若舍微细戒者，但持四重，余者皆舍，若持四重，何名沙门？"又说："汝等此说，皆未与微细戒合。随佛所说，当奉行之；佛不说者，此莫说也。若舍微细戒者，诸外道辈当生谤言。"[2]

阿难参加这次结集会议，颇有曲折。据《摩诃僧祇律》《五分律》等部律所载，当时大迦叶曾因为阿难是尚未漏尽的学人，而不让阿难参与结集会议。如《摩诃僧祇律》载："比丘僧集欲结集法藏……有比丘言：'诸长老！尊者阿难是佛侍者，亲受法教，又复世尊记阿难有三事，第一宜应唤来。'大迦叶言：'不尔！如此学人入无学德力自在众中，犹如疥、野干入师子群中。'"[3]《五分律》亦载："比丘咸以为善，

---

1 《十诵律》卷六十"五百比丘结集三法藏品"。

2 后秦失译《毗尼母经》卷三。

3 《摩诃僧祇律》卷三十二"五百结集法藏"。

白迦叶言：阿难常侍世尊，聪叡多闻具持法藏，今应听在集比丘数。迦叶言：阿难犹在学地，或随爱恚痴畏，不应容之。"[1]而阿难经由圣僧众的支持，提出"若无阿难，无人出法""阿难虽在学地，而亲从佛前受修多罗、祇夜，于法有恩，复是耆老，释迦种族如来亲叔之子，又无偏党三毒"，僧众认为阿难虽是释族比丘，但并未参与提婆达多的破僧事件，又未与释族僧众结党，而阿难又已精勤达于漏尽，所以主张"应取阿难足五百数，此是众圣意"。[2]且在漏尽之后，才得以参加。如《五分律》卷第三十"五百集法"说："诸比丘亦语阿难言：'汝应速有所作，大迦叶今欲集比尼法，而不听汝在此数中。'阿难既闻跋耆比丘所说偈，又闻迦叶不听在集比尼数中，初、中、后夜勤经行思惟望得解脱，而未能得，后夜垂过身体疲极，欲小偃卧头未至枕，豁然漏尽。诸比丘知即白迦叶：'阿难昨夜已得解脱，今应听在集比尼数。'迦叶即听。"但根据《十诵律》的说法，阿难参与结集会议是出自大迦叶的支持和推荐，并得到僧团无异议的支持。

尔时，长老摩诃迦叶僧中取五百少一比丘，一一称（名）字，是诸比丘皆读三藏，得三明、灭三毒，皆得共解脱。摩诃迦叶僧中唱："……是五百少一比丘，皆是集法人。"如是白。尔时，长老阿难在僧中。长老大迦叶思惟："是阿难好善学人，佛说阿难于多闻人中最第一，我等今当使阿难作集法人。"长老大迦叶思惟已，僧中唱："大德僧听！是阿难好善学人，佛说阿难多闻人中最第一，若僧时到僧忍听，我等今当使阿难作集法人。"……诸长老忍阿难作集法人者默然，谁不忍是长老说僧已。长老忍听阿难作集法人竟，僧忍默然故，是事如是持。[3]

不管如何，阿难终于参与了结集会议，并担任经法结集的代表。

《善见律毗婆沙》记载了当时阿难结集经法的情景：

摩诃迦叶言："毗尼集竟。问法藏，谁为法师，应出法藏？"诸

---

1 《五分律》卷第三十"五百集法"。

2 ［萧齐］三藏僧伽跋陀罗译：《善见律毗婆沙》"序品"。

3 ［后秦］弗若多罗、鸠摩罗什等译：《十诵律》"五百结集三藏法品第一"。

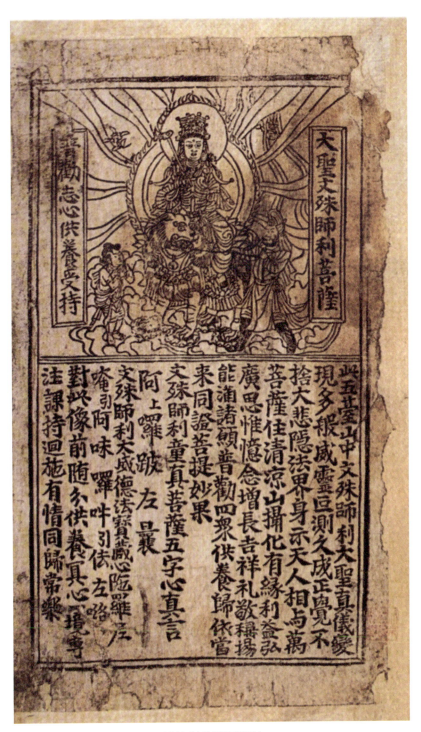

五代刻《文殊师利菩萨像》

比丘言："长老阿难。"于是大德迦叶作白羯磨："长老！僧听，若僧时到僧忍听，我问长老阿难法藏。"白："如是。"阿难复作白羯磨："大德！僧听，若僧时到僧忍听，我今答大德迦叶法藏。"白："如是。"于是阿难从坐起，偏袒右肩礼，大德僧已即登高座，登高座已，手捉象牙装扇。大德迦叶问阿难："法藏中《梵网经》，何处说耶？"阿难答曰："王舍城那兰驮二国中间王庵罗绨屋中说。""因谁而起？""因修悲夜波利婆阇迦婆罗门犍多，因二人起。"大德迦叶问阿难梵网经因缘本起。次问："《沙门果经》何处说耶？"阿难答曰："于王舍城耆婆林中说。""为谁说耶？""为阿阇世王、梵弃子等。"如是《沙门果经》因缘本起。以是方便问《五部经》，何谓为五部？答曰："《长阿含经》《中阿含经》《僧述多经》《殃堀多罗经》《屈陀迦经》。"问曰："何谓《屈陀迦经》？"答曰："除四阿含，余者一切佛法，悉名《堀陀迦经》，四阿含中一切杂经，阿难所出，唯除律藏。佛语一味分别有二用，初中后说其味有三，三藏亦复如是，戒定慧藏，若是部党，《五部经》也。若一二分别有九部经，如是聚集有八万法藏。"[1]

《摩诃僧祇律》也记载了这种情况："世尊记汝多闻第一，汝应结集。阿难言：'诸长老！若使我集者，如法者随喜，不如法者应遮。若不相应，应遮，勿见尊重而不遮。是义非义，愿见告示！'众皆言：'长老阿难！汝但集法藏，如法者随喜，非法者临时当知。'"[2]

经过僧团集体会诵、羯磨、参究、共许，最后整理确定了佛陀所说的经法和针对具体不当行为过患而制定的戒律，最后确定了"毗尼藏"（律藏）、"修多罗藏"（经藏）二藏。其中，"律藏"由优婆离分八十次诵出，称为《八十诵律》，此律成为最初的根本律藏，尔后演化出《四分律》《五分律》等律本。其内容通常分为两部分：一是波罗提木叉，就是教团规范僧众生活的戒条条文，其中包括各种制戒的因缘，以及对触犯者所犯轻重罪责的详细解说；二是犍度，有关

---

1 ［萧齐］僧伽跋陀罗译：《善见律毗婆沙》卷一。
2 ［东晋］佛陀跋陀罗、法显共译：《摩诃僧祇律》卷三十二。

整体教团活动的仪式、制度及僧众的生活礼仪、起居举止等规定，一一给予具体详细的说明。详细说明的律，就称为"广律"；辑录波罗提木叉的戒条，则称为"戒本"。经藏由于收录的单经特别多，如不分类，则难诵持，故第一结集时还将众多的单经，按照篇幅的长短和法数的大小，汇编成四部佛教丛书。经典篇幅较长的，编入《长阿含经》；篇幅适中的，编入《中阿含经》；杂短的编入《杂阿含经》；所说内容依增法数将各小经分类汇编的，编入《增一阿含经》。如《摩诃僧祇律》卷三十二云："尊者阿难诵如是等一切法藏：文句长者集为长阿含；文句中者集为中阿含；文句杂者集为杂阿含；所谓根杂、力杂、觉杂、道杂，如是比等名为杂；一增、二增、三增、乃至百增，随其数类相从，集为增一阿含。杂藏者，所谓辟支佛、阿罗汉自说本行因缘，如是等比诸偈诵，是名杂藏。"这一说法，为史学界所普遍认为较可信者。

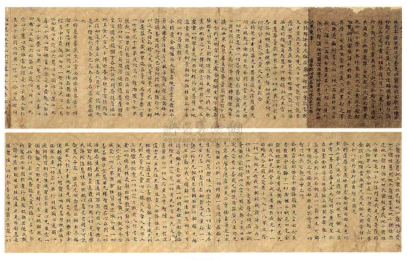

《梵网经》

除结集经、律二藏外，还有其他三种说法。

一是结集经、律、论三藏。《四分律》卷五十四、《十诵律》卷六十记述，先有优波离诵出"毗尼藏"（即"律藏"），后由阿难诵出"经藏""阿毗昙藏"（即"论藏"）；《根本说一切有部毗奈杂事》卷三十九——四十则说，先有阿难陀（即阿难）"简择结集如来所说经法"

（即"经"），次由邬波离（即优波离）"简择如来所说毗奈耶"（即"律"），末由大迦摄波（即迦叶）"自说摩窒里迦"（即"论"），《付法藏因缘传》卷一谓阿难诵经、优婆离诵律、迦叶诵论；《迦叶结经》《撰集三藏及杂藏传》等则称三藏皆由阿难诵出。上述广律虽然在诵出的先后顺序和"论藏"的诵出者上，略有出入，但都认为当时就结集产生经、律、论"三藏"。

陈士强先生指出，在第一次结集时，虽然早就存在并流传着对"经"解释的"论"的口诵本，但"论"的数量和规模足以独立构成"论藏"这一大部类，因而当时将佛陀对"经"的解释（称"摩得勒伽"）的全部、佛弟子对"经"的解释（称"阿毗昙"）的一小部分，编入"经藏"，成为"经"的一部分。[1]

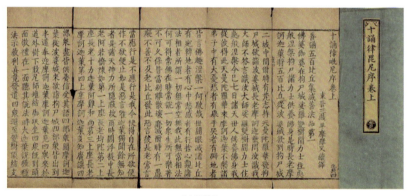

《十诵律》

二是结集经、律、论、杂集、禁咒五藏。据南传《善见律》、北传《四分律》和《五分律》等载，当王舍城的结集终了，有一位富兰那长老率领五百比丘众从南方抑或南山来到王舍城。对于迦叶主持的结集会议，富兰那一方面对经的集成表达了支持、赞许，另一方面对迦叶在律的集成上的保守行为表示反对。据南传《律藏·小品·五百犍度第十一》，富楼那说，"君等结集法律，甚善，然我亲从佛闻，亦应受持"，[2] 又对迦叶提出了戒律方面的问题，据《四分律》说为"八事"："我亲从佛闻，忆持不忘，佛听：内宿、内煮、

---

1 陈士强：《大藏经总目提要·律藏一》，上海古籍出版社，2015年，第99页。

2 《汉译南传大藏经》第4卷，台湾元亨寺妙林出版社，1996年，第433页。

自煮、自取食、早起受食、从彼持食来、若杂果、若池水所出可食者，如是皆听不作余食法得食。"并强调"大德迦叶！我尽忍可此事，唯除八事"。[1]而《五分律》则说为"内宿、内熟、自熟、自持食、从人受、从池水受、无净人净果除核食之"等"七事"，也同样强调"我忍余事，于此七条不能行之"。[2]不论"八事"还是"七事"，都是属于律制的饮食问题。"内宿"是寺院内藏隔宿饮食；"内熟"是在寺院内烹煮饮食；"自熟"是比丘们自己煮；"自持食，从人受"，是指自己可伸手受食，也可以从人受（依优波离集律，要从别人手授或口授才可以吃）；"自取果食""就池水受"，指坚果类及藕根、莲子、菱芡根等，都可以自己动手取食；"无净人净果除核食"，是指得到果实，如没有净人代为去皮除果核，可以自己处理后吃食。对于富兰那的异议，迦叶提出，佛陀原制戒不许此七事，后来是因为毗舍离饥荒导致食物难得，佛陀顾虑僧众难以乞得食物，才方便允许行前七事，当饥荒过去后即已逐次恢复原制。对于大迦叶提出七事在饥荒后，已为佛复制如初的看法，富楼那回以"世尊不应制已还听，听已还制"，而大迦叶则答以"世尊是一切知见故，宜制已还开，开已复制"。最后，富楼那还是坚持自己的不同的意见。[3]对"八事"开制后再恢复重制的始末因缘，《四分律》卷五十九说："我于谷贵时，慈愍诸比丘故，放舍四事，内宿、内煮、自煮、自取食。今诸比丘故食耶？阿难白佛言：'故食。'佛言阿难：'不应食。若食如法治。'佛告阿难：'我以谷贵时，愍诸比丘故听此法，朝受小食，从彼持来，若胡桃果等及水中可食物。如是等故食耶？'阿难答言：'尔。'佛：'不应食，若食如法治。'"

在《铜鍱律》也说：

尔时，毗舍离丰饶，谷物齐足，而易乞食……世尊静居宴默，心生思量："饥馑谷乏而不易乞食时，我许诸比丘藏于屋内、煮于

---

1 ［姚秦］佛陀耶舍、竺佛念共译：《四分律》卷五四。

2 ［南朝宋］佛陀什、竺道生等译：《五分律》卷三〇"第五分之九五百结集"。

3 ［姚秦］佛陀耶舍、竺佛念共译：《四分律》卷五四。

屋内、自煮，从他取而受（由供养者家）持来之物，于食时以前所受之物，林中所生之物，池中所生之物，许（食用之）"……世尊由此因缘说法，告诸比丘："饥馑谷乏，不易乞食之时……我今日起，废弃此等。诸比丘！藏于屋内、煮于屋内、自煮，从他取而受之物，不得食用，食者堕恶作。诸比丘！持来之物，食时以前所受之物，林中所生之物，池中所生之物，食讫已谢者，虽非余食，亦不得食，食者应如法治之。"[1]

这八条饮食的规制，在《五分律》说为"七事"，显然近于佛许放弃的"微细戒"。照迦叶的意思说这是佛在舍离时，因逢饥馑，乞食难得而开禁，后来又制的，所以不以此为合法，依迦叶及优波离代表集出的律均为突吉罗（恶作）罪，是被禁止的，而富兰那长老代表的比丘众，却认为可以。富兰那便与他率领的五百比丘，以及被迦叶拒绝参加结集的五百比丘一起，另辟场所，整理出"五藏"。据《大唐西域记》卷九载："阿难证果西行二十余里有窣堵波。……大众部结集之处。诸学无学数百千人，不预大迦叶结集之众，而来至此。更相谓曰：'如来在世同一师学，法王寂灭简异我曹，欲报佛恩当集法藏。'于是凡圣咸会贤智毕萃。复集素呾缆藏、毗柰耶藏、阿毗达磨藏、杂集藏、禁咒藏，别为五藏，而此结集凡圣同会，因而谓之大众部。"相对于大迦叶等在七叶窟内的窟内结集、上座部结集，此结集称为窟外结集、大众部结集。

三是结集大乘经。据《菩萨处胎经》卷七〈出经品〉所载，迦叶命阿难诵出菩萨、声闻、戒律诸藏，共集出八藏，即胎化藏、中阴藏、摩诃衍方等藏、戒律藏、十住菩萨藏、杂藏、金刚藏、佛藏。此外，据《大智度论》卷一○○、《金刚仙论》卷一等载，迦叶于耆阇崛山结集小乘三藏之时，阿难受排挤负气出走，与文殊、弥勒等于铁围山共同结集，由阿难诵出大乘经典，此称铁围山大乘结集。

佛教史上第一次的结集，对后世而言，意义重大，影响深远。第

---

1 见《铜鍱律》"大品·药揵度"，参见台湾元亨寺：《南传大藏经》"律藏"（三）1996年，第312～313页。

一结集集众传诵，定其词句，虽无书写记录，但已具日后藏经之骨干。此后百余年间，比丘们都以第一结集的经、律为依据，指导规范自己的三业，以戒为师，以法为师，严持佛戒，精进修学。

第二结集

第二结集发生的时间是在佛灭度百年后，因跋耆族比丘对于戒律方便开禁的"十事"而引起诤论而致，这是南传和北传佛教的文献共同认定的。

南传《律藏·小品·七百犍度》记载，印度西部摩偷罗国的耶舍，是阿难的一个弟子，游化至东方的跋耆国毗舍离城，住在大林重阁堂。毗舍离的跋耆族诸比丘在布萨日，以水注满铜钵，放在比丘众中，对往来毗舍离的在家居士说："诸友！僧伽需要资具，给僧伽一迦利沙槃、半迦利沙槃、四分迦利沙槃、一摩沙迦。"[1] 耶舍却对毗舍离的居士们说："诸友！不要给僧伽一迦利沙槃……一摩沙迦，金银对沙门释子来说是不允许的，沙门释子不受金银，沙门释子不取金银，沙门释子弃摩尼黄金，远离金银。"但那些居士听了之后，仍然将钱布施给僧众。第二天，跋耆族诸比丘将乞得的钱平分给所有比丘。对耶舍说："友！耶舍！这是你应得的那份金钱。"耶舍说："诸友！我不分配金钱，我不受金钱。"跋耆族诸比丘指责耶舍骂詈、诽谤有信心的居士，使他们失去信心，要他向居士们道歉。他们选了一位比丘，陪同耶舍一起进入毗舍离城，对毗舍离的居士们说："我骂詈、诽谤有信心和净心的居士，让他们不信了吗？我只是指出非法是非法、法是法、非律是非律、律是律而已。"他还说世尊住舍卫城祇树给孤独园时，住王舍城竹林迦兰陀迦园时，都曾告诫比丘："虽有任何事，亦不得领受，不得索取金银。"居士们听了，对耶舍说："大德！唯尊者耶舍迦乾陀子独是沙门释子，彼等皆非沙门、非释子也。大德！请住毗舍离城，我等为尊者耶舍迦乾陀子，尽力供〔养〕衣服、饮食、卧坐具、病药资具。"随后，耶舍和随伴比丘回僧园。跋耆族比丘们问随伴比丘："耶

---

1 迦利沙槃、摩沙迦：当时的货币单位。〔宋〕法云：《翻译名义集》卷八"数量篇第三十六"云："迦利沙：钵拏。八十枚贝珠。为一钵拏。十六钵拏为迦利沙钵拏。"

舍向毗舍离之居士谢罪了吗？"随伴比丘说："现在居士们只把耶舍当沙门释子，认为我们都不是沙门、不是释子了。"跋耆族的比丘们召开僧团会议，要求耶舍当众检讨认错。耶舍不认错，在僧众大会上依然坚持自己的主张。于是毗舍离的跋耆族比丘决议，把耶舍开除出毗舍离教团。北传《四分律》也有这样的记载。[1]这大概是在迦腻索伽在位时代。

耶舍在毗舍离时，还了解到跋耆族比丘不仅在持有金银一事上违反戒律，还有九件事情也违犯了佛教的规定，他称之为"十事非法"。但跋耆族的比丘认为这十件事情都符合佛教的规范，是正确的，称之为"十事净"。据《善见律毗婆沙》记载，跋耆族诸比丘所行"十事"是：1. 器中盐净（蓄角盐净），即允许将盐贮存在器皿中，在无盐时食用。"净"，谓在戒律上的开许、认可者。而依照戒律，盐蓄于器中，当无盐时可用于食，以此犯残宿食之波逸提。2. 二指净，即允许在正午之后，日影斜出二指之前，仍可进食。而依照戒律，日影于正午过二指，非时食，以此非时食之波逸提。3. 他聚落净，即允许在一餐用完之后，仍可进入村落中食用非剩余的食物。而依照戒律，食已，已示谢，复入聚落，食用不是受施后吃剩的食物，以此犯非残食之波逸提。4. 住处净，即允许在同一教区之内，可以不在同一处参加布萨大会。而依照戒律，同一教区之众多住处，各行布萨，以此违律之恶作。5. 后听可净，即允许心想"我们将请前来的比库们同意"而别众作羯磨。而依照戒律，别众行羯摩，若比丘来求听可，以此违律之恶作。6. 常法净，即可以依照戒师、老师的习惯而遵行。而依照戒律，此我和尚、阿阇梨之常法而行，此常法一分净、一分不净。7. 不搅乳净，即对丁己非乳状、但尚未变成凝乳的牛奶，允许在足食后饮用这种非剩余的牛奶。而依照戒律，食已，已示谢，饮非乳、非酪之乳等非残食，此犯残宿食之波逸提。8. 饮阇楼伽净，即允许饮用虽经发酵、但尚未酿成酒的饮料。而依照戒律，饮未榨酒与非成酒（饮含低酒精浓度的半发酵椰子汁），

---

1 [姚秦]佛陀耶舍、竺佛念共译：《四分律》卷五四"七百集法毗尼"云："尔时世尊般涅槃后百岁，毗舍离跋阇子比丘行十事。……彼于布萨日，檀越布施金银，而共分之。"

以此犯饮酒之波逸提。9. 无缕边坐具净，即允许使用没缝有边的坐具。而依照戒律，坐具过长于佛二磔手，宽佛一磔手半，边佛一磔手，犯切断。10. 金银净，即允许接受金银钱。而依照戒律，受持金银，以此犯金银之波逸提。上述十事中，角盐净、二指净、他聚落净、不攒摇净、饮阇楼凝净、无缘坐具净等六条，属于饮食、坐具等日常生活中的琐事，这些戒律实际应该属于第一结集曾经讨论，但最终没有结果的所谓"小小戒"。[1]

耶舍被赶出毗舍离后，跋涉回到西方。据说他遣使至波利邑、阿盘提国、南路等地，告诉当地诸比丘："诸具寿！来！我等于非法兴而法衰、非律兴而律衰、非法说者强而如法说者弱、非律说者强而如律说者弱之前，受此为净事。"在争取到当地诸比丘的支持后，耶舍又与诸比丘一起来到阿呼恒河山，拜见三浮陀舍那婆斯长老，向长老汇报此事。然后又来到僧伽赊，向当时僧腊最高，也就是当世出家时间最长、资格最老的离婆多长老汇报。在先后得到这些耆年长老的支持后，耶舍与一批西方比丘又来到毗舍离，与跋耆族比丘争议十事。其中有离婆多长老，多闻而通阿含、持法、持律、持摩夷，是耶舍和跋耆族诸比丘都信服的。还有一位受具足戒至今已120年的僧伽长老，名叫一切去，是阿难尊者的弟子，于是请他作为僧中的长老。

刚开始时由于人数众多，无法讨论，经协商，由东方比丘、西方比丘各推选上座代表四人为"断事人"，担负审查跋耆族比丘所行"十事"是否符合律制之责。据分别说部的《善见律毗婆沙》与《四分律》记载，八大长老中阿难亲传的弟子有：萨婆迦眉、苏寐、屈阇须毗多、离婆多、婆那参复多、耶须等六人，前三人出身于东方跋耆族，后三人出身于西方波利族。阿留驮的亲传弟子有：婆娑伽眉、修摩，前者为东方跋耆族，后者是西方波利族。另外，由毗舍离跋耆族优秀青年

---

1 方广锠：《印度佛教讲座：原始的部派分裂》，《佛教文化》2005年第4期。

僧伽阿耆多为八大长老之敷座人。[1]在西方比丘的代表离婆多长老的主持下，在婆利迦园召开了八位代表参加的最高会议。在离婆多长老的主持下，会上采用了由离婆多长老询问、一切去长老作答的方式，对跋耆族比丘所行"十事"进行裁决，判定这十种做法是"邪法邪律而离师教"。然后，一切去长老说："友！此诤事已除，已静，已寂静，已善寂静。友！然而，汝于僧伽中，更问我此十事，令彼诸比丘得解。"离婆多长老在僧伽中，把这十事再次向一切去长老提问，一切去长老再次随所问而答。[2]据《岛史》记载，在长老宣布"十事非法"后，离婆多长老为使妙法久住，为结集正法，他从所有的比丘中挑出具有四无碍智等并精通三藏的 700 阿罗汉比丘，还在毗舍离重阁讲堂，举行"最胜法之结集"，对原先传持的"经藏"和"律藏"做了再次审定，历时八个月始完成了这次结集。这次结集由耶舍引起，所以常被称为"耶舍十事"。此律结集时，有 700 比丘，不多亦不少，故名此结集为"七百结集"。

以上叙述虽为南传佛教的说法，但在北传佛教的典籍中也有相应的记载。如《四分律》等上座部系统的戒律都提到关于十事的争论，主张"十事非法"。而《摩诃僧祇律》这样属于大众部的戒律也提到由耶舍引起的"七百结集"。因为结集的地点在毗舍离城，第二结集又称为"毗舍离结集"。由于参加者多为佛门长老，长老又因在议事时座次排在上面称"上座"，故又称"上座部结集"。

然而，当时跋耆比丘不满上座们断"十事"为非法，他们又召集了大批比丘，移往别处，再次举行结集，再次讨论"十事"是否非法。因举行结集的约有一万人，史称"大结集"或"万人结集"。在"大结集"会议上，绝大部分比丘认为"十事净"，合埋合法，可以执行。

---

1 觉音著、萧齐僧伽跋陀罗译：《善见律毗婆沙》卷一云："是时萨婆迦眉、苏寐、离婆多、屈阇须毗多、耶须婆那、参复多，此是大德阿难弟子。修摩崛、婆娑伽眉，此二人是阿崛留驮弟子，已曾见佛。"《四分律》卷第五十四云："时波夷那比丘语波梨比丘言：'汝等今可出平当人。'彼即言：'上座一切去、离婆多、耶舍、苏曼那，是平当人。'波梨比丘语波夷那比丘言：'汝等亦应出平当人。'彼即言：'长老三浮陀、婆搜村，长老沙留不阇、苏摩，是平当人。是中有阿夷头比丘，堪任劝化。'"

2 巴利文《律藏·小品·七百犍度》。

他们还采用会诵的方法，订正戒律，将"某处所辑录之经移至其他之处"，修改原意，以适应自己的观点；同时"造作不同者"，将本派新编的一些经典加入"三藏"。由于参与者人数众多，因而被称为"大众部"。据说当时毗舍离的国王也支持他们，这样，坚持"十事非法"的西方系比丘站不住脚，只好退回西方。

由此，因对戒律见解的不同，使得僧团在佛灭一百余年时分裂为上座部、大众部等两大部派。上座部主张对佛制戒律（包括微细戒）一概严格遵守，依《十诵律》《四分律》为戒律；而大众部主张对佛制大戒须严格遵守，而对小戒、微细戒可视实际情况有取有舍，依《摩诃僧祇律》《梵网经》为戒律。这是佛教的第一次分裂，又称"根本分裂"。日本学者水野弘元赞同这种说法。[1]

依照北传佛教的文献，佛教第一次分为大众部和上座部，不是因为戒律的分歧，而是因为教理的争议，即因为对阿罗汉果位存在不同的看法造成的。阿罗汉本是早期佛教所言的佛教徒修行所能达到的最高果位，佛教最初将其当作究竟果位，认为达到这一果位，就已断除六道所持的见思烦恼，脱离轮回，入四圣法界。当时有一位叫"大天"的比丘尝编作一偈，提出罗汉仍然有五方面的局限性，亦即"大天五事"。据《大毗婆沙论》卷九十九记载，大天是中印度末土罗国商人之子，颜容端正。长大后，曾犯杀父、杀母、杀比丘之三逆罪，[2] 后深悔前非，隐姓埋名，来到摩揭陀国波咤梨城（即华氏城）鸡园精舍，因闻一比丘诵"若人造重罪，修善以灭除，彼能照世间，如月出云翳"而发心出家学道。由于天生聪慧，出家不久即能诵持"三藏"文义，"言词轻巧，善能化导"，波咤梨城人大多归向之。阿育王（公元前268～前232年在位）得知，也经常召请他入宫，恭敬供养，并令说法。大天称自己已得阿罗汉果位，但他平常生活中所暴露出一些与阿罗汉不相称的现象（譬如梦遗），

1 水野弘元著、香光书乡编译组译：《仏教の真髓》第十章，香光书乡出版社，2002年。
2 由于大天是大众部的首领，而《大毗婆沙论》则是与之相对立的上座部系统中的说一切有部的著作，故近人也有对此说持怀疑态度的，认为这未必是事实。三秦失译《分别功德论》卷一却赞美说："唯大天一人是大士，其余皆是小节。"

引起了弟子们对他是否真正证得阿罗汉果位产生怀疑。为此，大天将平时答问时所说的"五事"，编为一偈，在布萨日时公开念诵，提出阿罗汉并非圆满无缺。其偈曰："余所诱无知，犹豫他令入，道因声故起，是名真佛教"。

此偈所说的五事，即：1. 余所诱。大天认为，自己之所以漏失不净，是因为受到天魔的诱惑，其漏失有两种，一是烦恼漏失；二是不净漏失。前一种阿罗汉已灭，后一种阿罗汉犹存。因天魔见到行善者时，心生嫉妒，便想扰乱，故而使阿罗汉漏失不净，这是为自己梦失不净而做的辩护。2. 无知。大天为了投好别人来亲近他，在平时喜欢授记弟子们已证阿罗汉果，但弟子们却反问，为何他们自己不知，对此大天回答说，阿罗汉有两种无知，一是染污无知，阿罗汉已灭；二是不染污无知，阿罗汉犹存，因为还有不染污无知，所以不知道自己已证得阿罗汉果。阿罗汉虽无染污无知，但尚存不染污无知。染污无知为与无明相应的无知，即大乘所谓的烦恼障，二乘之人断尽之后即不现行。不染污无知不与无明相应，即大乘所谓的所知障，唯有证得佛果始毕竟不起。3. 犹豫。即对佛法产生疑惑，有人认为，道果圣人应该已超越疑惑，为何我们还有所怀疑，对此，大天说疑惑有两种，一是随眠疑惑，阿罗汉已断；二是处非处疑惑，阿罗汉未断。4. 他令入。阿罗汉须依他人之记别，方知自己为罗汉，例如智慧第一的舍利弗、神通第一的目犍连蒙佛授记，始知已证果位。5. 道因声故起。有一天晚上，大天不断地喊苦，弟子们对此不知其所以，大天认为，这是呼喊圣道，若不虔诚地呼喊圣道，则圣道就无由生起，换言之，认识圣道必须要不断地呼喊。[1]

大天念诵了这首偈颂后，不少比丘听后大为吃惊，说愚蠢的家伙怎么这样胡说八道！这在三藏中闻所未闻啊！就把这首偈颂改成："余所诱无知，犹豫他令入，道因声故起，汝言非佛教。"

---

1 世友著、唐玄奘译：《异部宗轮论》。在玄奘译本之前，《异部宗轮论》还有两译。一是三秦失译《十八部论》一卷，二是南朝陈真谛译《部执异论》一卷。依南朝陈真谛译《部执异论》，五事颂："余人染污衣，无明、疑、他度，圣道言所显，是诸佛正教。"又，《十八部论》之五"事颂"："从他饶益、无知、疑，由观察、言说得道。"此两译都未确定"五事"为何人所创，到了唐译才全用婆沙师之说，将"五事"归之于大天。

但也有不少比丘赞同大天的观点，"于是竟夜斗争纷然，乃至终朝朋党转盛，城中士庶乃至大臣，相次来和皆不能息"。阿育王得到鸡园寺僧众争吵的消息，也赶过来。见双方各执一词，阿育王自己也已生疑，不知孰是孰非。阿育王遂问大天："我等现在应该站在哪一边啊？"大天说："戒经中规定，如果要灭除纷净，应该按照多数人的意见来裁断。"阿育王便让争论双方各站一边。反对大天观点的虽然大多是上座长老，但人数较少。支持大天观点的虽然大多为年轻人，但人数众多。于是阿育王判定大天胜利，就返回王宫了。阿育王虽然走了，鸡园寺的争论并没有平息。由此形成以耆年长老为首的上座部及支持大天的大众部。鉴于国王与大部分僧人都支持大天，上座部便计划离开鸡园寺。一些大臣听到这一消息，连忙禀报阿育王。阿育王十分生气地说：让他们走。你们让他们坐在一艘破船上，把船放到恒河中央，看看他们到底是不是得道高僧。大臣按照阿育王的吩咐，用一艘破船载着上座部的僧众，放到恒河中央。这时，那些已经得道有了神通的，个个显示神通，凌空而起，并把那些还没有得道的僧人一同带到天上，向西北方飞去。阿育王得知这些离开鸡园寺的僧人果然是些得道高僧，十分后悔。连忙让人打听，才知道他们已经定居在西北印度的迦湿弥罗（今克什米尔一带）。便派遣使臣，邀请上座部僧人回来，但遭到拒绝。阿育王无奈，只好派人在迦湿弥罗为这些僧人修建新的寺院，并给予大量的供养。[1]

窥基《三论玄义检幽集》卷五引真谛《部执异论疏》说："王妃既有势力，即令取破船，载诸罗汉，送恒河中。罗汉神通飞空而去，往罽宾国，或作浮鸠，……彼国仍起寺名浮鸠寺。……阿输柯王问众人云：诸阿罗汉，今并何在？有人答云：在罽宾国。即遣往迎尽还供养。大天先既改转经教，杂合不复如本，诸阿罗汉还复聚集，重诵三藏。于此时中，所执有异，分成二部，一上座部，二大众部。"文中同样提到以破船对待北方阿难系僧众，不过是把阿育王所做换

1　[唐]玄奘译：《大毗婆沙论》卷九十九。

成了阿育王妃所做。这种记载有明显的年代错误，第二次佛教结集举行于佛逝后一百多年，阿育王是佛逝后二百多年的人物。一些现代研究者认同佛教根本分裂的时期晚于第二次集结。

在佛教根本分裂以后的两百余年间，即从佛教灭度后两百年至四百年顷，在上座部和大众部的内部，又因为师承、见解、区域、语言等方面的差异而发生再分裂，进而又在根本二部中产生了分裂，这种情形一而再再而三地向前发展，有如从一根大树支上分出许多枝干，从而形成了"枝末分裂"。

据《异部宗轮论》的说法，首先，是由大众部于二百年中分出三部，即一说部、说出世部、鸡胤部。次后又于二百年中，从大众部中复分出两部，即多闻部和说假部。又于二百年满时，有一出家外道，名为大天，于大众部中重详五事（当是前面所说的大天五事），因此争论而分出三部，即制多山部、西山住部、北山住部。如是从大众部四破枝末分裂为八部。其次，上座部于三百年初，因少有乖净，而分出两部，一是说一切有部，亦名说因部；二是根本上座部，转名雪山部。后于三百年中，从说一切有部分出一部，名犊子部。次后又于三百年中，从犊子部中分四部，即法上部、贤胄部、正量部、密林山部。此后，从一切有部中再分一部，名化地部；接着从化地部中流出一部，名法藏部。至三百年末，从说一切有部中复出一部，名饮光部，亦名善岁部。至四百年初，从说一切有部再分出一部，名经量部，亦名说转部。如是上座部七破枝末分裂成十部。根本二部的枝末分裂，共成十八部，加根本二部，为二十部。除此之外，《大史》还记载了之后印度佛教继续分裂出的雪山部、王山部、义成部、东山部、西山部和金刚部六部。

第三结集

在部派佛教时期，佛教僧团对"三藏"做过多次结集。第三结集是在佛入灭两百多年、佛教发生根本分裂之后的一百多年时举行的。根据南传佛教的记载，在这一时期，印度孔雀王朝出现了举世闻名的第三代君主阿育王（Asoka，阿首咖王）。Asoka 是"无忧"、没有忧愁的意思。他杀兄而登王位，后用武力统一了全印度。阿育王在即位之初，粗暴残忍，滥杀昆仲及大臣。征伐羯陵伽国以后，因目睹戮杀十万人，尸骨遍野的惨状，大生悔心。回师后，他受到佛教出家人的感化，信奉佛法。

阿育王皈依三宝之后，投入大量的财力和精力来保护和弘扬佛法。他颁发了许多法敕，并将它们刻在摩崖或石柱上；在全国各地大兴寺塔；巡礼佛教遗迹；禁杀生，行布施；派遣大批传教师到各地以及邻国弘传佛教，成为历史上最著名的护法君主。南传佛教相传有两个阿育王，一是黑阿育王，一是白阿育王（又称法阿育王），前者恶，后者善，两人相距百年。据学者考证，"黑阿育王"可能是指皈依佛教前的阿育王，"白阿育王"则是指皈依佛教之后的阿育王，二者实为同一人。

阿育王在皈依佛教以后，在鸡园寺举行了七年的斋会，每天供养的僧人达数万人之多。大批外道为谋求衣食，混迹其中，他们并没有认真地学习佛法，却把自己的见解、修行方法也混杂到佛陀的教法当中来，坚持用自己的观点和方式来解释佛法，还把外道的思想说成是佛陀的思想。所以这一时期佛教的经说传诵日渐增新，又杂糅印度传统神话、传说、寓言等。由于佛陀的正法受到扰乱，原始佛教的僧侣们拒绝跟这些外道僧人一起参加诵戒、共住，就和他们分开，于是在巴塔离波塔约有 7 年没有诵戒。为此，阿育王于即位的第十七年（公元前 251 年），派一位大臣去整顿僧团。但他没有理解阿育王的意思。当他到达无忧园寺之后，命令所有僧人说："你们一定要在一起诵戒，必须要和合。"然而，大长老们拒绝跟外道、假僧人一起诵戒。结果大臣很生气，把大长老们逐一抓起来，将不愿意与假僧人在一起诵戒的大长老一个个杀死。阿育王知道之后，感到很懊恼和困扰，又没办法解决，最后他派遣使者从阿呼山请来了目犍连之子帝须，着手对僧团进行清理。

根据历史记载，目犍连之子帝须乘船到达当时的摩揭陀国首都华氏城（巴塔离波塔）和阿育王会面。阿育王跪在河里伸出右手以表示他对阿罗汉的敬仰。阿育王请求帝须显示神通来证明其是位阿罗汉圣者。帝须同意了，并在阿育王面前引发一次地震。这更增加了阿育王对帝须的信任。阿育王听从帝须的建议，做成众多隔障，将同一见解的人集中在一隔里。然后从每一隔中唤出一名比丘，亲自审问，凡是属于邪见的，并令还俗。大约有 60000 位外道的假僧侣被逐出僧团。在淘汰外道、整顿僧团之后，帝须大长老作为上首，并选出一千位阿罗汉在华氏城举行了第三次结集，以阿育王担任护持。帝须长老亲自撰写《论事》，对当时外道之各种异议邪说加以批驳，推翻异教徒们加在佛教里错误的理念和观念等。这次圣典结集一共有一千位阿罗汉参加。因此，这次结集又称作"千人结集"。因地点在华氏城，又称作"华氏城结集"。在这次结集当中，以第一次大会的方式重述和比对经典，花了 9 个月的时间，完整地诵出了《律藏》《经藏》和《论藏》。

如此一来，在佛灭后，经历两百余年，佛教圣典《阿含经》与律藏等，逐渐整理成接近今日所见的形态。佛法虽然在后来分歧为许多部派，但从现存各部派经、律的组织结构，基本上是呈现一致、类似的情形看来，在部派分歧之前各部派教典就做了基础上的整理，因此，各部派的经、律只在细部上有些许差异而已。而佛教哲学的论书（阿毗达磨）也在这时形成，因此在佛灭三至四百年前后，各部派都已经具备了完整的经、律、论三藏圣典。

在第三次结集完成之后，僧团和阿育王做出决定，选派一批比丘分成九个弘法使者团至恒河流域以外的地区，及印度国内外弘布佛法。根据《大史》记载，佛法因此传扬更多地方。西北自巴基斯坦延伸到阿富汗，甚至更远及希腊；北至喜马拉雅山地，西自印度河下游往西海岸一带发展，南从印度半岛南部到斯里兰卡，东则远达泰国、缅甸地区。也就是说，由于阿育王的保护奖励政策来推广"法"，使得原本仅流传于印度恒河地区的佛教，得以广为弘传到世界各地，并且在分裂成（保守派的）上座部和（革新派的）大众部之后，又各自再分裂，产生支派，到佛灭 300 年以后，便形成所谓十八部或二十部的"部派佛教"。因为各部派都以其传布教化地区的民众日常用语来宣说经典，所以佛教圣典便由巴利文转而以印度中、西、北、南、东部等印度雅利安各地的俗语来流传。

第四结集

第四结集，有北传佛教和南传佛教两种说法。

据北传佛教说是在佛灭度 400 年后[1]或在佛灭 600 余年后[2]，大月氏贵霜王朝的迦腻色迦王统治西北印度后，在都城布路沙布逻城（今巴基斯坦白沙瓦）营造了被称为"西域浮图，最为第一"的雀离浮图，并于公元 70 年，以胁尊者、世友为上首，在全国选拔五百比丘，于迦湿弥罗（即罽宾，今在印度的克什米尔地区）举行结集，造论解释三藏，先造《优婆提舍论》注释经藏，次造《毗奈耶毗婆沙论》注释律藏，后作《阿毗达磨毗婆沙论》注释论藏，凡 30 万颂、960 万言，迦腻色迦王以赤铜为镂镂写论文，石函缄封，建塔藏于其中。[3]由于迦腻色迦王在诸多部派中独尊说一切有部，因此，他支持的这次结集，实际上也是说一切有部的结集。

南传佛教所称的第四次结集，又称"阿卢寺结集"。关于第四结集，在南传《大史》中仅有只言片语，在稍晚成书的《供养史》（1226 年）、《部派论集》（1390 年）、《妙法宝脉论》（13 世纪）、《王朝史》（1818 年）等书中就有了较为详细的介绍。自释迦牟尼创立佛教以来，三藏经本文及其注释[4]一向是靠口授心记、师徒相承的方式流传下来的，从未见诸文字。玛亨德等来岛传教时，也是靠记忆把巴利三藏和某些

---

1 ［唐］释玄奘译：《大毗婆沙论》载："三藏法师玄奘译斯论讫，说二颂言：'佛涅槃后四百年，迦腻色加王赡部，召集五百应真士，迦湿弥罗释三藏。其中对法毗婆沙，具获本文今译讫，愿此等润诸含识，速证圆寂妙菩提。'"

2 ［前秦］释道挻：《毗婆沙序》载："自释迦迁晖六百余载，时北天竺有五百应真，以为灵烛久潜。神炬落耀，含生昏丧，重梦方始。虽前胜迦梅延撰阿毗昙以拯颓运，而后进之贤寻其宗致。儒墨竞构，是非纷挈。故乃澄神玄观，搜简法相，造毗婆沙，抑止众说，或即其殊辩，或标之铨评。"

3 ［唐］释玄奘：《大唐西域记》卷三载："王因以道问人而解答各异，问了胁尊者，尊者即答：'如来去世，岁月逾邈，弟子部执，师资异论，各据闻见，共为矛盾。'王甚痛惜，乃发心宣令，召集圣哲，结集三藏。共五百贤圣，以世友菩萨为上首，次第造论、释经、释律各十万颂，计三十万颂九百六十万言，备释三藏。"

4 "巴利三藏"的"注释"，巴利语称作"阿嗒卡陀"，僧诃罗语叫"阿主哇"，是佛陀在日常生活的各种场合无一定主题的说法记录。这些注释都没有收入"巴利三藏"中。结集时先唱诵三藏，然后解释三藏时引用了"注释"，作为对经文的注疏和发挥。到第三次结集时，目键连子帝须长老对"注释"进行了系列的整理，遂有"阿嗒卡陀"问世。

注释带到斯里兰卡，口译为僧诃罗语[1]向当地人布教的。到玛亨德领导的那次三藏结集之后，大概才开始有少量经文和注释记录下来；而大部分仍靠传统的办法口头流传。这样流传到37代的时候，到公元前1世纪，由于如下几个方面的原因，促使大德长老们决心举行一次结集，把全部巴利三藏和所有的注释准确无误地、系统地记录成书。

第一个原因是战乱。瓦腊干跋国王第一次登位不久就发生了全国性的大战乱，连一向平安稳定的南方鲁忽奴地区也发生了婆罗门帝须的暴动。僧人和百姓四处逃难，颠沛流离，不得安宁。师徒对坐，口授佛经已很困难。第二个原因是饥荒。在那兵荒马乱的年代里，又遭大旱，连续12年没下透雨。百姓无米，比丘无斋；许多比丘都逃往印度谋生，寺庙荒凉无人，长满了野草。当时有60位比丘也想逃难到印度去，但当他们来到海边准备上船时，想到如此下去，佛教会有断绝的危险。他们意识到自己责任重大，为佛教的前途计，他们又返回到斯里兰卡的南方。为使原本背诵得十分纯熟的经文不致遗忘，他们坚持每天唱诵一遍。原来唱诵时总是正襟危坐，如今体力不支，只好斜靠在沙袋上。尽管如此，由于大批饱学长老的死亡和失散，有些经文已很少有人能够背诵。《善见律》一书中记载了这样一件事情：当时能够背诵《义释》（《小部》第十一经）的只剩下了一个比丘，而这个比丘又是一个不守戒规、道德败坏的人。为不使此经失遗，一位博识强记的长老名叫摩诃拉克德的便到那个比丘的住处向他学习。当长老学会了经文向老师告别时，发现这位老师的床下藏着一个女人。摩诃拉克德学得了《义释》，算是从污泥中采得一朵莲花。第三个原因是僧团的分裂。瓦腊干跋国王一复位，就建了一所无畏山寺，大寺判他有罪，他拒不接受。在国王的袒护和支持下摩诃帝须和他的门徒在无畏山寺另立一派和大寺抗衡，这些都使大寺僧人惶恐不安，非常担心无畏山寺僧人不过正法，篡改戒律。认为只有把口头流传的佛经记为文字的经书，才能有效地防止任何人对佛法进行篡改。所以，在无畏山寺分裂出去不久，大寺长老就举行了这次记录巴利三藏的结集。

---

1 僧诃罗语属于印度语族，与巴利语十分近似，古代尤其如此。

结集之前，大寺长老在铜宫召开了预备会议，大家决定避开王都阿努拉特补罗城，而选择中部小镇玛得勒的阿卢寺作为结集的地点。在预备会上，大家从"大寺派"所属各地寺庙中挑选了500位精通三藏的饱学长老作为正式代表出席这次结集大会。所以佛教史上称这次结集为"五百罗汉大结集"。

阿卢寺是由几个天然石洞组成的古刹。传说在玛亨德来岛布教时，曾有一位法师到这里唱诵佛经注释，帝释天见此，降临该地大放灵光，于是当地信众在此造灵光寺，亦称阿卢寺。天爱帝须国王得知后，令人在寺中栽植一棵菩提树。到公元前1世纪举行大结集时，阿卢寺已成了著名的佛教文化中心。为了这次结集，对阿卢寺又进行了修整，将两个石洞打通，修成一座200腕尺长的宽敞的经堂。经堂中央的七宝莲座上摆放着佛陀舍利，两侧各放有250个座椅。

结集是在塔寺住持坤得帝须（亦说是拉凯德）长老主持下进行的。仿照印度举行的第一次结集的规则和议程，众长老步入经堂坐定之后，坤得帝须长老问道："诸位法师，今有经、律二藏，当以何为先？"众人齐声答曰："长老，律藏乃佛教之生命所在，律藏健全，佛法才能久住，因之先诵律藏为好。"于是把优婆离的律藏系法师请到首位，开始唱诵律藏诸经。之后，又依次唱诵了经藏和论藏。八万四千经文逐一唱诵完毕，完成了本次结集的第一项任务。

以往在印度举行的三次结集，仅是唱诵、审校经文（第三次也审订了注释）而已。这次却没有就此结束，紧接着开始更加艰巨的第二项工作，将经文和注释全部刻记在贝叶（即棕榈叶）上，这才是本次结集的特殊意义所在。法师们把三藏和注释分成若干部分，分别交给几组善于刻经的长老同时开始刻写，刻写完后又请法师集体进行审阅，核对100多遍，方为定稿。连唱诵带刻写，这次结集历时3年3个月3周又3天，圆满完成了结集的任务。这次结集自始至终得到了玛得勒地方太守的大力护持，而没有得到瓦腊干跋国王的支持和资助。

这次结集的伟大成果，是记录了卷帙浩繁的"巴利三藏"和"三藏注释"。全部经文使用的是僧诃罗字，"三藏"是用巴利语记录，"注释"是用僧诃罗语记录。玛亨德来岛时就是把注释译为僧诃罗语向信众宣讲的。"注释"更加详尽地阐发了佛教的思想，含有大量的事例和生动的故事，内容丰富、庞杂。注释写出之后，贝叶的数量也远比"巴利三藏"为多。据缅甸僧人所著《佛教史》记载，注释部分的贝叶摞在一起，便是一座足有9头大象之高的书山。贝叶经书在斯里兰卡刻写制作成功之后，不仅推动了国内佛教和佛教文化的普及，也引起了印度学者的重视。在印度，因为公元1世纪后大乘梵语的盛行，原本不甚完备的巴利文献都遗失无存了。因此，公元5世纪早期印度佛教大师觉音才专程来斯里兰卡译经，并把译著带回印度，以后又传入缅甸、泰国、柬埔寨、老挝及中国傣族地区。这些国家的佛教都属于斯里兰卡上座部大寺派法统，而斯里兰卡则成为东南亚上座部佛教的中心。

经过以上四次重要的大结集，[1]系统的佛教经典得以形成。

第二节　三藏十二部

浩如烟海的佛教经典有"三藏十二部"之称。

所谓"三藏"，是指经、律、论。经藏，是佛为指导弟子修行所说的理论，即"教说"的集成，梵音译名"素呾缆藏"，又称之为"修多罗藏"，意译契经藏，即指佛所说之经典，上契诸佛之理，下契众生之机；有关佛陀教说之要义，皆属于经部类。律藏，是佛为他的信徒所制定的宗教生活规范，梵音译名"毗奈耶藏"，又称之为"毗尼藏"，意译调伏藏。有关佛所制定教团之生活规则，皆属于律部类。经藏和律藏皆由佛陀的说法与施设这一源泉而共出，且经第一次结集在原始佛教时代流传，为当时所有佛教所共通，部派间不为共通和类似的部分非常罕见。论藏，又称论部，是佛弟子们解释经文和阐明经义的各

---

1 除这四次重要的大结集外，缅甸敏东王于1871年召集2400位高僧，在首都曼德勒举行三藏结集。此次结集以律藏为中心，考订校对圣典原文的异同，经5个月完成，而且将结集三藏文字分别镌刻于729块方形大理石上，竖立于曼德勒山下的拘他陀塔寺内。在周围又有45座佛塔围绕着。此又称为第五次结集。此外，1954年5月17日的"卫塞节"，缅甸佛教徒在国家赞助下，于仰光北郊5里处的艺固山岗上结集、排印缅文三藏圣典，并邀请世界各地僧众参加，此称第六次结集。另据泰国伐奈那亲王《结集史》所载，南传上座部共举行九次结集，前三次在印度，中间四次在斯里兰卡，最后二次在泰国。前五次结集，经考证与斯里兰卡摩诃那摩等所著《大史》所记相同，而第六次至第九次则未能取得泰国以外的南传诸国之认可。

种论述，梵音译名"阿毗达磨藏"，又称之为"阿毗昙藏"，或译"对法藏"，以言能够对观真理的无比胜智。其成立与结集是部派时代各部派的个别情事，虽多少有类似之处，但不同的地方则相当多，甚至可以说，部派的特征就是论藏。

敦煌写本《华严经》

公元 1 世纪前后，出现了超越部派的大乘佛教思想。至 2 世纪以后，随着大乘论师们撰出大乘论部典籍后，以《华严经》等为经藏，《梵网经》等为律藏，《中论》《百论》等为论藏的大乘三藏典籍也得以形成，从而将此前以四部《阿含经》等为经藏，《四分律》《五分律》《十诵律》等为律藏，《六足》《发智论》等为论藏的三藏典籍称为小乘三藏典籍。因小乘三藏重在自我解脱成道，故又称"声闻藏"；大乘三藏因主张"自觉觉他"方为觉行圆满，故又称"菩萨藏"。此外还有以《大日经》《金刚顶经》等二百卷为经藏，以《苏摩呼童子经》《毗奈耶经》等一七〇卷为律藏，以《菩提心论》《释摩诃衍论》十一卷为论藏的密教三藏。精通三藏之各藏者，分别称为经师、律师或论师。造论弘扬佛教者，称为论主或论师。精通三藏之法师称为三藏法师、三藏比丘、三藏圣师，或单称三藏。在我国，三藏之翻译家亦称三藏，例如称玄奘三藏、真谛三藏等。

所谓十二部，即"十二部经"。十二部经，亦称"十二分教"，是佛陀所说的一切言教。佛陀说法，善举譬喻，善用诗偈，有时则把相关内容作成佛教法数，比如三法印、四圣谛、五根、七菩提分等，以便听法的人容易记忆。后世弟子根据佛陀说法的方式、文体及内容的不同，分为契经、祇夜、记莂、讽颂、自说、因缘、譬喻、本事、本生、方广、未曾有法、论议十二部类。这种分类是在经典结集的历史中逐渐形成的，因此，在不同的部派中有不同的排列次序。据印顺在《原始佛教圣典之集成》所述，最原始的状态是三分教（契经、祇夜、记莂），后来随着经典不断的集出而有九分教的说法，然后又随着律部与论评的发达，又补充了因缘、譬谕、论评三者而扩充为十二分教。由于十二分教是次第形成而非同时间依同一标准的分类，所以其内涵或有重叠的部分。

1. 契经，梵文"Sūtra"，音译"修多罗"，即契于理契于机的佛教经典。又作"长行"，是以散文直接记载佛陀之教说，亦即一般所说的"经"。《瑜伽地师论》卷二十五云："云何契经？谓薄伽梵，于彼彼方所，为彼彼所化有情，依彼彼所化诸行差别，宣说无量蕴相应语，处相应语，缘起相应语，食相应语，谛相应语，界相应语，声闻乘相应语，独觉乘相应语，知来乘相应语，念住正断神足根力觉支道支等相应语，不净息念诸学证净等相应语。结集如来正法藏者，摄聚如是种种圣语，为令圣教久住世故；以诸美妙名句文身，如其所应，次第安布，次第结集。谓能贯穿缝缀种种能引义利能引梵行真善妙义。是名契经。"卷八十一云："契经者，谓贯穿义，长行直说，多分摄受意趣体性。"唐法藏《华严经探玄记》卷一云："修多罗或云修妬路，或言素怛罗，此云契经。契有二义，谓契理合机故；经亦二义，谓贯穿法相故，摄持所化故。"清龚自珍《重辑六妙门序》云："但契经不云乎？阿那波那，三世一切佛入道初门，此门彻上彻下，不局藏教。"此外，在律藏中比丘与比丘尼的波罗提木叉（pratimokṣa，patimokkha）也是由简洁的散文所组成。因此波罗提木叉（戒本）也称为戒经（pratimokṣa-sūtra，patimokkha-sutta），戒经的注释就是经分别（sūtra-vibhanga，sutta-vibhanga）。

2. 应颂，梵文"Geya"，音译"祇夜"，与契经相应，即以偈颂重复阐释契经所说的教法，故亦称"重颂"。《瑜伽地师论》卷二十五云："云何应颂？谓于中间，或于最后，宣说伽他。或复宣说未了义经。是名应颂。"卷八十一又云："应颂者：谓长行后，宣说伽他。又略标所说不了义经。"从形式上看，颂有一定的字句，四、五、七字一句，三、

四、五、六为一颂不定，与古诗相似，这是从梵文、巴利文沿袭而来的文体，一般称为偈颂。从内容上看，都是对经文之义的复述，故称"应颂"或"重颂"。应者，"顺应长行"；重者，"重宣其义"。

3. 记莂，又作授记，梵文"Vyakarana"，音译"和伽罗那"，本为教义之解说，后来特指佛陀对众弟子之未来修证果位所作的印记。凡经中佛于菩萨授当来必当成佛之记，于缘觉后世当得道，于声闻人今后世得道，记余六道众生后世所受果报之处，即名"授记经"。《瑜伽地师论》卷二十五云："云何记别？谓于是中，记别弟子命过已后当生等事。或复宣说已了义经。是名记别。"卷八十一又云："记别者，谓广分别略所摽义，及记命过弟子生处。"

4. 讽颂，又作孤起，梵文"Gatha"，音译"伽陀"，谓不依长行，直以偈颂来记载佛陀之教说。与应颂不同者，应颂是重述长行文中之义，而孤起就是不依前面长行文的意义，单独发起的偈颂。《瑜伽地师论》卷二十五云："云何讽颂？谓非直说；是结句说。或作二句，或作三句，或作四句，或作五句，或作六句等。是名讽颂。"卷八十一又云："讽颂者，谓以句说，或以二句，或以三四五六句说。"

5. 自说，梵文"Udama"，音译"优陀那"，谓佛陀未待他人问法或者无请问佛法者，而佛自行开示教说的经文。如《阿弥陀经》，名"自说经"。

6. 因缘，梵文"Nidana"，音译"尼陀那"，记载见佛闻法，或佛说法教化之因缘，如诸经之序品。如《大智度论》卷三十三云："说诸佛法本起因缘，佛何因缘说此事，修多罗中有人问故，毗柰耶中有犯是事，故结是戒，一切佛语缘起事，皆名尼陀那。"如来说法必有因缘，即经中见佛闻法因缘，及佛说法教化本末因缘之处，如诸经"序品"，故名"因缘经"。因缘是有关该经在什么情况下，为解决什么问题，对什么人而说的等等记述，属于交代背景、主题、性质、目的等内容。

7. 譬喻，梵音"阿波陀那"的意译，佛说种种譬喻以令众生容易开悟的经文。如《法华经》中的火宅喻、化城喻等。

8. 本事，梵文"Itivitaka"，音译"伊帝目多伽"，即经中讲弟子菩萨声闻等过去世行业事历的经文，及教令精进求道解脱因缘之处，即名"本事经"。

9. 本生，梵文"Jataka"，音译"阇陀伽"。凡经中佛说自身往昔行菩萨道时，修诸苦行，利益众生所行因缘之经文，名"本生经"。如《佛本生经》中就讲述了佛陀在过去世修行时，为鹿、为鹰等动物舍己度化众生的故事。《成实论》卷一说："阇陀伽者，因现在事说过去事。"在《阿毗达磨大毗婆沙论》卷一二六说："本生云何？谓诸经中，宣说过去所经生事，如熊、鹿等诸本生经。如佛因提婆达多说五百本生事。"综上，所谓"本生经"，即是指佛陀在成正觉以前，于二十四佛（北传说六佛）时，以种种不同的身份行菩萨道的行为和德业，以及弟子们的前生事，以说故事的方式表现出来，作为教育树人的教材。这类的本生题材相当多，散见于三藏中。《本生经》因为是宣说过去中的故事，所以又称做"本生谈"或"本生故事"。

10. 方广，梵文"Vaipulya"，音译"毗佛略"。凡属宣讲菩萨道的教理，弘扬菩萨行的法门，均属方广，是为教化大乘菩萨的大乘经典的通称。对于方广经典，如《大方广佛华严经》。小乘的方广经，则指词广理正，广辩诸法甚深真理的经。如《菩萨地持经》卷三："十二部经，唯方广部，是菩萨藏，余十一部，是声闻藏。"

11. 希法，又作未曾有法，梵文"Adbbuta-aharma"，音译"阿浮陀达摩"，记载佛陀及诸弟子希有之事。此是形容佛在说法中显现出来的种种神力、吉祥、瑞相的经文。之所以称名"未曾有"，是因为这些瑞相在我们这个娑婆世界从来未曾有的境界，众弟子同声赞叹"未曾有"而得名。如经中说诸天身量，大地震动，旷古稀有，以及佛力不可思议之事的经文，名"未曾有经"。

12. 论议，梵文"Upadesa"，音译"优波提舍"，记载佛论议抉择诸法体性，分别明了其义，是一切论书的通称。论议是佛法经典的主要形式，即"以理论议，明辩法相"。如佛为声闻乘说"苦集灭道"四圣谛之义理。文体为"一问一答"或"直发精义"的两种，显示了佛说法的活泼亲切。

综上所言，契经、重颂、讽颂，是从经文的体裁来立名；其余九种是从经文所载各别的事义而立名。从多分义摄来说，契经、重颂、记别、讽颂、自说、譬喻、本事、本生、方广、希有是为经藏；因缘是为律藏；论议是为论藏。"十二部经"之说大小乘共通，但诸经论或称惟方广为大乘独有之经；或谓除记莂、自说、方广外，其余九部皆属小乘经；或谓除因缘、譬喻、论议外，其余九部皆属大乘经；或谓譬喻、本生、论议外之九部为"九部经"；或谓除自说、譬喻、论议外之九部为"九部经"。"九部经"又作"九分教""九部法"，其说较为"十二部经"古老。

第二章　中土佛经的汉译与流传

佛教传入中国、融入中国的过程，就是佛经传入、翻译和流传的过程。佛教经典有三种不同的文字版本，其中最普遍的是北印度的梵文文本，其次是由南印度方言几经演变而成的巴利文文本，还有一种曾在印度西北地区通行、后因梵文的复兴而被淘汰的佉留文文本。这些不同文本的流传，既直接影响了佛教的传播途径，也促成了不同的佛教系统。向南方传播的是巴利文文本的佛教，最初传入斯里兰卡，然后由斯里兰卡传入缅甸、泰国、柬埔寨、印度尼西亚及中国的西双版纳等地区，形成南传佛教系统，中国云南傣族地区的佛教即系南传佛教。梵文文本的佛教则向北传播，形成了北传佛教的两大系统：一大系统经由中亚传入中国，在中国孕育发展后，传入朝鲜、日本、越南各国，是为汉传佛教；另一系统传入中国西藏，后又传到蒙古和西伯利亚的布里亚特，以及不丹、锡金、尼泊尔等国，一般称为"藏传佛教"。

第一节　"一带一路"历史上的佛教东传

习近平主席说，"公元前 100 多年，中国就开始开辟通往西域的丝绸之路。汉代张骞于公元前 138 年和公元前 119 年两次出使西域，向西域传播了中华文化，也引进了葡萄、苜蓿、石榴、胡麻、芝麻等西域文化成果。"[1] 这些"西域文化成果"中，当然包括佛教。

西汉建元三年（公元前 138 年），大汉帝国派张骞出使西域。张骞之行，史称"凿空"，开辟了连接欧亚的通路，拉开了闻名中外的丝绸之路历史戏剧的序幕。当时的"丝绸之路"南道可西行到今阿富汗、乌兹别克斯坦、伊朗，最远可达埃及的亚历山大城；另一条路经过巴

---

1 习近平：《在联合国教科文组织总部的演讲》，《人民日报》2014 年 3 月 28 日第 3 版。

基斯坦、阿富汗喀布尔，到达波斯湾头；如果从喀布尔南行，可达今巴基斯坦卡拉奇，转海路也可达波斯和罗马等地。由此，中国人便开始接触外面的世界，形成了相关国度"使者相望于道"[1]的频仍来往，推动了欧亚政治、经济和文化的积极交流。

丝绸之路一经开通，慧风东渐，佛教便伴随着大漠驼铃，穿越戈壁雪山，顺势而来，传入了东方。开凿于3世纪的新疆克孜尔石窟中，有供养佛像做礼拜用的"支提窟"，僧尼静修或讲学用的精舍"毗呵罗窟"，僧尼起居用的寮房，埋葬骨灰用的罗汉窟等等，这样完整的建筑体系，是世界上其他佛教中心所罕见的。尤其是现存的81窟近1万平方米的壁画，更反映了早期佛教从印度传入中国的轨迹。这些壁画，既有汉文化的影响，也有对外来文化艺术有选择地巧妙接受，更是古龟兹画师非凡的智慧。据推测，佛教从印度经"丝绸之路"传到新疆克孜尔，再到甘肃敦煌，然后传入中国内地。沿着"丝绸之路"留存下来的诸如敦煌莫高窟、洛阳龙门石窟等，这些融入了东西方艺术风格的佛教石窟，就是"丝绸之路"上佛教东传的见证。

沿着古丝路东传的佛教，北至龟兹，南至于阗，最终相会于古凉州。古凉州是南北丝路的汇合点，同时也是中土与西域文化的交会地，自然成为佛教东传进入中土的重要中转地。东晋时，后秦高僧、译经家鸠摩罗什大师，就是因为被迫在凉州姑臧待了十几年，才通晓华语而后成为一代译经大师的。

佛教自印度沿着古丝绸之陆路东传，直至敦煌。敦煌在古丝路上充当着沟通西域与中土文明桥梁与纽带，同时也是双方互相深入了解的一扇"窗口"。从其旷古烁今的佛教洞窟建筑艺术中，能看到当时敦煌佛教的繁荣。

印度佛教一路东行，传播的路线与古丝路高度重合，甚至可以说是完全一致。因此，古丝路不仅是一条商贸之路，更是一条佛教信仰传播、文化交融之路。

丝绸之路也是佛教传入后，中国大德高僧西行求法之路，从而与

---

1 ［汉］司马迁：《史记》卷一二三"大宛列传"。

西域僧人的东行传法形成呼应和互动。

三国时期的朱士行是西行求法的第一人，他是一位精研佛经、精进求法的僧人。公元 260 年，57 岁的朱士行不顾劝阻，从雍州出发，孤身一人踏上求法之路，经河西走廊到敦煌，穿越茫茫沙漠抵达于阗，不能不说是一种奇迹。在于阗，朱士行得到《大品般若经》梵文原本，如获至宝，从此安住于阗，静心抄写佛经，这一抄就是整整 22 年。以安详平和的慈心，至心奉法的愿力，普济众生的智意，一字一句，一页一卷，当长达 90 章，60 余万字的《大品般若经》终于抄写完成时，他已年近 80 岁了。他知道以自己的衰暮之身，难以携带沉重的佛经返回家乡，便将这番重任交给自己的弟子弗如檀等。弗如檀等人历经艰险，终于在公元 282 年将此经送回洛阳，直至公元 291 年，由比丘无罗叉和居士竺叔兰等人译成汉文，取名为《放光般若经》。

此后，以陆行丝绸之路西游、沿海上丝绸之路东归的东晋僧人法显（344～420年）则成为中国历史上的第一个"海归"。 在朱士行西行求法百余年之后，高僧法显自长安出发，西渡流沙，越葱岭至天竺求取佛律，前后历时 14 年，游历 30 余国，九死一生，历尽艰险，收集了大批梵文经典。法显以年过花甲的高龄，完成了穿行亚洲大陆又经南洋海路归国的远途陆海旅行的惊人壮举，他留下的杰作《佛国记》，不仅在佛教界受到称誉，而且也得到了中外学者的高度评价。唐代名僧义净说："自古神州之地，轻生殉法之宾，显法师则创辟荒途，奘法师乃中开正路。"[1] 近代学者梁启超说："法显横雪山而入天竺，赍佛典多种以归，著《佛国记》，我国人之至印度者，此为第一。"[2] 印度尼西亚学者甫榕·沙勒（Burung Saleh）说："人们知道访问过印度尼西亚的中国人的第一个名字是法显。法显的《佛国记》关于耶婆提的描述，是中国关于印度尼西亚第一次比较详细的记载。"[3] 日本学

---

1 ［唐］义净：《大唐西域求法高僧传》卷上"并序"。

2 梁启超：《千五百年前之中国留学生》，《中国佛教史研究》，台湾新文丰出版公司，1984 年，第 27～28 页。

3 转引自袁维学：《法显故里探究》，《临汾日报》2018 年 9 月 8 日。

者足立喜六把《佛国记》誉为西域探险家及印度佛迹调查者的指南。[1]读法显的《佛国记》，很多处让人落泪。在从敦煌穿越沙漠时，他写道："沙河中多有恶鬼、热风，遇则皆死，无一全者。上无飞鸟，下无走兽，遍望极目，欲求度处，则莫知所拟，唯以死人枯骨为标识耳。"可知其行途之寂寞孤苦，甚至生命亦难以保全。

法显自古丝路之陆路西行进入北天竺，归国时则是在南天竺乘商船回国。他们走的是另一条丝绸之路——海上丝绸之路。航行中几度遭遇海上风暴，法显连同他携带的佛经差点被船上婆罗门抛下大海，幸遇其他人劝阻而得以免祸，漂泊一年后在山东半岛的长广郡崂山一带靠岸，历时14年的求法终得圆满，成为历史上有记载的第一位到达印度本土的中国人。当时的中国海船携带丝绸、黄金，从雷州半岛起航，途经今越南、泰国、马来西亚、缅甸等国，远航到印度黄支国，换取当地特产，然后从师子国（今斯里兰卡）经新加坡返航。这是人类历史上最为古老的一条海上航线，也是佛教文化进入中国的另一重要途径。

法显在总结西行时说："诚之所感，无穷否而不通；志之所将，无功业而不成。"与此前后时期的西行者还有竺法护、智猛等人，而西行取经的玄奘和义净也都留下了西行求法、东归译经的感人故事。

义净（635～713年），中国唐代僧人，俗姓张，字文明，祖籍范阳（今河北涿州），一说齐州（今山东济南）。14岁出家，即仰慕法显、玄奘西行求法的高风。及从慧智禅师受具足戒后，学习道宣、法砺两家律部的文疏五年，前往洛阳学《对法》（《集论》）、《摄论》，又往长安学《俱舍》《唯识》。

唐高宗咸亨二年（670年），他与弟子善行从广州搭乘波斯商船泛海南行。20天后到达室利佛逝（今苏门答腊），停留了6个月，在此学习声明。善行因病返国，义净孤身泛海前行，经末罗瑜（后改隶室利佛逝）、羯荼等国，于咸亨四年（673年）二月到达东印耽摩梨底国，和另一住在那里多年的唐僧大乘灯相遇，停留一年，学习梵语。

1　［日］足立喜六：《考证法显传》东京法藏馆出版，1935年。1940年，该书再版时书名更改为《法显传：中亚·印度·南海纪行研究の研究》。

其后，他们一同随着商队前往中印，瞻礼各处圣迹。往来各地参学，经历 30 余国，留学那烂陀寺历时 11 载，亲近过那烂陀寺宝师子等当时著名大德，研究过瑜伽、中观、因明和俱舍，并和道琳法师屡入坛场，最后求得梵本三藏近 400 部，合 50 余万颂，方才言旋。

中国社科院世界宗教研究所所长卓新平说："在前后近两千年的古丝绸之路历史中，宗教的传播和交流占有很大比重，起过重要的作用。可以说，外域宗教的入华以及中国儒教等信仰传统的西渐，基本上是通过丝绸之路而得以实现。这样，宗教的流传与交往，促进了中外民众信仰生活的相遇和融通，成为具有动感及活力的丝绸之路经久不衰的精神之魂。"[1]

丝绸之路，一条连接起东方世界和西方世界的文明之路。这条路，跨越时空，向人们诉说着它数千年沧桑变迁的历史。这条路，也贯穿着曾经、现在和未来。习近平主席说："文明因交流而多彩，文明因互鉴而丰富。文明交流互鉴，是推动人类文明进步和世界和平发展的重要动力。"[2]佛教文化既是世界宗教文化的重要组成部分，同时也是中国优秀传统文化的核心之一。作为一种文化形式，佛教在宗教外延上有着更广阔的空间和平台。从古至今，佛教对"一带一路"沿线民间交流的促进作用从未停止。如今在"互联网+"与"文化+"的全球共识下，佛教界更应以"一带一路"为契机，推动沿线国家佛教文化彼此交融互鉴。要以大乘佛教菩萨精神为核心，以"自他不二"为理念融入命运共同体的大胸怀中，方法上还应以佛教文化艺术为纽带，增强中国文化自信，实现中国化走出去，展示软实力的弘愿。

第二节　佛经翻译的四个时期与四大译经家

最早的佛经翻译，是西汉哀帝元寿元年（公元前 2 年）出现的，当时贵霜帝国大月氏王遣使来中国口授佛经，博士弟子秦景宪协助来使伊存口授佛经《浮屠经》，但仅是口译，没有文本保存下来。吕澂

1 卓新平：《丝绸之路的宗教之魂》，《世界宗教文化》2015 年第 1 期。

2 习近平：《在联合国教科文组织总部的演讲》，《人民日报》2014 年 3 月 28 日第 3 版。

先生在《中国佛学源流略讲》中指出："这一材料出自《三国志》裴注引前人鱼豢《魏略·西戎传》的记载，而《魏略》一书已佚。据现代研究西域历史的学者，如日人白鸟库吉认为，贵霜王朝前二代是不信佛教的，而大月氏又在贵霜王朝之前，当时是否已有佛教流传，还值得研究，尤其是授经者是国家的大使身份，说明佛教已成为当时统治阶级所崇信才有可能，这就更需要研究了。"[1]

我国佛经翻译事业的真正创始人，则是东汉末年来中国的安息王子安世高。到魏晋南北朝，佛经的翻译大盛。唐朝佛经的翻译达到了极高的标准，质与量都是空前绝后的，进入全盛时期。宋代以后，佛经翻译逐渐式微，到元朝时，佛经翻译已进入尾声。总之，佛经翻译前后历时 10 个世纪，翻译过来的三藏共有 1690 余卷（已译出而佚失了的，以及藏文佛经不计算在内）。著名的中外译师不下 200 人，通过他们的不懈努力，把佛教各系统的学说都介绍到中国来，从而形成了中国佛教的巨大宝藏。综合看来，佛经翻译在中国经历了四个重要的历史时期，并出现了公认的"四大译经家"。

第一个时期：东汉——初创翻译时期

史料记载，汉永平十年（67 年），汉明帝刘庄梦见一个金碧辉煌的神仙，飘飘荡荡飞至宫殿中，第二天上朝，明帝便召问此梦吉凶，大臣们面面相觑，惴惴不安，他们不知皇帝所梦为何方神圣，自然不敢断言此梦预兆是福是祸。唯有傅毅朗声答道，臣闻西域有神，其名曰佛，周身金光环绕，可飞身于虚空之中，陛下所梦，大概就是西方之佛吧！刘庄闻听此言，当即下旨，派遣郎中蔡愔博士及弟子秦景等，前往天竺寻访佛法。

蔡愔一行重复张骞的行旅，他们穿越茫茫戈壁辽阔沙漠，到达大月氏，在那里遇见两位高僧，就是摄摩腾和竺法兰，二人法相庄严，宣扬的佛法高深莫测，令众人大喜。

摄摩腾为中天竺人，擅长礼仪，通达大小乘经典，之前在天竺

---

1 吕澂：《吕澂佛学论著选集》第 5 卷，齐鲁书社，1991 年，第 2463 ~ 2464 页。

一附庸小国讲《金光明经》时，正值外国军队侵犯国境。摄摩腾不畏身死前往边境，以佛法劝化双方，使两国避免了战争，由此声名鹊起。他本以游化四方传扬佛法为己任，蔡愔等人力邀之下，他当然欣然应允。

竺法兰也是中天竺人。他讽诵经论数万章，为天竺学者之师。他与摄摩腾十分相契，受到中国使臣的邀请，便相约一起到东土传播佛法，但受到诸弟子的极力挽留和劝阻拦截，只好推迟行程，随后悄然来到洛阳与摩腾会合。

两位高僧的到来，受到汉明帝的隆重迎接，刘庄见他们携带的佛像与自己梦中的金色神人完全一样，心生欢喜，下旨为二位高僧建立精舍居住译经。因蔡愔等人是用白马把佛经驮回洛阳的，在洛阳城西建的寺院便取名为白马寺，这是佛教传入中国内地后建的第一座寺院。

竺法兰曾先后译出《十地段结经》《佛本生经》《法海藏经》《佛本行经》等数部，并与摄摩腾共同翻译了《四十二章经》，这是中国译出的第一部佛教经典。

《高僧传》将摄摩腾和竺法兰列在第一章。竺法兰和摄摩腾同被尊为中国佛教的鼻祖，安眠在洛阳白马寺。永平十六年（73 年），摄摩腾圆寂安葬于白马寺，墓碑上写着"汉启道圆寂通摩腾大师墓"，竺法兰的墓葬与其东西相对，碑文为"汉开教总持竺法大师墓"。

东汉时期，大多数译经僧都来自于西域，其中来自安息的安世高王子和来自西域大月氏的支娄迦谶非常著名。安世高本名安清，本为安息国太子，据传其自小聪明仁孝，刻苦好学，博览国内外典籍，通晓天文地理、占卜推步等术，精于医学乃至鸟兽之声，无不通达。其父王死后，安世高继位为王，但也许是厌倦置身于尖锐复杂的政治漩涡，也许是感悟人生之无常空幻，洞彻荣华富贵乃过眼烟云，一年之后，他便将王位辞让于其叔而出家为僧。挣脱尘世羁绊之后，安世高遍游西域诸国弘传佛法，并于东汉建和元年（147 年）到达中土洛阳。他在中原停驻大约 20 年，据晋代道安编纂的《众经目录》记载，安世高共译出佛经 35 部 41 卷。东汉末年时局动荡，安世高由洛阳避祸江南，曾南下广州，后卒于会稽（苏州）。

《诸佛要集经》写本[1]

支娄迦谶，简称支谶，为贵霜帝国佛教僧人，东汉桓帝末年（约167年）从月支来到洛阳。他通晓汉语，除独自翻译《首楞严三昧经》之外，和早来的竺朔佛合作翻译了《道行般若经》和《般舟三昧经》，在中原译经前后约20年，后不知所终。

这一时期，我国的佛经翻译事业还处于初创时期，还不能进行有计划有系统的翻译，所译的经书很少是全译本，翻译的经书也有很多问题，这时所译的经书大小乘并行，佛教在中国思想界已占据了一席之地。

第二个时期：东晋与隋代——官方翻译时期

从东晋至隋代，梵文佛经大量传入中国。这一时期，佛教得到了统治者的信奉，佛教翻译也得到了官方的支持，由私人翻译佛经

---

1 新疆鄯善发现，书写于西晋元康六年（296 年），是目前世界上已知最早的汉文佛经写本。

转为官方翻译佛经。前秦初年，开始了官方组织的集体翻译工作，由僧人道安主持译场翻译佛经，据说这是中国最早的大型佛经翻译场。而正是这个必不可少的重要工作，让佛教的教义，遍布在中国大地上。

东晋孝武帝太元四年（379年），当前秦王苻坚攻克襄阳时，他曾说："朕以十万之师攻取襄阳，唯得一人半。"[1]此一人指的正是一代高僧道安大师。

道安本姓卫，常山扶柳（今河北冀县西南）人。幼聪敏，12岁出家。后事佛图澄为师，甚受赏识。因北方战乱，南下襄阳，居15载。后入长安，居7载，竟卒。道安著述、译经很多，对佛教贡献很大。自汉以来，佛学有两大系，一为禅法，一为般若，道安实为二系之集大成者。他提倡"本无"（即性空）之学，为般若学六家之一；确立戒规，主张僧侣以"释"为姓，为后世所遵行。弟子甚多，遍布南北，慧远、慧持等名僧皆出其门下。道安是当时译经的主持者，在他的监译下，译出了《四阿含》《阿毗昙》等经共百余万言。他对以前的译本做了校订和整理工作，并编出目录。其提出的翻译文体问题和"五失本""三不易"的翻译原则，[2]对后世影响颇大。他博学多识，以才辩文学著称，文章为当世文人所重。

道安重视般若学，一生注重研讲此系经典，同时重视戒律，勤奋搜求戒本，又注意禅法，对安世高所译的禅籍注释的非常多。由于道安综合整理了前代般若、禅法、戒律等系佛学，遂使原本零散的佛学思想，得以较完整的面目呈现于世。因此，道安大师被视为汉晋间佛教思想的集大成者。又因道安大师出生时手臂多长了一块皮肉（皮手钏），时人即称之为"印手菩萨"。

后来，西域人鸠摩罗什在长安组织官方译场，集中800名高僧共同翻译佛经。继鸠摩罗什之后，外国译师来者相继，主要经论不断被翻译出来，形成了中国佛教的第一个译经高潮。

---

1 ［晋］释慧皎：《高僧传》卷五《晋长安五级寺释道安》。

2 ［南朝梁］僧祐：《出三藏记集》卷八载道安"摩诃钵罗若波罗蜜经钞序"。

第三个时期：唐代——全盛翻译时期

唐代国家统一，国势强盛，中外交往密切，统治者大力扶植佛教，因而一批批僧侣不畏险阻，前往天竺朝圣取经。仅唐初半个世纪，从唐境出发西行天竺的僧徒，就有数十人。他们携回大批梵文佛经、佛像和舍利，撰写了记载南亚和中亚地区社会情况的《大唐西域记》《大唐西域求法高僧传》和《南海寄归内法传》等著名著作，对佛教的繁盛和沟通中外文化交流起了很大作用。

唐朝是中国佛教发展的鼎盛时期，也是佛经翻译的鼎盛时期。唐朝的佛经翻译大体上可以唐玄宗即位（712年）为界，分为前后两个时期。前期的代表人物有玄奘、实叉难陀和义净，所译佛经主要是大乘般若中观系统和瑜伽唯识系统的经典，并且译出相当数量的小乘说一切有部的论书和戒律，其中不少是旧有经典的重译和补译。后期的代表人物有菩提流志、善无畏、金刚智和不空，在所译经典中密教典籍占大部分。

唐朝统治者非常重视译经工作，多位皇帝亲自过问，译场由官府主办，为译经提供各种方便。从唐初至元和年间近两百年里，译经始终未辍。为了译好重要佛经，唐王朝曾多次聚集中外名僧合译。译场分设译主、笔受（亦名缀文）、度语（亦名译语、传语）、证梵文、润文、证义、梵呗、校勘和监护大使等。玄奘主持的译场功绩最大，他系统的翻译规模、严谨的翻译作风和丰富的翻译成果，在中国翻译史上都留下了光辉的典范。前后共译经论74部，1335卷，将佛经翻译提高到了新的水平。

这个时期，中国佛教形成八大宗派，标志着中国佛教理论的成熟，不但各大宗派都有自己的经典和著述，而且还产生了中国唯一一部被称为"经"的佛典，即禅宗的《坛经》，汉文佛经的数量日益增加。

第四个时期：宋代以后——刻本翻译时期

北宋太平兴国七年（982年），宋太宗重新组织译场，恢复了自唐元和六年（811年）中断了一百余年的佛经翻译事业。

太祖开宝年间（968～975年），印度高僧法天来华（在河中府译经），太宗太平兴国年间（976～983年），又有印度高僧天息灾（法贤）、施护相继携经来华。太宗召见他们，准备大规模译经。太平兴国七年（982年）六月，译经院落成，太宗诏天息灾等三人进住译经院，开始译经。

宋代译经，太宗、真宗、仁宗都很重视，亲自作序，开版刻经，派遣高级官员担任润文官，天禧元年（1017年），更以宰相兼译经润文使。直到神宗熙宁二年（1069年），那时虽已没有译经的记载，但仍出现曾公亮兼润文使这样的名衔，由此可见一斑。

据记载，宋代译经，自太平兴国七年（982年）至景祐二年（1035年）共54年间，三朝所译佛经574卷。其后，因西境多事，印度僧人来宋者少，缺乏新经梵本，译事时断时续，维持到政和元年（1111年）为止。从译经质量上看，宋代译经也不能和前代（尤其是唐代）相比，但也反映了其所处时代的特色。

宋代译经多属小部，就其种数而言，接近唐代所译之数，应当说是有成绩的，但有缺点，影响不大。自宋以后，佛经翻译逐渐减少，但由于雕版印刷技术的广泛应用，佛经的印刷和流通速度得以加快。北宋开宝年间，宋朝官方主持完成了《开宝藏》，这是中国第一部刻本佛教大藏经。

中国文化的发展史离不开佛教，而佛教在中国的传播、壮大和发展，又离不开历代佛经翻译家及其弟子。佛经浩如烟海，博大精深。在佛教传入我国的近两千年的漫长岁月中，有名姓记载的佛经翻译家有200余名，共译佛教典籍2100余种、6000余卷。综合各个时期的佛经翻译的重要历史人物特征，后人将鸠摩罗什、真谛、玄奘、不空四人誉为"四大译经家"。其中鸠摩罗什、真谛和不空，是东来弘传佛法的外国佛学大师，玄奘则是西行求法的中国高僧。他们虽所处的时代不同，经历不同，但他们都以毕生的精力从事译经事业，在他们各自的时代取得了辉煌的成就，并在我国的翻译史上留下了光辉的篇章。

鸠摩罗什

鸠摩罗什（344～413年），意译"童寿"。祖籍天竺，出生于西域龟兹国（今中国新疆库车）。父亲是天竺刹帝利种姓贵族，母亲是龟兹国王的妹妹。鸠摩罗什是世界著名思想家、佛学家、哲学家和翻译家，中国佛教八宗之祖。

鸠摩罗什

鸠摩罗什从小天资极高，过目成诵，能"日诵千偈"。他7岁随母出家，他一开始师从佛图舌弥、槃头达多学习小乘佛法。后来，拜须利耶跋陀、须利耶苏摩为师，逐渐转向大乘。20岁受戒于龟兹王宫，从卑摩罗叉学习《十诵律》。此时，他已"道流西域，名被东川"，名声传至中国。他自己也立志将来到震旦即中土传教。

前秦建元十八年（382年），名将吕光受天王符坚之命征讨西域，降焉耆、破龟兹。灭了龟兹国后，吕光把鸠摩罗什劫到了凉州，想把他留为己用。三年后姚苌杀符坚，灭前秦，吕光则在凉州自立。罗什自此羁留凉州16年，受尽屈辱磨难，虽不能传教弘法，但在这期间熟习了汉语、知晓了中土文化。

后秦皇帝姚兴也笃信佛教，他击败后凉后，于公元401年迎罗什入长安。奉姚兴对鸠摩罗什非常敬重，待以国师之礼。在王室支持下，罗什开始了他辉煌的译经历程。姚兴为他建立了规模宏大的逍遥园译场，有时也亲自参加译经活动，在政治上也征听罗什的意见。罗什在长安12年，在弟子们的帮助下，译出《经论》35部，294卷。

鸠摩罗什的翻译事业，当时堪称独步空前。他不仅第一次有系统地翻译大乘佛法，而且在翻译文体上也一改过去朴拙生硬的古风，创造出一种具有外来语和汉语文学相融合的新文体。他主持翻译的经论，尤其为中国佛教信徒和文人学者们所乐于读诵，对后来的佛教文学产生了重大影响。同时也培养了大批佛学人才，著名弟子有道生、僧叡、道融、僧肇，合称"什门四圣"。

佛教史家评论说，东汉至魏晋以来，佛经多由支谦、竺法护等人译出，倾向于"滞文格义"，道安主持的译经也囿于语言，多取直译不能融会贯通，而鸠摩罗什重新校译，使义皆圆通，众心惬服，莫不欣赞。鸠摩罗什的译文语言精美、声情并茂、妙趣盎然，无人能出其右者，其翻译的《法华经》被誉为具有"天然西域之语趣"。比如在旧译版的佛经中有"大众团团坐，努目看世尊"的字句，后来被罗什法师改为："瞻仰尊颜，目不暂舍"，其区别一目了然。

对于鸠摩罗什及其所译佛经，任继愈曾有过这样的评价：

鸠摩罗什的翻本，毫无问题的是最好的译本，但是由于他对于中文的造诣不够精深，至少比不上他的西文的造诣，所以翻译时要藉重他的助手，因此，无形中会在文字里受了他的助手的影响。也因为那些助手都是精通儒家，道家，佛家的典籍的学者，他们自己也不免具有一部分的成见，他们的成见自难免不渗入佛经的译文里。如鸠摩罗什译《妙法莲法经》时，有两句话的原文是："天见人，人见天。"罗什嫌译得太直率，少文采，他的助手告诉他："莫不是应当译作'人天交接，两得相见'"，罗什称善。从这个小例子，可以看出几点值得注意的事。

第一，罗什的中文程度虽可以通晓文义，但算不上精通。虽然也有他作的信札与偈颂，可能不全是他的手笔。

第二，他的助手是不会外国文的，从他们道"莫不是'人天交接，两得相见'"可见。

第三，译经的助手可以有修改权的，虽然他不懂得外国文字。

第四，那时的译经是相当看重文字的通顺，质直的翻译是不受欢迎的（一种新文字的翻译都是如此），为了适合中国人的习惯，不得不如此。

从以上四点看来，以罗什的头等的佛学大师，以他的那一群第一流的助手，在翻译的时候还要遭遇到困难，尚要顺从时尚，力求"中国化"。其他佛学的造诣不及罗什，助手的程度也不及罗什所用的那一群人，他们所翻译出来的经文当然不能令人满意了。这个时期的"意译"，虽然相当成功，但是有一些佛经不免走了样。[1]

---

1 任继愈：《中国佛教史》第 2 册，中国社会科学出版社，1988 年，第 292 ~ 293 页。

鸠摩罗什来华实际是以居士身份活动的,但值得注意的是,这并不损害他在佛教史上作为高僧的崇高声誉。公元 413 年,70 岁的鸠摩罗什在长安圆寂,去世前他说道:"若我所译经典,合乎佛意,愿我死后,荼毗(火化)时,舌根不坏。"据《高僧传》记载,当鸠摩罗什圆寂以后,火化唯有舌头不烂。舌舍利供奉在凉州的罗什寺修塔供养。

真谛

真谛(499~569 年),又称波罗末罗、拘那罗陀,意译作"亲依",是我国南朝梁武帝时来华的天竺僧人。出身于西印度优禅尼婆罗门族,年少时到处游历,遍访名师,学通内外,尤其精通大乘学说。为了弘扬佛法,他泛游南海,后来住在扶南国(今柬埔寨)。《续高僧传·拘那罗陀》中说他"景行澄明,器宇清肃。风神爽拔,悠然自远"。

梁武帝大同年间(535~546 年),梁武帝曾遣使"扶南",求请名僧及大乘经论,真谛因此携带许多贝叶梵本来华,于中大同元年(546 年)抵达南海(广州),后经两年来到京邑建业,受到梁武帝的接见,从此开始了他长达 20 年的译经生涯。

据史料记载,真谛自大同元年(546 年)48 岁来到中国,至大建元年(569 年)71 岁去世,兵荒马乱之中,他在中原转徙各地,居无定所。这 20 年时间里,他先是因侯景之乱由建业而到富春,由县令陆元哲迎住在自己的私宅里,召集宝琼等二十余沙门协助他翻译佛经,之后相继辗转于建业正台观、豫章宝田寺、新吴美业寺、始兴建兴寺、晋安佛力寺、梁安建造寺等地,生活极不安定。但真谛每到一处,都以非凡的毅力及时展开翻译讲习,未尝中止,先后译出《十七地论》《中论》《如实论》等各种经论 48 部 232 卷,这在同时代以及后来的译经者中是极为罕见的。因此,他以此跻身于四大译家之列而名标僧史。

真谛译经的态度极其严肃,他特别注重准确表达经典的原义,一章一句都要认真推敲,反复核实,因此他的译文具有文质相半的特点,有的地方难免晦涩难解。真谛所译经论,最重要的是他晚年译成的《摄大乘论》《摄大乘论释》《转识论》《唯识论》等，这些由印度大乘唯识学创始人无著和世亲所著的著名著作，在印度佛教史上亦属划时代的作品。自真谛翻成汉文之后，正式把大乘唯识学说传入中国，在陈隋之世，影响很大。

玄奘

　　玄奘（600～664年），本名陈祎，洛州缑氏（今河南洛阳偃师市）人。唐代著名高僧，法相宗创始人，被尊称为"三藏法师"，后世俗称"唐僧"。他是四大译家中唯一的汉族僧人。受其兄陈素的影响，自幼出家为僧，11岁即能"诵维摩、法华"。15岁以后随其兄"行达长安"，又逾剑阁"达蜀都"，而后沿江东下，历"荆扬等州"，遍访名师，刻苦钻研佛理。

　　青年时代的玄奘对佛教哲学就有着执着的追求，在他"遍谒名贤，备参其说"的过程中，发现流行的许多学说"各擅其宗，验之圣典，亦隐显有异，莫知适从"。恰在此时，印度学者波颇蜜罗多来华，介绍印度那烂陀寺戒贤所著《瑜伽师地论》，并认为这部论著可以总赅佛家学说，这就激起了他"誓游西方，以问所惑"的决心。

　　唐太宗贞观三年（629年），玄奘西行求法，历经艰辛，过玉门关，经中亚，逾葱岭，途经16国，历时4年，克服了种种艰难险阻，到达了中印度的佛学

玄奘

中心——那烂陀寺,这一印度古代的最高学府不仅规模宏大,建筑壮丽,藏书丰富,学者辈出。印度大乘佛教的许多大师都曾在此地讲学或受业,玄奘留学印度的岁月也大部分在此度过。玄奘到达那烂陀寺时,正是智德幽邃的戒贤大师住持此寺。这时,戒贤大师已经百余岁,据说是留寿等候玄奘的,对玄奘异常器重。玄奘在此寺学习 5 年,最有成就的学习历程就是在这里完成的。

在印度的 10 多年中,他除了在那烂陀寺向戒贤学习《瑜伽师地论》,并专攻梵书梵语数年外,几乎走遍了印度各地,前后向十多位佛学大师求教问学,学遍了佛学中各种学说,达到了十分精熟的境地。由于他的刻苦钻研和对佛学的精深研讨,他还参加了当时印度佛教界多次的辩论大会,写下了《会宗论》《制恶见论》,并在因明学说方面提出"真唯识量"的见解,名扬五印度。

贞观十九年(645 年),46 岁的玄奘载誉启程,带着在印度搜集的佛典 520 箧 657 部回到长安。此后的 20 年中,他把全部的心血和智慧奉献给了译经事业。玄奘的翻译工作获得了唐太宗李世民和高宗李治两代皇帝的大力支持。在长安和洛阳两地,玄奘在助手们的帮助下,共译出佛教经论 74 部,1335 卷,每卷万字左右,合计 1335 万字,占去整个唐代译经总数的一半以上,相当于鸠摩罗什、真谛、不空三人译经总数的一倍多,而且在质量上大大超越前人,从古至今评价都很高。长期以来,大凡研究玄奘翻译以及佛学思想的人一致认为,玄奘的翻译,最忠实于印度原本,历来被看作是罕见的精确直译之文,成为翻译史上的杰出典范。

中国佛教史上,玄奘的译籍数量最多、品类最齐全。按内容我们可将玄奘的译经作一个大致的分类,其中大乘佛典的般若中观类有六部 615 卷,按卷数占全部译经的百分之四十六;其次为瑜伽唯识经典,有二十一部 201 卷,占译经卷数的百分之十五;小乘佛典中以说一切有部的论书数量最大,有十四部 445 卷,占译经卷数的百分之三十三,其他大小乘经典仅占约百分之六。

在般若中观类佛典中以《大般若经》篇幅最大,有 600 卷。瑜伽唯识类经典虽数量不大,但都是玄奘及其弟子弘传的重点,是法相唯识宗的主要依据。在玄奘译出的经典中，有相当部分是重译（"新译重本"），有 29 部，占译经总数的百分之十点八。其中《大般若经》中有 108 卷是重译，占全经的百分之十八。

除翻译佛经以外，玄奘还在回国的第二年，由他口述，弟子辩机记录，编纂了一部 12 卷的行记《大唐西域记》。这部书记载了奘亲身游历西域的所见所闻，其中包括有两百多个国家和城邦，还有许多不同的民族。书中对西域各国各民族的生活方式、建筑、婚姻、丧葬、宗教信仰、沐浴与治疗疾病和音乐舞蹈方面的记载，从不同层面、不同角度、不同深度反映了西域的风土民俗。从 19 世纪开始，这部书被译为德、法、英、日等各国文字，对世界文化的发展产生了深远影响，玄奘也从此成为世界文化名人。

玄奘不仅是我国著名的大翻译家，也是大思想家、大旅行家。他接引了许多弟子，传授毕生所学。中国的法相唯识一宗就是由他及高徒窥基等创建，其影响远及朝鲜、日本。

在中国译经史上，玄奘结束了一个旧时代，开辟了一个新时代。从东汉至魏晋南北朝时期，中外翻译家对于译经各有贡献，但从总体上说，玄奘的成就都在他们之上。印度佛学从弥勒、无著、世亲，次第相承，直到陈那、护法、戒贤等人，已定为因明、对法、戒律、中观和瑜伽五科。玄奘的翻译工作，在中印文化交流史上，无疑起到了相互了解、相互学习的作用。他九死一生舍身求法的精神激励着很多后来者，鲁迅赞他为"民族的脊梁"，梁启超也称他为"千古一人"。

不空

不空（705～774 年），唐代名僧，音译为阿目佉跋折罗，意译为不空金刚，又名不空三藏法师，不空大师，或称不空智，唐玄宗赐号"大唐智藏"。

据僧传记载，不空原为南天竺师子国（今斯里兰卡）人，幼年出家，14 岁在阇婆国（今爪哇）遇金刚智，拜其为师，后来跟随师傅来到中国。唐开元八年（720 年）到达洛阳。开元十二年（724 年）在洛阳广福寺受比丘戒，此后学习汉、梵经论，并跟随金刚智翻译佛经。

开元二十九年（741 年），金刚智病逝，不空曾奉命赴师子国，一方面受学密法，同时广事搜集密藏和各种经论，得密教经典 80 部，大小乘经论 20 部，总计 1200 余卷，天宝五年（746 年）返回长安继续从事译经活动。

安禄山攻陷长安后，不空秘密派人与肃宗通报消息。至德二载（757 年）唐室还都后，备受肃宗礼遇。乾元元年（758 年）肃宗敕命将长安、洛阳诸寺及各县寺舍、村坊凡旧日玄奘、义净、菩提流支、善无畏、宝胜等携来的梵夹全部集中大兴善寺，交不空翻译。

不空一生历经玄宗、肃宗、代宗三朝，从事译经活动 40 余载，前后译经 110 部 143 卷，其中重要的有《金刚顶经》《理趣经》及《仁王经》等。不空的译经，从质与量上讲，与前人比都有所突破，并成为后人译经的楷模。

唐大历九年（774 年），不空病逝，终年 70 岁。佛教史家称不空为密教三大创始人之一，而僧传则列善无畏为密教的创祖，金刚智为始祖，不空为二祖。

刘川在《佛经翻译家对中国文化之影响》一文中说道：

佛经翻译家集几任于一身（翻译家、教育家、宗主、哲学家），是中国乃至世界文化史上，极为有趣的特殊现象。他们跨文化区域传播佛教经典的历史成就，已经远远超越了一般语言学或翻译学的意义，对两千年来的中国历史、政治、宗教、哲学、建筑、艺术、民族性格和日常生活等诸多领域，产生了不可估量的影响。佛经翻译家实际上扮演了中国文化重要构建者的角色。

不知我们还能否找出几位，与古代著名佛经翻译家具有相似地位或相似影响的现代翻译家？

第三节　从民间译经到“译场”的出现

早期的译经事业，还仅限于民间。译经所需的资金、场所等，均由译者自筹。当时为译经提供资助的信士，称为“劝助者”。此时的译者，多是古印度或者西域各国人士，汉语程度有限，往往需要几位助手共同进行翻译，以保证所译佛经文通义畅。因此，翻译一部佛经，除了主译者之外，还有笔受者、劝助者、书写者等，如支谶则与竺朔佛合译《道行般若经》与《般舟三昧经》时，竺朔佛口授，支谶传言，孟福、张莲等人笔受，这是有关合作译经最早的历史记载。又如晋太康五年（284年），竺法护在敦煌翻译《修行地道经》，除了主译竺法护法师外，还有笔受者弟子法乘、月氏法宝，劝助者李应荣等30余人，书写者荣携业、侯无英。[1] 当然，也不能否认，早期的翻译者如安世高，也有独自翻译的可能，至少在文献中没有记载他有任何助手。

两晋以后，佛教在中国的影响渐大，愈来愈受到政府的重视。政府开始为译经事业提供支持，设立专门的译经场所，称为"译场"。早期的译场，或设在寺院中，或设在山庄别院等环境适宜之处。如后秦皇帝姚兴迎请高僧鸠摩罗什为国师，为他设立了两处译场，一处在长安城北的逍遥园，园中的译场名为"西明阁"；一处在长安大寺，规模相当可观。北宋宋敏求《长安志》记载，逍遥园内"殿庭左右有楼阁，高百尺，相去四十丈"。[2] 鸠摩罗什的译经事业，还有800多名僧人协助。鸠摩罗什在此翻译佛经74部380卷，在弘扬佛法方面居功甚伟。北魏时期，政府在都城洛阳的永宁寺设规模宏大的译场。

隋朝广置译场，罗致中外译师名僧翻译、疏解佛教典籍，从而使译经体制逐渐由小规模的个体活动向有组织、有计划、分工明确、机构宏大的翻经馆的形式发展。隋开皇二年（582年），在大兴善寺建成之初，隋文帝便创设译经馆，敕命被称为"开皇三大师"的印度高僧那连提黎耶舍、阇那崛多、达摩笈多先后在此翻译佛经，又置昙迁、明穆等中国僧人监掌译事，共计译经59部、278卷。大业二年（606年），隋炀帝在东都洛阳上林园为释彦琮设立翻经馆，译出佛经23部一百余卷。敕命释彦琮掌翻译事，担任译主，这是中国佛教史上第一个由中国僧人担任的译主，从而结束了外国僧人主译的局面，并由中外僧人合译向中国僧人主译转化。

---

1 任继愈：《中国佛教史》第2卷，中国社会科学出版社，1985年，第214页。

2 任继愈：《中国佛教史》第2卷，中国社会科学出版社，1985年，第269页。

唐代国力强盛，玄奘、义净等高僧亲赴印度取回梵文原本；唐太宗为玄奘在大慈恩寺设译场，译出佛经和论75部1335卷。唐代新译佛经2467卷，而玄奘译经占其半数以上。在玄奘之前的译经方法是先照本直译，然后由专人整理润饰。其间难免有所增损，以致违背本意。玄奘一改前人译法，翻译时采用梵本口授汉译，意思独断，出语成章，再由专人随笔写出。同时，对梵文底本采取多本互校的办法，仔细对比，方始落笔。玄奘译经的翻译规模、严谨作风和巨大成就，在中国佛教翻译史上是超前绝后的。故《大唐故三藏玄奘法师行状》曰："今日法师，唐梵二方，言词明达，传译便巧。如擎一物掌上示人，了然无殊。所以岁月未多，而功倍前哲。至如罗什称善秦言，译经十有余年，唯得二百余卷。以此校量，难易见矣。"武则天、唐中宗先后为义净在洛阳大福先寺，长安西明寺、荐福寺等寺院设立译场，译出佛经并撰述61部239卷。《宋高僧传》卷三《菩提流志传》记载了菩提流志的译场组织的分工：

此译场中，沙门思忠、天竺大首领伊舍罗等译梵文。天竺沙门波若屈多、沙门达摩证梵义。沙门履方、宗一、慧觉笔受。沙门深亮、胜庄、尘外、无著、怀迪证义。沙门承礼、云观、神暕、道本次文。次有润文官卢粲，学士徐坚，中书舍人苏，给事中崔璩，中书门下三品陆象先，尚书郭元振，中书令张说，侍中魏知古，儒释二家，构成全美。

至宋代，太平兴国七年（982年），太宗"延梵学僧，翻新经"，为天息灾等人于开封太平兴国寺立译经院，第二年改名为传法院。[1] 宋神宗熙宁四年（1071年）废译经院（即传法院）；元丰五年（1082年）又罢译经史、润文官，废"译经使司印"。维持了整整一百年的宋官办翻译到此彻底宣告结束。在这一百年中，总计在译经院中有姓名及其译经年代可考的知名译家9人，即法天（译经年代974～1001年）、天息灾（980～1000年）、施护（980～1017年）、法护（980～983年）、

---

1 ［宋］宋敏求：《春明退朝录》卷上。

法护（1004～1058年）、惟净（1009～？）、日称（1056～1078年）、慧询（1068～1077年）、绍德（1068～1077年）。

这些政府创办的译场，不仅是翻译佛经的场所，也是佛教教育和学术交流的场所。如鸠摩罗什在译场里培养出来的著名门徒就有10多位，有"什门四圣""八俊""十哲"之称；玄奘法师门下弟子3000，高足也有70，其声势可比孔子，其中最为杰出者有窥基、圆测，此外还有普光、发包、神慕、靖迈、顺璟、嘉尚、慧立、彦惊、神防和宗哲十贤。

第四节　译经制度与译场分工

随着译场的出现，译经制度也日益完善。据记载，赞宁对宋以前的译经制度总结如下：

或曰译经馆，设官分职，不得闻乎？曰：此务所司，先宗译主，即携叶书之三藏，明练显密二教者充之。次则笔受者，必言通华梵，学综有空，相问委之，然后下笔。西晋伪秦已来，立此员者，即沙门道含、玄颐、姚嵩、聂承远父子。至于帝王，即姚兴、梁武、天后、中宗，或躬执干，又谓为缀文也。次则度语者，正云译语也，传度传令生解，亦名传语，如翻《显识论》，沙门战陀译语是也。次则证梵本者，求其量果，密能证知，能诠不差，所显无谬矣。如居士伊舍罗证译毗奈耶梵本是也。至有立证梵义一员，乃明西义得失，贵令华语下不失梵义也。复立证禅义一员，沙门大通充之。次则润文一位，员数不恒，令通内外学者充之。良以笔受在其油素，文言岂无俚俗？傥不失于佛意，何妨刊而证之，故义净译经场则李峤、韦嗣立、卢藏用等二十余人次润色也。次则证义，盖证已译之文所诠之义也，如译《婆沙论》。慧嵩、道朗等三百人考正文义，唐复礼累场充任焉。次则梵呗，法筵肇启，梵呗前兴，用作先容，令生物善，唐永泰中方闻此住也。次则校勘，仇对已译之文，隋前彦琮覆疏文义，盖慎之至也。次则监护大使，后周平高公侯寿为总监检校，唐则房梁公为奘师监护，相次许观，杨慎交、杜行颙等充之。或用僧员，则隋以明穆、昙迁等十人监掌翻译事，诠定宗旨。其处则秦逍遥园，梁寿光殿、瞻云馆、魏汝南王宅，又隋炀帝置翻经馆，其中僧有学士之名，唐于广福等寺，或宫园不定。又置正字，字学玄应曾当是职，后或置或否。[1]

据此，宋以前的译场分工如下：（1）译主。译场首领，手执梵本，译为汉语，精通显教和密教，遇到疑难问题，能够决断。（2）笔受。精通华梵语言，既懂空宗（中观），又懂有宗（唯识）。把译主的意思问清以后，才能下笔。西晋、伪秦以来，才设此职。担任此职者，有僧人，有俗人，亦有帝王，笔受又称为缀文。（3）度语。又称为译语或传语，用正确的汉语把经意表达出来，使人理解。（4）证梵本。又称为证梵义、证义，使汉译本不丧失梵本原义。（5）润文。担任此职者，人员及其数目常有变化，必须兼通外道与内学，对译文进行润色加工。（6）证义。译文的助手，印证译文所表达的义理，如果发现译文与梵本原文有异，则由证义向译主提出。（7）梵呗。译事开始之前，先唱梵呗，使译师心情处于最佳状态。唐永泰中方设此职。（8）校勘。校对译文。（9）监护大使。多用政府官员担任此职，隋朝则由明穆、昙迁等10位僧人担任。（10）正字。保证译文用字准确，此职或有或无。

宋代译经院的制度更加完备，翻译一部经需要九个职位密切协作：

第一译主，正坐，面外，宣传梵文；第二证义，坐其左，与译主评量梵文；第三证文，坐其右，听译主高读梵文，以验差误；第四书字梵学僧，审听梵文，书成华字，犹是梵音；第五笔受，翻梵音成华言；第六缀文，回缀文字使成句义；第七参译，参考两土文字，使无误；第八刊定，刊削冗长，定取句义；第九润文，官于僧众，南向设位，参详润色。僧众日日沐浴，三衣坐具，威仪整肃，所需受用，悉从官给。[2]

---

1 ［宋］释赞宁：《宋高僧传》卷三"唐京师满月传"。

2 ［宋］释志磐：《佛祖统纪》卷四一三。

另外，亦有梵呗，职责是用高声念经的调子把新译的经朗诵一遍，以验其是否顺口顺耳。除了上述的十部，必须由僧众选拔外，尚有若干不限人数的僧众来听译主讲说新译的经，如有疑难，可以随时发问讨论，所以不论在教义方面，在文字方面，若有一字的不妥，不但通不过这十重关卡，即使这十位一时有所忽略，也很难逃过几百人听众的讨论和辩难。同时，朝廷为了郑重这种事业，还要派钦命大臣在译场做监护大使，有时在开始翻经的第一天，皇帝还亲自到译场担在"笔受"的工作。以隋唐时代中国人力财力之盛，国内局面安定统一，国君敕集海内第一流的人才参加翻译的工作，当然所翻的经本质与量均超过前代远甚。

第五节　中国佛教著作的编辑成册

2014 年 9 月 18 日，习近平主席在印度世界事务委员会发表了《携手追寻民族复兴之路》的演讲，在谈及中印两千多年的文化交流时，再次将佛教作为人类文明交流互鉴的典范，他指出："佛兴西方，法流东国，讲的是中印两国人民交往史上浓墨重彩的佛教交流。公元 67 年，天竺高僧迦叶摩腾、竺法兰来到中国洛阳，译经著说，译出的《四十二章经》成为中国佛教史上最早的佛经翻译。白马驮经，玄奘西行，将印度文化带回中国。"

经过一代又一代佛教学者前赴后继的努力，到宋代时，印度佛教经典几近全部被译成汉文。在源头文本大多已经不存的情况下，汉译佛典保存了大量部派佛教的文献内容，对于了解早期佛教的历史具有重要的参考价值。

佛经的翻译不仅是佛教文化交流的必要方式，也是中印文化交流与互鉴的重要纽带，它所结出的丰硕成果为世界文明的交流提供了良好的典范，必将对世界文明的多元共享、灿烂辉煌提供强大助力。千年译经的结晶，为后人留下了浩如烟海、汗牛充栋般的佛教宝典，为中国传统文化园地树立了丰碑。

继之于一批批中外僧人在中国汉地的译经活动，中国佛教徒也开始了为译经作序或注释的著述等活动。这与两汉经学"序《诗》，传《易》"[1]"发明章句"[2]一类相一致，是以中国人对佛教的理解来解说佛经的意旨，阐述自己对佛教的看法。这种对两汉经学的直接继承，是关系到佛教能否在中国立足实现佛教中国化的开创之举。据载，东汉末年陈慧与康僧会合撰的《安般守意经注》是最早的此类著述。东晋名僧道安是开此著述风气的奠基者，梁慧皎《高僧传》称誉："晋有道安，独兴论旨，准的前圣，商榷义方，广疏注述，首开衢路。"僧祐《出三藏记集》赞其："序致渊富，妙尽深旨，条贯既序，文理会通，经义克明，自安始也。"道安依据佛经的组织结构，提出了以序分、正宗分和流通分注疏佛经的三分法，并为大、小乘佛经作疏注著22卷，作序15篇，大都是以玄学的观点剪裁佛教的义理，又把佛教的内容溶解到玄学中。正是沿着道安开创的道路一步步前进，才能在东晋十六国及南北朝时期前所未有的译经高潮中，涌现出与之相匹配的中国高僧讲说佛经、注释佛经的阐述热潮。这进一步推动了中国佛教在教义思想和修行实践两个方面的深入发展，形成了生气勃勃的佛教大发展的景象。

基于中华民族的高度文化自觉，既然有了这些中国佛教著作，就要编辑成册。因此，宋明帝下令中书侍郎陆澄把汉土佛教论述篇章搜集一处，编了一部汇集汉僧之书、论、序、诗、铭的总集——《法论》，共16帙103卷。该书包举群籍，古今皆备，收罗宏富，比梁代之《文选》亦过之。齐世祖次子、文宣王萧子良，官拜太傅，其崇信佛教，招致名僧讲经说法，自己则著内外文笔数十卷行世。据僧祐《出三藏记集》载，萧子良曾撰《法集》116卷，收子书48部，书名、卷数、作者、分帙皆详细记载。随着译经的增多和佛教的广泛传播，中国佛教学者留下了更多自己撰写的佛教经典著作，包括章疏、论著、语录、史传、音义、目录、杂撰、纂集等。它们是佛教中国化的产物，也是把握中

---

1 《三家注史记》卷六十七"仲尼弟子列传第七"引唐代司马贞《史记索隐》云："子夏文学著于四科，序《诗》，传《易》。"意谓子夏长于文学，曾为《诗经》作序，为《易经》作文字解说。

2 《后汉书·徐防传》："臣闻《诗》《书》《礼》《乐》，定自孔子；发明章句，始于子夏。"意谓孔子删定了"六经"，而对"经书礼乐"思想内容的研讨并且进行阐明和发挥，却是从子夏开始的。

国佛教特色的关键。

由翻译而来的佛经与中土著述所形成的文献，是佛教在中国得以广为流布的最重要传播方式之一。作为文献媒介的文字和载体让异时、异地的传播成为可能，大大提高了传播的广度和范围，而佛教典籍在中国的流布经历了"佛经汉译 - 经录编撰 - 大藏经刻印"这一传播过程，也证明了佛教传播的速度和范围是如何加快与深入的。

第三章　中文大藏经的汇成之路

自古以来，中国传统就崇尚文治，重视对古代典籍的整理。自孔子"定六经"之后，中国历代学者从事典籍整理者，蔚为大观。秦汉以降，历代王朝政府多有搜求典籍、编整书目以弘扬文化的习惯。中国传统的"二十四史"中，自《汉书》以下，设有"艺文志"或"经籍志"，记载典籍目录提要；有的朝代还编纂类书、丛书，荟萃知识精华，如宋代的《太平御览》、明代的《永乐大典》、清代的《四库全书》等等。这种恢宏的文化气魄和优良的传统，铸就了中华民族重视文治的深层意识。佛教传入中国后，一些佛门的高僧大德把中国的这种传统带入佛门，对佛经进行整理，形成了当今世界上独一无二、洋洋大观的汉文大藏经系统。

第一节　入藏经录的演变与结构定型

佛教经典在中国的流传，经过历代的翻译，以至汇集、编次才逐步形成完整系统的大藏经。在这个过程中，佛典目录对大藏经的收经标准、分类体系以及框架结构的形成和定型起到了重大作用。根据方广锠先生对中国写本大藏经历史的研究，我们可以将入藏经录的演变及定型大致分为如下四个阶段：

第一阶段：酝酿期，即从佛教初传至东晋道安撰写《综理众经目录》。最初，佛经传译到中土，并无一定的计划和组织，所谓"值残出残，值全出全"，即说明译者能记诵什么就译什么，能得到什么就译什么。随着译籍日富，部帙日增，不同译本也不断出现。抄写流传中失译、误传、伪托现象也时有发生，便需要"别真伪，明是非，记人代之古今，标卷部之多少"。[1]于是，东晋时道安撰《综理众经目录》，力图

1　［唐］智昇：《开元释教录》卷一。

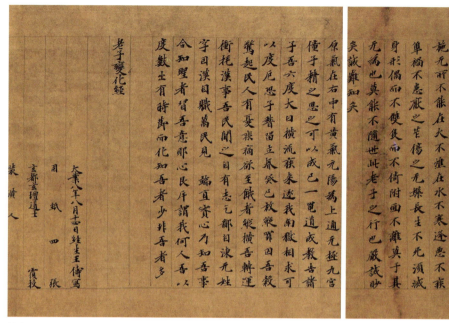

敦煌写经《老子变化经》 隋代

采用按年代顺序，详细著录每部经的翻译者、翻译时间与地点，并按
所录佛典分为有译经论、失译经（指无译人、译时可考的佛经）、异
经、疑经、注经及杂经。由于道安大师与当时的其他中国佛教徒一样，
还不懂得或者说还没有感觉到用大、小乘来区分、整理佛经的必要性，
虽然没有触及大藏经的分类标准和结构体系，但却敏锐地提出了疑伪
经的问题，为以后的佛经入藏提出了取舍标准，体现出中国佛教在编
辑佛典上开始挣脱附庸地位，踏上独立发展的道路。故可将汉文佛典
的这一混沌时期，视作大藏经的酝酿阶段。

　　第二阶段：形成期，即从后秦鸠摩罗什来华至隋代费长房撰写《历
代三宝记》。这一阶段，鸠摩罗什所译龙树的中观学说，给中国僧
人揭开了一个新世界，使中国佛教产生清醒的自我意识，走上了独
立发展的道路。随着中国僧众对佛教认识的深化，鸠摩罗什的弟子
慧观提出"五时判教"的理念。此后，各种判教学说蜂起，其目的
都是想将传入中国的印度佛教各派思想整理成一个相互包容的有机
体系，以利于在中国的传播，因此判教问题的提出就涉及形成汉文
大藏经的结构体系问题。率先将判教思想引入佛典整理的是南朝宋

末齐初的《众经别录》。该书不但分经、律、论，还依大小乘划分，设立了"大乘经录""三乘通教录""三乘中大乘录"等类目来条别佛典，疑经则另作专篇，这标志着中国佛教徒开始对印度佛教的理论体系有了初步理解。

南北朝时期，北朝北齐文学家魏收的《齐三部一切经愿文》中说："皇家统天，尊道崇法。……复诏司存事缁素，精诚踊于皮骨，句偈尽于龙宫。金口所宣，总勒缮写，各有三部，合若干卷。"[1] 北周文学家王褒的《周经藏愿文》中说："奉造一切经藏，始乎生灭之教，讫于泥洹之说。"[2] 这些表明，北齐、北周官方已经修造大藏经。南朝梁武帝萧衍崇佛，敕庄严寺宝唱撰集《梁世众经目录》，"总集释氏经典凡五千四百卷"，并于梁天监十七年（518 年）首次作为目录公开颁布。[3] 这是文献中迄今所能见到的最早的钦定藏经的总集编次，其目的就是依此修造大藏经。辽代高僧非浊在《三宝感应要略录》中，对

1　［唐］释道宣：《广弘明集》卷二二。

2　［唐］释道宣：《广弘明集》卷二二。

3　［唐］魏征等：《隋书》卷三五"经籍志四"。

南北朝时期皇家造"一切经"这种风尚做了翔实的记录："齐高宗明帝，写一切经；陈高祖武帝，写一切经一十二藏；陈世祖文帝，写五十藏；陈高宗寅帝，写十二藏；魏太祖道武皇帝，写一切经；齐肃宗孝明帝，为先皇写一切经一十二藏，合三万八千四十七卷。"[1]可见，在南北朝时期，各朝几乎都有过造藏的活动，写本"一切经"就在皇家的支持和参与下，已经有了很大的规模。

但严格地讲，南北朝时期写的"一切经"，还不能与后世的大藏经相提并论。《隋书·经籍志》中记载的宝唱撰《经目录》今已不存，南梁阮孝绪的《七录》外篇"佛法录"，把佛经分为戒律、禅定、智慧、疑似和论记五部分。这大约就是当时写"一切经"的分类标准。但从分类方法上看，还比较粗浅。而作为这一阶段结束的标志，是隋代费长房的《历代三宝记》。

隋朝虽短，但两代帝王都崇佛，皇家主持的写"一切经"活动规模更大。隋文帝开皇元年（580年），就下诏令"任听出家，仍令计口出钱，营造经像"。同时，"京师及并州、相州、洛州等诸大都邑之处，并官写一切经，置于寺内；而又别写，藏于秘阁。"[2]隋炀帝时期，所造大藏经收录经、律、论1950部，合计6198卷，基本上反映了隋朝写本大藏经的情况。[3]

与前相比，隋代造藏经有了很大的进步，主要体现在对众经的分类也更为完备。隋文帝开皇十四年（594年），法经等奉敕编撰《众经目录》，凡立九录，分类录出译经之目。九录分别是：大乘修多罗藏录、小乘修多罗藏录、大乘毗尼藏录、小乘毗尼藏录、大乘阿毗昙藏录、小乘阿毗昙藏录、佛灭度后抄集录、佛灭度后传记录、佛灭度后著述录。九录合计2257部，5310卷。九录中，前六录各有一译分、异译分、失译分、别生分、疑惑分、伪妄分等六分，后三录各有西域圣贤分、此方诸德分二分，凡四十二分。这种分类方法，为汉文大藏经的最终形成提供了一个基本的模式。开皇十七年（597年），费长房所撰《历

1　[唐]释道宣：《广弘明集》卷二二。

2　[唐]魏征等：《隋书》卷三五"经籍志四"。

3　[唐]魏征等：《隋书》卷三五"经籍志四"。

代三宝记》成书，记载了佛典2162部、4328卷。该书第一次列出了"入藏录"目录，将翻译的佛典分为"大乘录"和"小乘录"两部分。在大乘录下，又分为修多罗（经）有译、修多罗失译、毗尼（律）有译、毗尼失译、阿毗昙（论）有译、阿毗昙失译六部分，小乘录部分亦然，序目俱全，层次分明；同时纠正了此前把各种经录同"别生""疑惑""伪妄"诸经并列的惯例，奠定了隋代形成的汉文写本大藏经的早期样式，可惜的是未收入中西圣贤集。《隋书·经籍志四》载，隋炀帝"令沙门智果，于东都内道场撰诸经目，分别条贯，以佛所说经为三部：一曰大乘，二曰小乘，三曰杂经。其余似后人假托为之者，别为一部，谓之疑经。又有菩萨及诸深解奥义、赞明佛理者，名之为论。及戒律，并有大、小及中三部之别。又所学者，录其当时行事，名之为记。凡十一种"。[1]这套"一切经"收录经、律、论1950部，合计6198卷，基本上反映了隋朝写本虽无大藏经之名、却有大藏经之实的情况，呈现出大藏经已经从实际流传形态上升到理论形态，并被《内典录》《大周录》《开元录》《贞元录》等各种有影响的经录所沿袭，成为大藏经最基本的目录依据。

第三阶段：结构体系化阶段，即从《开元录》编成到会昌废佛止。唐朝国力强盛、政治开明、文化繁荣，唐政府佛道儒并重。在这一时期，编纂经录的僧人们努力从各个不同的角度探讨佛藏的结构体系，而智昇在《开元录》中集前代之大成，在汉文大藏经结构体系化及佛教经录方面的工作，体现了我国古代佛教文献学的最高水平。与之相适应的是，写本大藏经也发展到了鼎盛时期。

唐朝前期，继承了隋代造藏经的遗风，官写"一切经"的记载不绝于史。据记载，唐太宗到唐高宗时期，就有三次唐朝皇家造藏经的活动。第一次是在贞观九年（635年）四月，"奉敕苑内写一切经，大总持寺僧智通，共使人秘书郎褚遂良等"；第二次是龙朔三年（663年）正月二十二日，"敕令于敬爱道场写一切经典"；第三次是在显庆年间（656～661年），"西明寺成御造藏经"。[2]与此相适应，唐朝前期

1　[唐] 魏征等：《隋书》卷三十五"经籍志四"。

2　[唐] 释静泰：《大唐东京大敬爱寺一切经论目》序。

还出现了一些为写"一切经"提供依据的目录著作，如成书于麟德元年（664年）的《大唐内典录》、麟德二年（665年）静泰撰成的《大唐东京大敬爱寺一切经论目》、武周时期释明佺等撰《大周刊定众经目录》等，还形成了大乘经、律、论，小乘经、律、论和圣贤集传为基本类目的分类方法。但是，当时的入藏经录还是各成体系，没有形成固定的顺次。

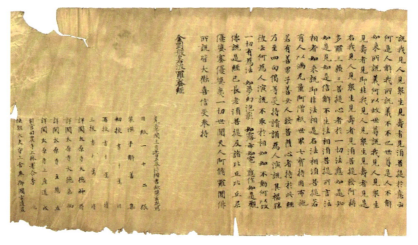

敦煌文献 S.513 官方左春坊《金刚般若波罗蜜经》尾题

唐开元十八年（830年），西崇福寺智昇奉敕勘定大藏，他博采各家经录之长，披拾遗漏，加入新译经论，并首次将中国僧人的著作入藏。智昇撰《开元释教录》20卷，进呈给唐玄宗，奉敕编入大藏。《开元释教录》在历代经录的基础上，加以补阙订讹，分析整理，并在继承前代大乘经律论、小乘经律论和圣贤集传的基础上，集前此经录之大成，在每一大类下详定细目，确定了入藏佛典的排列顺序。经过考订过的入藏佛典"合大小乘经律论及圣贤集传见入藏者，总一千零七十六部，合五千零四十八卷，四百八十帙"。[1]《开元释教录》为卷帙浩繁的佛典排定了在大藏经中的次序，使得后世汉文大藏经有了一个普遍遵从的标准，为以后的大藏经雕印奠定了坚实的基础。正如吕澂先生在《唐代佛教》所说，它的"入藏目录共收一千零七十六

---

1 ［唐］释智昇：《开元释教录》卷十九"入藏录上"。

部、五千零四十八卷，成为后来一切写经、刻经的准据"。[1]姜亮夫在《莫高窟年表》也指出，这"为后此诸家，于佛教典流传德业极大"，"进取旧目之长，而考订精详，突过前人。后人编目刻经，无不以此为楷模"。[2]

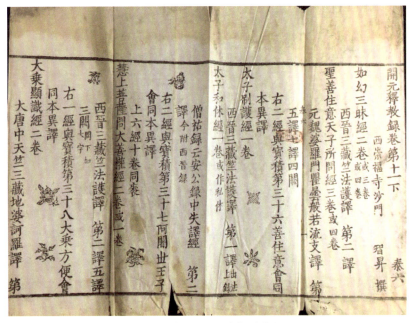

《开元释教录》 明《南藏》本书影

同时，这一阶段，大藏经基本处于平稳发展的状态之中，正藏与别藏的规模都在不断扩大。此时，虽有皇家官藏起到规范、领袖各地佛经的作用，但总的来说，在全国并没有一个统一的标准藏经。

第四阶段：全国统一化阶段，从《开元录》撰成到北宋刊刻《开宝藏》为止。会昌五年（845年）4月，唐武宗下令限期拆毁寺院、僧居，计4600余所寺院及40000所兰若（私立的僧居），史称"会昌废佛"，使得佛教受到沉重打击，全国绝大部分地区的经、像都被焚毁殆尽。废佛浪潮过去后，佛教逐渐恢复，初为私人撰录的《开元释教录》在大历年间，经政府颁示，作为官写本大藏经的目录依据。唐代僧人释圆照在《大唐贞元续开元释教录》中说："崇福寺沙门智昇修《开

---

1 吕澂：《唐代佛教》，《中国佛教》第1辑，知识出版社，1980年，第64页。

2 姜亮夫：《莫高窟年表》，上海古籍出版社，1985年，第313页。

元释教录》二十卷，泊去年甲戌，又经六十五年，中间三藏翻经藏内无凭收管，恐年代浸远，人疑伪经。先圣大历七年，许编入录，制文具如上卷，令宣示中外流行。"

从此，《开元释教录》成为各寺、本地恢复大藏经的标准，使得写本大藏经有了比较完备的形态，客观上促使了全国各地的大藏经逐渐趋于统一，对后世造大藏经影响很大，可以说是唐代僧人对佛教的一大贡献。

第二节　千字文帙号的发明

我国历代翻译与撰著的佛教著作数量相当庞大，其中有不少著作当初也曾经被收编入藏，但后代却大部分亡佚了，没有能流传下来。追究原因，其中之一就是因为那时的大藏经没有定型的结构与固定的编次，各地所编的大藏经都不相同，同一地区不同时期编的大藏经也不相同，独立成型，百花齐放。这样便使相当一部分典籍在流传过程中自生自灭，湮没无传。而唐代智昇创用了以千字文编次的方法，[1] 不仅为卷帙浩繁的佛典的整理、收藏及检索提供了方便，也为佛教典籍的流传与保存提供了方便，因为千字文帙号来维系固定各帙经典后，再也没有发生佛典散失湮没的情况。这是唐代对造大藏经的另一大贡献。

《千字文》是南北朝时期梁代周兴嗣编的一部书，据《太平广记》载："梁武帝教诸王书，令殷铁石于大王（即东晋著名书法家王羲之）书中拓一千字不重者，每字片纸，杂碎无序。帝召兴嗣曰：'卿有才思，为我韵之。'兴嗣一夕编缀进上，鬓发皆白。赏赐甚厚。"[2] 周兴嗣用一千个不重复的字，四字一句，每句成文，前后连贯，押有韵脚。内容包括自然、历史、人事、修身、社会、伦理、教育、饮食、

---

1 千字文帙号的发明者，多数学者认为是《开元释教录》的作者释智昇。但是也有不同观点，如方广锠认为千字文帙号产生于晚唐，到五代时期才普遍流行起来。参见方广锠：《佛教大藏经史（8～10世纪）》，中国社会科学出版社，1991年。

2 ［北宋］李昉：《太平广记》卷二百七"书二·僧智永"。

居住、农艺、园林、祭祀乃至各种社会文化活动。全书所选的一千个字，都是古书上常用的。《千字文》自诞生后，历代都是儿童的启蒙读物。

智昇的千字文编次方法如下：将全藏经典依其结构体系依次排列好，然后按篇幅多少分成帙。所谓篇幅多少，一是考虑纸数，一是考虑卷数。大体上每帙是100张纸到200张纸左右，大约是10卷经。一帙也可能包括20多卷甚至更多一些的经。分好之后，用帙皮把它们包卷起来。然后按各帙的先后顺序与《千字文》逐一配置。每帙给一个千字文号。例如，第一帙为"天"号，第二帙为"地"号，以下依次为"玄""黄""宇""宙""洪""荒"……。帙号一般写在帙皮上，刻本藏经为了使所刻板片不错乱，还将帙号刻在每一块板片上，因此将数千卷佛经组织为一个有机的整体。这样，汉文大藏经的结构就基本定型，千字文帙号又使其编次确定下来，每一帙收哪几部经也固定下来，这就使汉文大藏经的形态相对稳定下来。只要对佛典的结构体系稍有了解，便可凭借帙号大体判断出该帙在藏经中的位置，从而大体判断它的内容。如果再配有一本标着千字文帙号的随架目录，则检索、查阅佛典，整理书架上的佛藏就非常方便了。因此，目录学家王重民言："一帙一号，这可以说是我国现存最古的排架号。那时候，排架号和索书号是统一的，这种千字文的编号也可以说是我国最古的索书号。从这些也正可以极清楚地认识到在第八世纪初叶，我国图书馆在藏书和取书上的技术水平，已经达到了相当科学的程度。"[1]

到晚唐、五代时期，我国汉文大藏经在全国范围内得到基本统一，即《开元录》所立"有译有本录"之下的编目体系一直成为后来中国所刻藏经分类编目的主流，且千年流转不替。方广锠先生指出：

会昌废佛之后，一方面，全国藏经逐步统一到《开元释教录·入藏录》上来；另一方面，各地佛教发展的情况不同、传统不同（比如是注重义理性佛教，还是注重信仰性佛教等）、对藏经的需求角

---

1 王重民：《中国目录学史论丛》，中华书局，1984年，第129～300页。

度不同、加上写本本身的流变性，使得各地的藏经呈现出不同的差异性。《开元释教录·入藏录》也因此衍化出各种变种，彼此呈现若干差异。但此时的分化与差异，与会昌废佛以前佛教大藏经的百花齐放有着本质的不同。这是建筑在《开元释教录·入藏录》基础上的分化。[1]

第三节 雕版印刷术——刻本大藏经的技术基础

自汉至隋唐，佛教典籍的文献流传主要依赖于写本。自东汉翻译佛经之始，即有写经，如译成之经文大多由笔受者直接书写下来。而佛经本身也强调，信徒诵读、持带、转赠、抄写佛经，是一种重要的功德修为。《金刚经》云："若复有人闻此经典，信心不逆，其福胜彼，何况书写、受持、读诵、为人解说。"《普曜经》则说书写经典，可得普解一切诸法，得总持藏，得辩才藏，得甚深法藏等功德。《放光般若经》《瑜伽师地论》亦云，"书写"不仅于"十法行"中居首位，而且行此十法能远离魔害，得天龙护卫，不久当得菩提。因此，除僧侣与官府有组织的抄经活动外，大量的信众也加入到抄经行列之中，有的为发愿，有的为布施、祈福，有的为超度亡灵，或为做功德，抄写经文是民众表达对佛教信仰的一种普遍行为。同时，"书写法师"之所以成为"五种法师中功德最殊胜者"，[2]也有《法华文句》所说"印刷术尚未发达时，写经实具有弘传流通之意义与功德"之意味。[3]由此，大规模、长期性的佛经抄写行为得以开展。

据记载，南朝梁武帝天监十七年（518年）曾敕令写众经1433部，3741卷。陈武帝（557～559年）令写一切经12藏，文帝（560～567年）也令写经50藏，宣帝又令写经12藏。同时，北魏孝武帝永熙年间（532～534年）也令写经427部，2053卷。北齐孝昭帝曾为他父亲

---

1 方广锠：《中国写本大藏经研究》，上海古籍出版社，2006年，第24页。
2 《增一阿含经》卷二四。
3 《法华文句》卷八。

写一切经十二藏，共3847卷。北齐后主武平年间（570～575年）又写众经787部，2334卷。到了隋代，隋文帝三次下诏，敕写一切经共46藏，132086卷。炀帝建宝台经藏，有新旧写经612藏，29172卷。隋代官写佛经规模空前，于是"天下之人从风而靡，竞相景慕，民间佛经，多于六经数十百倍"。[1]有唐一代依然写经不辍，贞观五年（631年）太宗令苑内崇德寺、宜兴寺为皇后书写藏经；九年（635年）又敕大总持寺僧智通、秘书郎褚遂良等写一切经739部，2712卷。显庆四年（659年），高宗令在西明寺写一切经800部，3361卷；麟德元年（664年）又敕写一切经816部，4066卷。武后执政时，在万岁元年（695年）敕写经860部，3929卷。玄宗开元十八年（730年），敕写经1076部，5048卷。官方写经事业经安史之乱被迫停顿后，在德宗朝又重新恢复。德宗在位期间，曾三次大规模地组织抄写佛经，共3648部，15932卷。这样的写经事业一直延续到南唐保大年间（943～957年）才结束。历代写经事业所费人力物力是惊人的，可惜绝大多数的经卷皆毁于天灾人祸。清光绪二十六年（1900年）在敦煌石窟发现了大量古代佛经写本，上起西晋元康年间（291～299年），下迄宋代太平兴国年间（976～984年），数量甚为可观，堪称举世瑰宝。

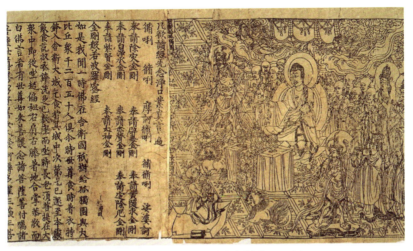

王玠刻印的《金刚经》　唐懿宗咸通九年（868年）

1　［唐］魏徵等：《隋书》卷三五"经籍志"。

雕版印刷术是我国古代伟大的发明，对文化的发展起着巨大的推动作用。关于雕版印刷术的发明时间，历来有不同的观点。张秀民认为"中国雕版印刷术大概起源于公元七世纪初年（636年左右）"[1]的观点，已成为学术界的共识。所谓雕版印刷，就是将文字或图画雕刻在木版上，再将刻有图文的木板作为印版，进行施墨印刷的工艺技术。虽然雕刻版面需要大量的人工和材料，但雕版完成后一经开印，就显示出效率高、印刷量大的优越性。

敦煌石窟

佛教与雕版印刷术的发明有着非常密切的联系，佛教的一些印像和经咒都是早期的雕版印刷物。世界上现存最早的标有年代的雕版印刷品，就是在我国敦煌莫高窟发现的《金刚般若波罗蜜经》。这部雕版刻印的佛经由六个印张粘缀而成，卷首有佛说法图的版画，卷末明确地记载着"咸通九年四月十五日王蚧为二亲敬造普施"字迹。唐咸通九年，即公元868年。

五代时期，虽然社会动荡，但雕版印刷术的水平却在不断提高，相对比较安定的四川则成为刻书的中心。据记载，前蜀乾德五年（923年），昙域编辑并刻印了其师贯休的《禅月集》，这是刻印别集的最早记载。后唐长兴二年（932年），宰相冯道建议刻印儒家经典，开雕"九经"，至后周广顺三年（953年）才雕印完成，历时22年之久，但到唐末、五代似乎还未得到普及。因而，在不少宋代的文献中还有

---

1 张秀民：《中国印刷术的发明及其影响》，人民出版社，1958年，第64页。

诸如"唐末年犹未有摹印，多是传写"，或谓雕版印刷术肇始于五代等记述。

然而到北宋，尤其是北宋中叶之后，雕版印刷术已风靡全国，"近岁市人转相摹刻，诸子百家之书日传万纸"，开启了我国历史上雕版印刷事业发展的黄金时代，南北两宋刻书之多，雕镂之广，规模之大，版印之精，流通之宽，都是空前未有的。因此，在唐及五代佛经的印刷还只限于单卷佛经及佛像，到宋代则出现佛经总集的刻印，刻本大藏经时代已经到来。据统计，宋代至少进行过6次佛经总集的刻印，这就是《开宝藏》《毗卢藏》《资福藏》《圆觉藏》《崇宁藏》和《碛砂藏》等。

第四章 历代汉文大藏经概述

　　在我国，大藏经有汉、藏、巴利三大语系之别，还有由汉文转译而来的西夏文和满文，也有从藏文转译而来的蒙文。因此，汉文和藏文是最基本的两种大藏经语系，这二者之间又互有不同。目前，已知在国内编印且有印本存世的汉文大藏经有：宋、辽、金代的《开宝藏》《契丹藏》《房山石经》《崇宁藏》《毗卢藏》《赵城金藏》《圆觉藏》《资福藏》《碛砂藏》等9种，元代的《普宁藏》《元官藏》《延祐藏》等 3种；明代的《初刻南藏》《永乐南藏》《永乐北藏》《武林藏》《嘉兴藏》等 5种；清代的《龙藏》一种；民国时期有铅印的《频伽藏》《普慧藏》两种。20世纪 70年代完成的台湾版《中华大藏经》。还有1994年底，由任继愈主持编纂完成的《中华大藏经》（汉文部分），总赅历代藏经之长，收罗资料也最为宏富，是迄今为止最新版本的大藏经。而有些仅有记述而无实际印本的藏经，如元代刻印的《弘法藏》[1]，则不在本文的考察范围之内。本章对中国历代以及

　　1 《弘法藏》相传刻于元代，官版卷轴式藏经，但至今尚未发现流传的印本。内容到底怎样，已是一个谜，只能从存存的资料中窥见一二。据童玮考证，元代曾编有《至元法宝勘同总目》10 卷，为"讲经论沙门庆合样等奉诏集"（《南藏》《北藏》《龙藏》及日本的藏经都收过）收录1440 部，5546 卷。元代王古编辑的《大藏圣教法宝标目》10 卷与前书为姐妹篇，逐一作了简明提要，因此有人推断此两种目录即元代官办的《弘法藏》目录。弘法寺应在元的大都（今北京）。又根据《天下同文甲集》卷八所载，赵璧撰写的《新增至元法宝记》一文提到："我元西域异书种种而出帝师国师，译新采旧，增广其文，名以《至元法宝》，刻在京邑，流在人间。"又耶律楚材的集中诗文也提到元在燕京曾刻汉文大藏，应即指这部《弘法藏》而言。现在一般认为元世祖至元二十二年至二十四年编定的《至元法宝勘同总录》即系《弘法藏》的目录，其收经籍1611 部，7182 卷，数量冠于任何经录。据至元二十六年（1289）灵隐寺住持净伏的《至元法宝勘同总录·序》云："大元天子……万几暇余讨论教典，与帝师语，诏诸讲主，以西蕃大教旨录对勘东土经藏部帙之有无，卷轴之多寡。……遂乃开大藏金经，损者完之，无者刻之。……散入梓以便披阅，庶广流传……"。可见元世祖时仅是补写了金代遗留下来的《赵城藏》印本中损毁缺佚部分，并刻版流通，从而导致有《弘法藏》刻印之说，所以很有可能所谓的《弘法藏》不过是《赵城藏》在元代的第二次增订本。但是，为什么这部大书，到现在见不到一册一页呢？有人推断，这部在北方刻的经，可能即利用原来金刻《赵城藏》而加以增补，重行编次。因此，现存的《赵城藏》，可能仍包括有《弘法藏》的一部分在内。

国外的汉文大藏经择其要者逐一介绍。

另外，佛教在传入中国后，继续向东传播，汉文大藏经也随着中国东传至朝鲜和日本。翻译成汉文的佛经及我国著述编刻而成的佛藏，传到朝鲜、日本、越南后，高丽和日本王朝最初仍沿用汉文，进行抄写刻印或排印。宋雍熙元年（984年），《开宝藏》首刻本传入日本，端拱年间（988～989年）传到高丽。乾兴元年（1022年）和元丰六年（1083年）又分别将天禧修订本和熙宁修订本传到契丹和高丽。辽清宁九年（1063年），契丹还把新刻就的《契丹藏》印本送给高丽，成为《高丽藏》再雕本的校本。自 13世纪末叶迄 20世纪 20年代的 700多年间，日本佛教界曾依据汉文本的各版大藏经，编纂、雕造、复刻或排印过《弘安藏》《天海藏》《黄檗藏》《弘教藏》《卍正藏经》《卍续藏经》和《大正新修大藏经》等 7种版本的汉文大藏经。这在我国翻译外文的历史上，是很有意义的文献材料。

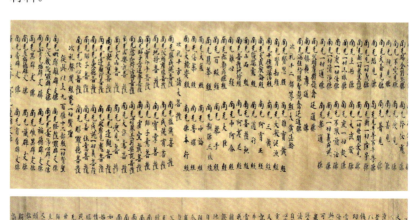

《佛说佛名经卷一》（十六卷本） 滨田德海旧藏

总的来说，汉文大藏经刻印本的历史脉络大致如下图：

汉文大藏经刻印本历史脉络图

国内

宋
- 蜀版——开宝藏（971～983，北宋官刻）
- 辽金版
  - 契丹藏（丹本）（约1031～1068，辽代官刻）
  - 赵城金藏（约1149～1173，金代官刻）
- 福州版
  - 崇宁万寿藏（1080～1103，北宋官刻）
  - 毗卢藏（1115～1150，北宋官刻）
- 湖州版
  - 圆觉藏（1132～？，北宋私刻）
  - 思溪资福藏（1175年前后，北宋私刻）
- 碛砂藏（约1216～1322，宋元私刻）

元
- 普宁藏（1269～1268，元代私刻）
- 弘法藏（1277～1294，元代官刻）
- 延祐藏（约1315，元代官刻）
- 元官藏（1332～1336，元代官刻）

明
- 初刻南藏（约1399～1402，明代官刻）
- 永乐南藏（约1414～1417，明代官刻）
- 永乐北藏（1419～1440，明代官刻）
- 武林藏（永乐末年，明代私刻）
- 嘉兴藏（1589～1802，明清私刻）

清
- 龙藏（1735～1738，清代官刻）
- 百衲藏（1866～？，清代私刻）
- 频伽藏（1909～1913，清末民初私刻）

近现代
- 普慧藏（1943～1955，中华民国、中华人民共和国编印）
- 中华藏（1956～1982，中国台湾影印）
- 佛光大藏经（1977～，中国台湾编印）
- 中华大藏经（1982～1994，中华人民共和国影印）
- 敦煌大藏经（1983～1990，中华人民共和国影印）

国外

高丽
- 高丽大藏初雕本（约1011～1028，高丽官刻）
- 高丽续藏本（1094前后，高丽官刻）
- 高丽大藏再雕本（1236～1251，高丽官刻）

日本
- 天海藏（宽永寺本）（1637～1648，日本私刻）
- 黄檗藏（铁眼本）（1669～1681，日本私刻）
- 弘教藏（缩刷藏本）（1880～1885，日本私刻）
- 卍字藏（1902～1905，日本私刻）
- 卍字续藏（1905～1912，日本私刻）
- 大正新修大藏经（1922～1932，日本私刻）

第一节　《房山石经》

《房山石经》，全称《房山云居寺石刻佛教大藏经》，位于北京房山县云居寺东的石经山，是由隋代静琬（即智苑）发起，自隋大业年间（605～617年）开始刻造直至明末（1644年），历经隋、唐、辽、金、元、明六朝，师徒相承，代代接替，绵延千年不断刻造而成。共开凿九洞，分上下二层。下层二洞，自南而北为第一、二洞；上层七洞，以雷音洞为中心，右面为第三、四洞，雷音洞为第五洞，左面顺次为第六、七、八、九洞。九洞之中以雷音洞开凿最早，原作经堂，称石经堂，有石户可启闭。其余八洞在贮满石经后即以石塞户熔铁锢封。至辽金时，又于山下云居寺西南隅开辟地穴二处，埋藏石经后合而为　，其上建塔镇之，称压经塔。经查，现存经石14620通，另有残经石420通，洞外各种碑铭石82通。据何梅统计，收经总计877部3186卷，另有重出、别抄经224部378卷，[2] 共计佛经1101部，3564卷。[3]

云居寺远景[1]

1　选自《房山风景》，京汉铁路局调查科编辑，1915年。

2　何梅：《历代汉文大藏经目录新考》上册，社会科学文献出版社，2014年，第12页。

3　何梅：《历代汉文大藏经目录新考》下册，社会科学文献出版社，2014年，第1550页。

1957 年，棚内存放的地穴石经

　　我国的石刻佛经始于北齐。佛教传入后，经过几百年的不断发展，佛教思想已深入民间，逐渐形成了自己新的特色，但是北魏太武帝和北周武帝的两次毁灭佛法，对佛教的打击很大。当时许多书写经本都被焚毁，而像太原风峪刻的《华严经》、武安北响堂山的《维摩经》等却能够得以保存，因此，人们觉得只有石刻佛经才是保存佛经的最好办法。加上当时的佛教徒中有一种"末法"思潮，认为佛教已进入末法时期，北齐时天台宗二祖南岳慧思（515～577 年）在《立誓愿文》中，哀叹自己出生时"即是末法八十二年"，发愿刻石藏，密封岩壑中。在这种思潮的影响下，名僧信行（540～594 年）创立了"三阶教"，即将佛教住世划为"正法、像法、末法"三个阶段，并且盛极一时。就是在这种背景下，为防灭法，南岳慧思座下的静琬法师承师嘱开始刻经。这一点，可在其于贞观二年（628 年）刻经题记中得到印证："（释迦如来正法像法）凡（千）五百余岁，至今贞观二年，既浸末法七十五载，佛日既浸，（长夜）方深，瞽目群生，从兹失导，

地宫石经《法集经》拓片

琬为护正法，率己门徒知识及好（施）檀越，就此山顶刊《华严经》
等一十二部，冀于矿劫，济度苍生，一切道俗，（同登彼岸）。"[1]

唐临在其著于唐高宗永徽年间（650～655年）的《冥报记》里，
最早记录了静琬发起刻造佛教石经的情况：

幽州沙门智苑（即静琬）精炼有学识。隋大业中，发心造石经藏
之，以备法灭。既而于幽州北山，凿石为室，即磨四壁而以写经；又
取方石别更磨写，藏储室内。每一室满，即以石塞门，用铁锢之。时

隋炀帝幸涿郡，内史侍郎萧瑀，皇后之同母弟也，性笃信佛法，以其事白后。后施绢千匹及余财务以助成之，瑀亦施绢五百匹。朝野闻之，争共舍施，故苑得遂其功。……苑所造石经已满七室，以贞观十三年卒，弟子犹继其功。

唐临在自注中还谈及两位同僚"殿中丞相李玄奖（一作奘）、大理丞采宣明等，皆为临说云尔。临以十九年（645）从车驾幽州，问乡人，亦同云尔。而以军事不得（往）

1957 年 8 月，中国佛教协会发掘地穴藏经并拓印

云"。[1]另据《寰宇访碑录》著录，唐元和四年（809），幽州节度使刘济所撰之《涿鹿山石经堂记》亦记有静琬创刻石经之事："济封内山川，有涿鹿山石经者，始自北齐。至隋，沙门静琬睹层峰灵迹，因发愿造十二部石经，至国朝贞观五年，《涅槃经》成。"从隋大业中至唐贞观十三年（639 年）约 30 年间，静琬共刻造了《法华经》《华严经》（晋译）、《涅槃经》《维摩经》《胜鬘经》《金刚经》《佛遗教经》《无

1　[唐]唐临：《冥报记》卷上。

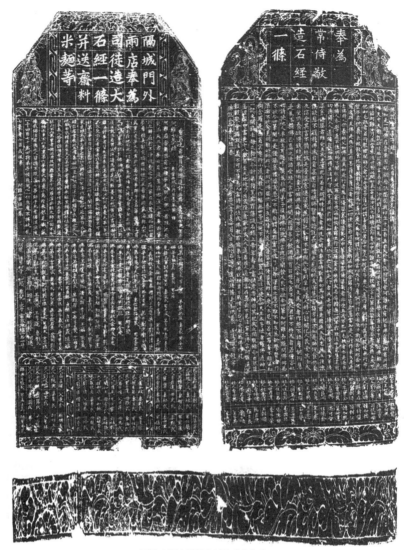

石经山洞中藏经及石碑花纹拓片

量义经》《弥勒上生经》等 27 部石经，134 卷，344 通。其刻经规格
有两种形式：一是采用单面刻经，镶嵌于雷音洞壁。二是刻《大涅槃经》
40 卷。碑形大致相等，面背俱刻，只第一石面有经题，其后各碑既无
经题卷次，又无碑石条次之分，面背经文不是连接对应，而是从第一
石面起，直刻数碑经文连接，又转回来从背连接经文。清查礼《游莎题、
上方二山日札》中曰："石经洞宽广如殿，中供石佛，四壁皆碑石叠砌，
即隋静琬法师所刻佛经也。字画端好，有欧褚楷法，无一笔残缺。"

1957 年 8 月，中国佛教协会发掘地穴藏经并拓印

　　静琬法师入寂后，陆续有门人玄导、僧仪、惠暹、玄法继承刻经事业。[1] 从 1957 年雷音洞石楣上所发现的唐总章二年（669 年）玄导题刻的残碑看来，玄导承先师遗训续刻了《大品般若经》40 卷、《楞伽阿跋多罗宝经》4 卷、《思益梵天所问经》4 卷、《佛地经》1 卷等 4 部经律。[2] 同时，从刻有玄导题记的经碑来看，还有《胜天王般若经》《大乘大集地藏十轮》《僧羯磨经》《比丘尼羯磨经》《佛说四分戒本》《比丘戒本》《比丘尼戒本》《比丘尼戒》《四分大尼戒本》《菩萨

　　1 ［辽］赵遵仁：《续镌成四大部经记》曰："（静琬）以唐贞观十三年奄化归真，门人导公继焉；导公没，有仪公继焉；仪公没，有暹公继焉；暹公没，有法公继焉。自琬至法，凡五代焉，不绝其志。"
　　2 林元白认为，题记的拓片虽然只见"楞伽、思益、佛地"三经，但第八洞 419 号"大品般若知识品"第五十二题又记："都检校僧惠度、僧惠茂、僧玄导，大经主徐君迢、卢龙镇副阎去愁供养。"故"大品般若"为玄导时代所刻是无疑的。见《唐代房山石经刻造概况》，《现代佛学》1958 年第 3 期。

第 6 洞旧照（拍摄于 1925 年至 1931 年间，邓之诚收藏）

受戒法羯磨文》等。此外，玄奘译的《说无垢称经》和《解深密经》，虽未见题记，从字迹上看与玄导所刻诸经极为类似，很可能也是玄导时所刻。

玄导的后继者为僧仪。他所处的时期，或正是武周当政，没有刊造大部头的佛经，现存有垂拱元年（685 年）庞德相造的《金刚经》，天授三年（692 年）刘行举造的《佛说当来变经》《施食获五福报经》，长寿三年（694年）沙门正智造的《弥勒下生成佛经》和张任德造的《观弥勒上生兜率经》，长安四年（704年）汤怀玉造的《金刚经》及《普门品》，宋小儿造的《金刚经》碑等短经。而惠暹和玄法的刻经事业适逢盛唐的开元（713～741年）、天宝（742～756年）年间，这一时期也可以说是房山石经的全盛时期。最为引人注目的是，开元十八年（730年），当是金仙公主塔背面开元二十八年（740年）王守泰所撰《山顶石浮图后记》所载，唐玄宗第八妹金仙公主"为奏圣上，赐大唐新旧译经四千余卷，充幽府范阳县为石经本"，又奏施大片田园山林作为刻造石经的经费；当时负责运送经本的人，正是长安崇福寺沙门、著名的佛经目录学家、《开元释教录》的作者智昇。从此以后，房山石经的镌刻便开始了依据智昇校勘过的宫廷写本佛经作为底本刻造的全新的历史时期。同时由于雷音洞及其左右各洞已放满石经，于是惠暹和玄法又在雷音洞下开凿了两个新经堂，即今之第一、第二洞。

现存石经中，属于惠暹、玄法时期刻造的主要有：开元十年（722年），幽州良乡县仇二娘造的《药师经》一卷，为范阳县进士阳子推所书。开元十一年（723年）幽州总管梁践析刻的《佛说恒水流树经》《佛说摩达国王经》。随着新经堂的凿成，从开元初年到开元十七年（729年），惠暹刻造《正发念经》

石经山一角旧影（拍摄于1925年至1931年间，邓之诚收藏）

70 卷，计刻石 181 通（有若干通数不明），每石首行先刻通数而后卷第。继之又刻《大方等大集经》30 卷，刻成于开元二十九年（741 年），计刻石 87 通。继之而刻的是《大集经日藏分》12 卷，计刻石 31 通（残缺 1 通）。现存第二洞的《大集经月藏分》10 卷，计刻石三十一条（残缺 2 通）。此外，开元末年刻造的还有《佛顶尊胜陀罗尼经》1 卷。

开元末年，玄法开始刻造玄奘译的巨著《大般若经》600 卷，一直续刻到辽代才全部完成。计刻石 1512 通，是石经中卷数最多的一部。中间经过唐天宝、乾元、大历、建中、贞元到元和四年（809 年）的 68 年间，大约刻了 450 卷；自元和末年经宝历、大和、开成、会昌、乾符、广明、中和至乾宁元年（894 年）约 85 年，又续刻了约 70 卷。终唐之际，这部《大般若经》约刻造到 520 卷左右。据辽赵遵仁"四大部经记"说，后 80 卷为韩绍芳所续刻。而据今所见，自第 500 卷以下到第 600 卷终，完全是辽的补刻和续刻。

地穴内石经（拍摄于 1957 年 8 月）

石经山洞中藏经拓片

辽代是房山石经刻经的第二个高潮。其最主要的特点就是辽朝皇帝圣宗、兴宗、道宗出资，根据辽王朝高僧校编刊定的《契丹藏》为蓝本进行刻经，共刻有《大般若经》《大宝积经》等214部，901卷，1739碑。除皇室外，当地居民也对刊刻石经灌注了极大的热情，布施者来自四面八方。

金代延续了这一刻经事业，在朝廷的支持下，刻经事业进入第三个高潮时期。僧通理刻有佛经44帙，小碑4080通。其门人善锐、善定在天庆八年（1118年）于云居寺西南角，穿地为穴，将道宗和通理所刻石经埋藏其中，并造压经塔。其后通理弟子善伏等又有续刻。金代续刻石经始于天会十年（1132年）。后天会十四年（1136年）有燕京圆福寺僧见嵩续刻《大都王经》一帙（10卷）；天眷元年（1138年）至皇统九年（1149年）间，有奉圣州（今河北涿鹿）保宁寺僧玄英暨弟子史君庆、刘庆余等续刻密宗经典39帙；皇统九年（1149年）

至明昌初年（1190 年），有金章宗的皇伯汉王、刘丞相夫人、张宗仁等续刻《阿含》等 20 帙。此外，还有不知名的刻经者所刻《金刚摧碎陀罗尼经》《大藏教诸佛菩萨名号集》《释教最上乘秘密藏陀罗尼集》等。金刻石经，除《大教王经》藏于东峰第三洞外，余均埋于压经塔下地穴内。

石经山雷音洞前的钟楼及藏经洞（拍摄于 1925 年至 1931 年间，邓之诚收藏）

这段时期刻经的特点，都是选刻的大乘经，皆为大碑，碑形有所统一，每块经碑都有经题、卷次、条次和千字文帙号，正式依大藏刻经。

元代时，刻经事业又告停顿。明代朝廷修葺云居寺和石经山，万历、天启、崇祯年间，有吴兴沙门真程劝募京官居士葛一龙、董其昌等续刻石经。计划有《四十华严》《法宝坛经》《宝云经》《佛遗教经》《四十二章经》《大方广总持宝光明经》《梵网经》《阿弥陀经》等 10 余种。因原有石洞均已藏满封闭，故另在雷音洞左面新开一小洞，砌石为墙，将所刻经碑藏入，身为著名书法家的董其昌为其题"宝藏"二字，俗称"宝藏洞"（第六洞）。云居寺的石经刻造，至此结束。

为纪念释迦牟尼佛涅槃二千五百周年，1956年中国佛教协会在得到国务院的支持后，对石经山上 9个藏经洞和寺内原南塔前的两个砖穴进行了为期 3 年的发掘、拓印工作。共拓印 7 份，每份拓片 30000 万张。[1]1986 年至 1993 年，中国佛教协会首先完成了《房山石经》（辽金刻经）22 册和（明代刻经）1 册的编印，并由中国佛教图书文物馆出版。1999 年，中国佛教协会又与华夏出版社合作出版了隋唐刻经部分 5 册，辽代续刻之唐代未完成的《大般若经》为第 6 册，目录、索引为末册。至此，全套《房山石经》得以问世，连同辽金明刻经重新装帧，共计 30 册。在此期间，还出版了《房山石经题记汇编》。

《房山石经》在中国佛教史上有着相当重要的作用，被称为"北京的敦煌"，它是广大佛教徒千百年来为维护正法，防止法难，历尽艰辛，一代代心血的结晶，对研究中国佛教史是极其宝贵的资料。虽然《房山石经》现存的残篇不多，但是仍对校勘现在的各种大藏经版本有着重要的意义。因为《房山石经》具有其他各版木刻本大藏经很少有的最有研究价值的一些特点：

第一，现存的《房山石经》保存了 8 种各版大藏经未曾收录的经籍，这些经籍不是历代相传已经佚失的，就是未曾有过记录的，可补各藏之不足，还可用来鉴别疑经、伪经，以维护正法。[2]辽、金时期的刻经，以《契丹藏》为蓝本，虽然官本的大藏经已经缺失，但是我们可以从《房山石经》中窥以原有风貌。[3]

《房山石经》独有佛典表

佛典号	佛典名	卷数	作者
100	金刚般若波罗蜜经注	1	唐御注
181	大般若关	1	
546	附《金刚礼一本辽通理大师集》		
1076	发菩提心戒一本	1	辽志仙记
1078	佛顶心观世音菩萨大陀罗尼经	3	
1079	大悲心陀罗尼	2	
1082	释华严澴澴偈	1	后梁性劲释
1084	揵拏标诃一乘修行者秘密义记	1	（平壤）法藏述

第二，绝大部分的石经镂刻技术精湛，书法秀丽、严谨，不仅是

1　黄炳章：《房山石经的拓印与出版》，《法音》1999 年第 9 期。

2　何梅：《历代汉文大藏经目录新考》上册，社会科学文献出版社，2014 年，第 11 页。

3　任杰：《略述房山石经概况及其价值》，《佛教文化》1989 年第 6 期。

最有价值的佛教文物，也是我国书法和雕刻艺术的宝库之一。

第三，石经经文后附刻有约 6000 则的施刻人题记，其中有明确纪年者几占四分之一，年代以辽代最多，唐代和金代次之。这些题记反映当时幽州、涿州、范阳等十余州郡的政治、经济、文化状况和工商业发展情况。

第四，施刻人中，有不少是历代的文武职官。他们的职称和官衔，有的可补史籍记载之阙，有的可和史籍相互印证。

第五，题记中所附施刻人的籍贯和居住地的城市、村镇、城坊等的记录，对研究古代幽、燕、涿等地的政治区域规划，特别是关于燕京的城坊布局的研究，提供了十分有用的资料。[1]

第二节　《开宝藏》

北宋以前，雕版印刷的佛经已经不少，但都还只是单本零卷。宋太祖开宝四年（971年），命内侍省高品张从信等人前往益州（今四川成都），雕刻大藏经板，这标志着大藏经进入了"刻本"时代。到宋太宗太平兴国八年（983年）全部完成后，运往都城汴京。[2]在经板被送至开封后，宋太宗在开封成立了专门的印经机构——"印经院"，从日本人收藏的《大方广佛华严经》卷一的卷尾上，盖有"太平兴国八年奉敕印"的墨记来看，这一年就出版了这部藏经。时人称之为"大藏经""藏经""佛经一藏""释典一藏"等。因始刻于开宝年间，故后世称之为《开宝大藏经》，简称《开宝藏》。因在当时益州（成都）开雕，吕澂又称其为《宋刻蜀版藏经》，简称《蜀版》。还因为是在开封印刷的，又称《开封藏》或《豫藏》。此外，又因它是朝廷所刻，所以也有《北宋官版大藏经》等称呼。这是中国第一部雕版印刷的大藏经，也是世界上第一部木刻大型丛书。

---

1 童玮：《二十二种大藏经通检》，中华书局，1997 年，第 8、9 页。

2 ［宋］释志磐：《佛祖统记》卷四三"法运通塞志"。

北宋刻《开宝藏》本《大般若波罗蜜多经卷第二百六》　山西博物馆藏

文献记载，《开宝藏》初雕本共有雕版 13 万块。[1] 其装帧形式为卷轴装，以书法端丽严谨，雕刻精良著称。为适合雕版印刷的需要，《开宝藏》打破了唐代的一纸 28 行、每行 17 字的写经行款，改为每板 23 行，每行 14 字或 16、17 字。板首右端用小字刻有经名、版号、帙号，卷末刻有雕造的年月。此书框高 225 厘米，每半页 5 行。值得一提的是，它还首创了包括板首刻经题、版数、帙号等，卷末附有雕造年月干支题记的大藏经板片号，正如方广锠所指出的，这"既便于平时的管理，包括上架、清点、配补等，也便于对刷印出来的大批印张进行缀接、装潢"。[2] 以后，历朝历代的刻本大藏经虽对板片号有所变革和简化，但均保留用板片号管理藏经板片的办法。在装帧上，《开宝藏》采用了传统的卷轴式，其后不久的《契丹藏》也采用了这种形式。这种装帧形式，一直影响到整个蜀版《开宝藏》系统的《赵城金藏》《初刻高丽藏》《再刻高丽藏》。

1　[唐]释神清撰、[西蜀]释慧宝注：《北山录》卷十"外信第十六"夹注："今大宋皇帝造金银字大藏经数藏，雕藏经印板一十三万余板，严饰天下寺舍。"[元]释念常：《佛祖历代通载》卷一八："壬申（开宝五年，972 年），诏雕佛经一藏，计一十三万板。"《释氏稽古略》卷三："壬申（开宝五年，972 年），帝自用兵列国，前后凡造金银字佛经数藏。今年敕雕佛经印板一藏，计一十三万板。"

2　方广锠：《关于〈开宝藏〉刊刻的几个问题——写在〈开宝遗珍〉出版之际》，《法音》2011 年第 1 期。

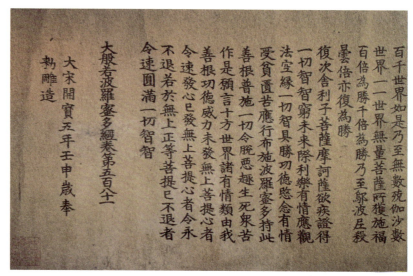

北宋刻《开宝藏》本《大般若波罗蜜多经卷第五百八十一》　中国佛教图书文物馆藏

由于《开宝藏》亡佚，无法得窥全貌。但从北宋东京法云禅寺住持惟白的记载来看，不难知其规模浩大，且其底本的目录依据最初为《开元释教录·入藏录》。惟白禅师记述，宋徽宗崇宁二年（1103年）癸未春，他"得上旨游天台。中秋后三日，至婺州金华山智者禅寺，阅大藏经。仲冬一日丁丑，援笔撮其要义，次年甲申仲春三日丁未毕之，计二十余万字，因而述曰：且寡闻比丘不足以为人师表，古今圣贤共所深诫之格言也。故集斯大藏经律论记纲目指要，以资多闻者，举扬应其机器耳；况如来圣教若大海浩渺无涯，待举一因一缘，何由便见也。今于四百八十函，则函函标其部号；五千余卷，则卷卷分其品目，便启函开卷即见其缘起耳"。并说，"若通前计大小乘经律论，总五千四十余卷，四百八十帙，以《开元释教录》为准，则今撮略品目所集也"。[1]由此，我们可以推知，惟白禅师阅读的是《开宝藏》初雕本，内容总计收录大小乘经律论及圣贤集传"五千四十余卷，四百八十帙"，而这恰恰与唐智昇《开元释教录》中"入藏录"所记载的"五千零四十八卷，四百八十帙"基本一致。再由《开宝藏》现存的两个覆刻藏《高丽藏》和《赵城金藏》推断可知，以千字文帙号

1　［宋］释惟白：《大藏经纲目指要录》卷八"五利五报述"。

文编次顺序，起自"天"字，终于"英"字，共480帙，收经1076部，5048卷，《开元释教录》当是其底本目录。[1]

北宋刻《开宝藏》本《妙法莲华经卷第七》 山西省高平市博物馆藏

而惟白在逐一著录5400余卷、480帙之后，又云："其余随藏添赐经传三十帙、未入藏经二十七帙，天下寺院藏中或有或无，印经官印板却足，故未录略在，或者可鉴耳。"[2] 这说明，在初雕本完成后，当时各地寺院收藏的《开宝藏》，有的属于《开宝藏》刚运到东京时的早期印本，即仅有初雕部分，不包括续雕部分，惟白在婺州金华山智者禅寺所读的这部藏经就属于《开宝藏》初雕本。而那些包括已经"添赐"了"经传三十帙"和"未入藏经二十七帙"的《开宝藏》印本，同样是"官印板"《开宝藏》的基本内容，当为《开宝藏》续雕部分。

北宋从太祖赵匡胤到徽宗赵佶初年，皇室都对佛教较为崇信。因此如上文所说，在《开宝藏》初雕本运至京城之前的太平兴国七年（982年），宋太宗即已敕命京城开封太平兴国寺殿量地创建译经院，设译经三堂，延请天竺僧天息灾、施护、法天等进行译经，次年又奉旨改名传法院，并在传法院的西偏建印经院，以贮藏经板及刷印流通。此后传法院历时百年，直到元丰五年（1082年）才废止。北宋的译经活动，

---

1 李富华：《〈开宝藏〉研究》，《普门学报》2003年1月第13期。参见方广锠：《关于〈开宝藏〉刊刻的几个问题——写在〈开宝遗珍〉出版之际》，《法音》2011年第1期。

2 ［宋］释惟白：《大藏经纲目指要录》卷八"五利五报述"。

《开宝藏》之《般若波罗蜜多经》卷第五百八十一（李字號）

一开始就在最高当局的直接关怀下，故以宰辅大臣为润文使，设官分职。同时，传法院有关新译经的类别、主要内容及译经人员的情况、译出年月等事宜，都要呈上御览，经敕准入藏颁行后，文印经院开板印造，如宋真宗大中祥符八年（1015年）赵安江奉敕编成的《大中祥符法宝录》，详细记载了太平兴国七年至大中祥符四年（982～1011年）北宋新译经的情况，在每种经译成后，都要"具表上进"，之后都照例得到"诏以其经入藏颁行"的敕命。[1] 宋仁宗景祐四年（1037年）吕夷简奉敕编修的等《景祐新修法宝录》，记载了《大中祥符法宝录》后至景祐三年这二十六年间的新译经，也同样记载了有进经表文和"入藏颁行"的敕令的情况。[2] 南宋志磐以天台宗立场仿正史体编写的《佛祖统纪》，记载宋仁宗景祐三年以后直到徽宗初年一直在进行着的译经活动，与此同时，这时期相当数量的中国僧俗佛教著述也被敕入藏经。[3] 这些记载说明，在《开宝藏》初雕经板于太宗太平兴国八年运到开封并开始印造之后的百余年间，以译经院为中心机构分别于咸平（998～1003年）、天禧（1017～1021年）、熙宁（1068～1077年）年间进行了三次比较

---

1 ［宋］赵安江：《大中祥符法宝录》卷三——十六。

2 ［宋］吕夷简等：《景祐新修法宝录》。

3 ［宋］释志磐：《佛祖统纪》卷四十三——四十六。

重要的校勘修订，改正弥补了初刻时的若干谬漏，并对《贞元释教录》遗漏未编和《贞元入藏录》所载典籍、传法院新译的经论及相当一部分宋代僧俗的佛教著述，经过精心编排、加入千字文帙号之后分批入藏，最终形成了咸平本、天禧本和熙宁本三个不同的版本藏经。

咸平本，续雕的是惟白所述的"经传三十帙"和"未入藏经二十七帙"，即在初雕本基础上续入 57 帙经籍。惟白所述续入"经传三十帙"，就是北宋从太平兴国七年到真宗咸平二年间（982～999 年）的新译经，即始于《开宝藏》的覆刻本《赵城金藏》和《高丽藏》"天"帙至"英"帙 480 帙之后的"杜"帙的《大乘庄严宝王经》《圣佛母小字般若波罗蜜多经》等，终于"縠"帙的《护国经》《最上根本大乐金刚不空三昧大教王经》等，计 187 部、279 卷、30 帙；"未入藏经二十七帙"是继"縠"帙之后，自"振"帙至"奄"帙的内容，而这部分内容，除"振至世"帙的《大唐开元释教广品历章》和《正元续开元录》外，均为唐代及之前《开元录》未编入藏的翻译典籍，计129 部、275 卷、27 帙，它们被置于宋代新译经之后，说明它们的编联入藏也不会早于咸平二年。而这正好是 57 帙，计 316 部、554 卷。

天禧本，是在咸平本的基础上予以增补的，这也可以在《赵城金藏》得到印证。《赵城金藏》在接续"未入藏经二十七帙"后是"宅"帙的《法印经》《未曾有正法经》《分别缘生经》等，至"灭、虢"帙的《父子合集经》计43帙。这部分经籍又全是北宋新译经，其中"宅"帙的《法印经》为施护等译于咸平四年（1001年），《未曾有正法经》《分别缘生经》等为法天等译于咸平三年（1000年）；而"灭、

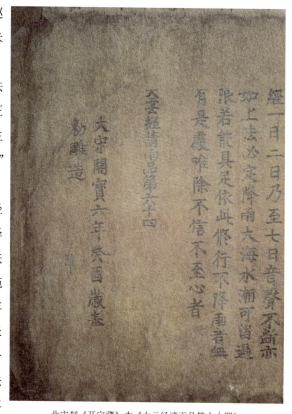

北宋刻《开宝藏》本《大云经请雨品第六十四》
山西省高平市博物馆藏

虢"帙的《父子合集经》则是神宗熙宁六年（1073年）由天竺僧日称译出，其间历时70年。在这部分译经之后是"践至刑"帙的《大方广佛华严经合论》，至"亭"帙《御制缘识》等中国僧俗著述计44帙。熙宁六年（1073年）日本僧成寻入宋，神宗皇帝赐予日本国尚缺的新经430卷册，即宋朝新译经30帙（"杜"帙至"毂"帙），共278卷，并撰述类典籍。[1]故小野玄妙《佛教经典总录》也引日僧成寻《参天台五台山记》所记，成寻于熙宁六年所请印的"新经"中就包括其中的绝大部分中国著述，其云：

显圣寺印经院近准传法院印新经赐与日本国成寻，内除《法苑珠林》一百卷，日本国僧称本国已有，更不须印造外……依数支给，

---

1 ［日］僧成寻：《参天台五台山记》卷七，佛书刊行会：《大日本佛教全书》第115册，第157页。

下院造作，今据经数后延之状，其上件经已于（熙宁六年）今月十三日并已依数印造经里具如后：杜字号至毂字号共叁拾字号。计二百七十八卷、《莲花心轮回文偈颂》一部二十五卷、《秘藏诠》一部三十卷、《逍遥咏》一部一十一卷、《缘识》一部五卷、《景德传灯录》一部三十三卷、《胎藏教》三册、《天竺字源》七册、《天圣广灯录》三十卷……[1]

这一记载说明，在熙宁六年，移送至显圣寺印经院的经板中，就已包括了上述的中国僧俗的著述。由此，可以认定，《开宝藏》第二次增补的时间应在宋神宗熙宁六年（1073 年），增补的内容包括自真宗咸平三年至神宗熙宁六年（1000～1073 年）间的北宋新译经和此前历代敕准入藏的中国僧俗的著述，据《广胜寺大藏经简目》统计，其增补经籍总计 104 部，880 卷，87 帙，千字文帙号自"宅"帙至"亭"帙。

《开宝藏》的第三次续入约在宋徽宗政和三年（1113 年）前后，此时宋代的译经活动已结束，续入新译经自"雁"帙至"塞"帙共 4 帙，自《大乘智印经》至《菩萨本生鬘论》；续入僧俗撰述自"鸡"帙至"几"帙共 54 帙，主要为华严宗、天台宗、法相宗的著述。值得注意的是，我国僧人的撰著也不断地获准入藏，然而并不是所有获准入藏的撰著都被收入了《开宝藏》，如《祥符录》记载诏令入藏的《大宋高僧传》《僧史略》和宋太宗御制《妙觉集》、宋真宗御制《法音前集》等，均不见于《开宝藏》的覆刻藏《金藏》和《高丽藏》。

《开宝藏》印刷的份数不多，加之北宋末年宋徽宗（1100～1125年在位）信道排佛，蜀本藏板被焚毁。宋金战争中汴京失守，《开宝藏》的雕板又在战乱中散失或毁于兵火，从此无存。印本在经过 10 个世纪的流传中，也几乎散佚殆尽。故现在海内外找不到一部完整的《开宝藏》，就是现有的零篇残卷也成了稀世之宝。因此，日本现存的少数几卷《开宝藏》才被称为"不可思议之奇本"。现存年代最早的印本为刻于开宝五年（972 年）的《大般若经》卷五八一，"李"字号残卷。据统计，

---

1 ［日］小野玄妙：《佛教经典总录》，第 1629 页下 1630 页上。

在全世界范围内目前已经确认的现藏《开宝藏》仅为11种12卷,如下表:[1]

现存《开宝藏》及其收藏单位

经名	卷数	千字文号	收藏单位
《佛说阿惟越致遮经》	卷上	"草"字	中国国家图书馆
《杂阿含经》（残叶缀合，附《佛说圣法印经》）	卷三十、三十九	无	中国国家图书馆
《大宝积经》	卷一一一	无	中国国家图书馆
《妙法莲华经》	卷七	"大"字	山西高平市文博馆
《大云经请雨品》	卷六十四	无	山西高平市文博馆
《大般若波罗蜜多经》	卷二六〇	"秋"字	山西省博物馆
《大般若波罗蜜多经》	卷五八一	"李"字	中国佛教协会藏图博馆
《大方等大集经》	卷第四十三	"有"字	上海图书馆
《十颂尼律》	卷四十六	"存"字	日本书道博物馆
《佛本行集经》	卷十九	"令"字	日本京都南禅寺
《御制秘藏诠》	卷十三	无	美国哈佛大学赛克勒美术馆

作为我国第一部雕版官刻大藏经,《开宝藏》经过精心校勘,错讹很少,是极为珍贵的佛教经典。它开创了刻本大藏经的先河,是中国佛教史和文化史上划时代的事件。由于《开宝藏》的刻成,大大促进了宋代新兴印刷技术的发展和传播。手写佛经逐渐减少,官私刻印藏经的风气渐开,契丹、高丽、福建、浙江等雕印大藏也都深受《开宝藏》的影响。从此,中国佛教典籍的传播有了可以规模化刻印的定本,对佛教的传播居功至伟。

对此,吕澂评价说,它是"宋代闽浙私刻和辽刻、金刻及高丽所刻各版大藏共同依据的祖本,各版开雕的年代有先后,所依据的蜀版印本不同,因而内容略有出入"。[2]自《开宝藏》问世后,到清代的800余年间历史里,历代刻藏不断,产生了20多种规模宏大的刻本大藏经,形成了中国文化史上一幅壮丽的图景。

同时,《开宝藏》的雕印在世界佛教史上也是空前未有的壮举。《开宝藏》刊刻完成后,北宋政府曾将《开宝藏》分赐契丹、西夏、高丽、日本、交趾等国,使其在国内外流通,对周围的国家影响很大。其中,

---

1 李际宁:《近三十年新发现的佛教大藏经及其价值》,中国佛教协会:《第二届世界佛教论坛论文集》,2009年。

2 吕澂:《宋刻蜀版大藏经》,《吕澂佛学论著选集》第3卷,齐鲁书社,1991年。

颁赐日本国两次：据记载经板运至京城的次年，即雍熙元年（984年），日本僧奝然来朝，三年还归，蒙太宗皇帝赐大藏经一藏及新译经286卷。[1]熙宁六年（1073年）日本僧成寻入宋，神宗皇帝赐予日本国尚缺的新经430卷册，即宋朝新译经三十帙（"杜"帙至"縠"帙），共278卷，并撰述类典籍。[2]颁赐高丽国三次，第一次是宋太宗端拱二年（989年，成宗八年），高丽遣僧如可请回；第二次是宋太宗淳化二年（991年，成宗十年），高丽遣使韩彦恭入宋求印佛经，诏以藏经并御制《秘藏诠》《逍遥咏》《莲花心轮》赐之；第三次是宋真宗天禧三年（1019年，显宗十年），遣使崔元信至宋，求佛经一藏，诏赐经。[3]在高丽显宗朝完成初雕本之后，在文宗朝及宣宗年间，高丽王朝还曾两次请印过《开宝藏》。颁赐东女真国一次。[4]此外，《开宝藏》还传入了辽王朝和西夏王朝。[5]

第三节 《契丹藏》

纵观北宋一代，契丹族建立的辽朝雄踞北方，与其对峙二百多年。在北宋《开宝藏》诞生不久，辽朝也诞生了一部由官方主持雕刻的大藏经，称为《契丹藏》或《辽藏》。其刊雕的地点在辽南京大悯忠寺，即今北京法源寺。但是关于雕印年代，学者们曾一度众说纷纭。叶恭绰在《历代藏经考略》中认为："约为辽兴宗（1031～1055年）迄辽道宗时（1055～1105年）。"[6]吕澂认为，"契丹大藏经始雕于重熙初年，其后续有增修，迄咸雍时乃完成五七九帙。——契丹以圣宗太

---

1 ［日］僧成寻：《参天台五台山记》卷七，佛书刊行会：《大日本佛教全书》第115册，第143页下。

2 ［日］僧成寻：《参天台五台山记》卷八，佛书刊行会：《大日本佛教全书》第115册，第157页。又见［日］虎关师练：《元亨释书》卷十六。

3 ［元］脱脱等：《宋史》卷四八七"外国三"。

4 ［宋］释志磐：《佛祖统记》卷四五"真宗天禧叁年"载："十一年东女真国人贡，乞赐大藏经，诏给与之"。

5 ［宋］释志磐：《佛祖统记》卷四六"仁宗嘉祐叁年记"载："西夏国奏国内新建伽蓝，乞赐大藏经，诏许之"。

6 叶恭绰：《历代藏经考略》，上海佛学书局，1936年。

平元年（1021 年）得宋刻大藏之赠送，继即仿刻《大般若》等经板。华严寺碑谓兴宗重熙间（1032～1054 年）编纂一切经目，当是进而开雕全藏之始。契丹僧觉苑《大日经义释演密钞》卷一云：'泊我大辽兴宗御宇，志宏藏教，欲及遐迩，敕尽雕镂。'与此吻合，可为佐证。全藏于何时刊成，虽无明文记载，然华严寺薄伽教藏遗构之南梁，近时发现墨铭云：'维重熙柒年岁次戊寅，玖月甲午朔拾五日戊申午时建。'据此确定薄伽教藏兴筑于重熙七年（1038 年）。"[1]

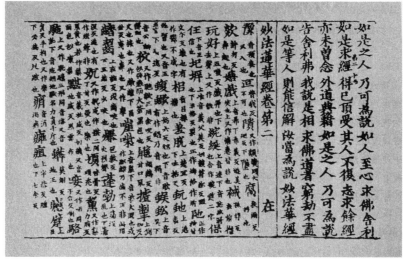

辽刻《契丹藏》本《妙法莲华经》卷第二

罗炤先生认为："《契丹藏》雕印年代始自辽兴宗重熙年间，终于辽道宗咸雍四年（1068 年）。"[2]据辽南京（今北京）著名僧人觉苑所述，兴宗命远近搜集的佛经都要付雕印，并需详勘，觉苑因此参与了校勘。重熙二十二年（1053 年），辽兴中府建灵岩寺，曾购得藏经一部收藏，以广流通，说明当时《契丹藏》已经初步印行。道宗时仍继续搜罗佛经，校勘入藏，即《阳台山清水院创造藏经记碑》所载：咸雍四年（1068 年），"今优波赛南阳邓公从贵……又五十万及募同志助办印大藏经凡五百七十九帙，创内外藏而毚措之"可为印证。[3]此外，

---

1 吕澂：《契丹大藏经略考》，《现代佛学》1951 年第 5 期。

2 罗炤：《契丹藏的雕印年代》，《中国历史博物馆馆刊》1983 第 5 期。

3 卢迎红等：《北京辽金史迹图志》（下），北京燕山出版社，2004 年。

《契丹藏》

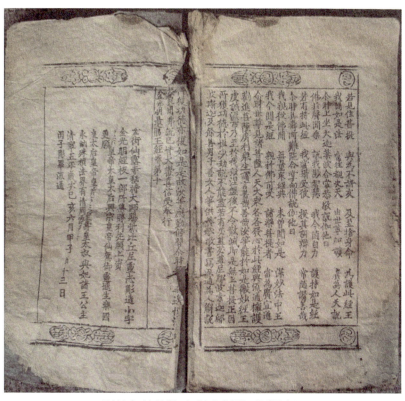

辽刻小字《契丹藏》本《金光明最胜王经卷第十》

河北省唐山市丰润区文物管理所藏

罗炤先生认为："契丹藏前后有'统和本'与'重熙－咸雍本'两个版本。'统和本'共五百零五帙，编校主持人诠明，目录为《开元释教录》及诠明所撰《续开元释教录》三卷；'重熙－咸雍本'共五百七十九帙，编校主持人可能即是觉苑，目录是其太保大卿师（可能即觉苑）所撰的《契丹藏》入藏录。"因此他认定清水院之"大藏经凡五百七十九帙"实为《契丹藏》的"重熙－咸雍本"。[1]这与清王昶在《金石萃编》中提到"记录有五百七十九帙"相吻合。另据《阳

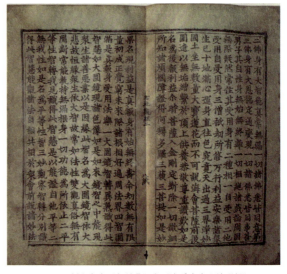

辽刻小字本《契丹藏》之《大乘本生心地观经》
河北省唐山市丰润区文物管理所藏

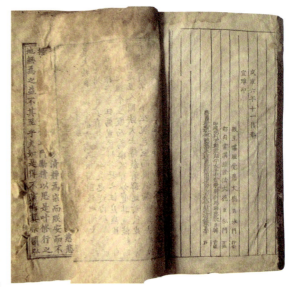

辽刻小字《契丹藏》之《大乘本生心地观经》
河北省唐山市丰润区文物管理所藏

台山清水院创造藏经记碑》"燕京右街检校太保大卿师赐紫沙门觉苑，玉河县南安窠村邓从贵合家承办永为供养"的款识，可确证"重熙－

---

1 罗炤：《契丹藏的雕印年代》，《中国历史博物馆馆刊》1983 年第 5 期。

咸雍本"大藏经确为觉苑编校和主持雕印，而最后完成的时间应该是辽道宗咸雍年间。[1]

因此，《契丹藏》的刻印时间约始自辽兴宗重熙年间，终于辽道宗咸雍四年，先后历时 30 余年。[2] 据辽南京名僧、燕京右街检校太保大卿师赐紫沙门觉苑所述，兴宗命远近搜集的佛经，都付雕印，并要人详勘，觉苑因此参与校勘。[3] 重熙二十二年（1053 年），辽兴中府建灵岩寺，曾购得藏经一部收藏，以广流通，[4] 大抵当时契丹藏已经初步印行。道宗时，继续收罗，校勘入藏，据现存于北京西山大觉寺的辽咸雍四年（1068 年）燕京天王寺志延所撰《阳台山清水院创造藏经记》载，"今优婆塞南阳邓公从贵……咸雍四年……乃罄舍所资，又五十万。及募同志助办，印大藏经，凡五百七十九帙，创内外藏而龛措之"。其千字文帙号和《开宝藏》一样，也是从"天"到"几"。全藏系依可洪《新集藏经音义随函录》之编排次序，收录《开元释教录》"入藏录"中的全部经典，以及《贞元新定释教目录》、宋代《开宝藏》天禧本新译经、辽代敕准入藏的经典，计约 1373 部，6006 卷。

在 20 世纪 70 年代以前，《契丹藏》仅见于文献记载，连一残篇都未发现。吕澂先生曾不无遗憾地说："其无残篇可得以致内容难详者，仅一契丹大藏而已。……固有俟于异日新资料之出现矣。"[5] 幸运的是，1974 年对山西应县辽代佛宫寺释迦塔实施抢险加固工程时，在四层主像释迦牟尼内发现装像秘藏，意外发现《契丹藏》卷轴装 12 卷（见表一）[6]，每卷俱有千字文编号，全部为卷轴装，圆木轴，竹制签，缥带丝制；大字楷书，字体端正，遒劲有力，颇具魏碑风范；版式疏朗，每版 24 行，每行 15 至 18 字不等；硬黄纸印，纸质光洁坚韧；每卷经名、译者、千字文编号，与房山云居寺辽代石刻《契

---

1 杨卫东：《与〈契丹藏〉有关的一件石刻》，《文物春秋》2007 年 3 期。
2 罗炤：《再谈〈契丹藏〉的雕印年代》，《文物》1988 年第 8 期。
3 ［辽］觉苑：《〈大日经义释演密钞〉序》，《卍新纂续藏经》第 23 册。
4 ［清］海忠《承德府志》卷二十耶律劭"灵岩寺碑铭"。
5 吕澂：《宋刻蜀版大藏经》，《吕澂佛学论著选集》卷三，齐鲁书社，1991 年，第 1438 页。
6 何梅：《历代汉文大藏经目录新考》上册，社会科学文献出版社，2014 年，第 13 页。

丹藏》相符合，足证此即辽刻《契丹藏》。1987年，又在河北丰润县辽代天宫寺塔发现《契丹藏》残篇册装本七种（见表二）[1]，其中，《大方广佛华严经》8册1帙，80卷，书作蝴蝶装，外形包背装，半页12行，行30字，白口，左右双边，薄麻纸印，密行小字，雕印精整可观；每册10卷，同一千字文编号，8册千字文编号按顺序为平、章、爱、育、黎、首、臣、伏，与高丽僧密庵所记"帙简部轻，函未盈于二百，纸薄字密，册不满于一千"[2]相吻合。就应县木塔发现与丰润发现的《华严经》而言，千字文编号全同，书名皆作《大方广佛华严经》；但前者为大字本，后者为小字本；从装订上来说，前者为卷装本，后者为册装本。据此推断，《契丹藏》有卷装大字本和册装小字本两种版本。[3]

《契丹藏》卷装大字本，每版纸长50至55厘米，宽30厘米左右；经文四周有单线边框，框高22至24厘米；每版经文大抵为27行，间有28行，每行字17字，亦有15至18字不等；每版另有小字所刻经题、卷数、板号、千字文编次等。可知，《契丹藏》的初成本继承了比较规范的统一的官写本大藏经的传统，并为宋元以来各版大藏经所继承。而册装小字本，字小行密，每版经文基本上是12行，每行30字；其题记都有类似"雕造小字经××一部"的字样，系奉旨雕造的官版。有学者推断，册装小字本是依卷装大字本覆刻的，其雕造年代大概始于辽道宗重熙初年，完成于咸雍末年。[4]这种小字本的装订采用了刚刚面世不久的"蝴蝶装"册装书的形式，其优点是"帙简部轻""纸薄字密"，易于雕印、便于流传。[5]契丹藏小字本的发现，证明了在我国佛教大藏经的雕印史上，继卷轴装后的第二种装帧形式就是方册装，颠覆了佛经册装书始于明朝的说法。

---

1 何梅：《历代汉文大藏经目录新考》上册，社会科学文献出版社，2014年，第13页。

2 ［朝鲜］徐居正：《东文选》卷一一二高丽僧密庵"丹本大藏庆赞疏"。

3 李际宁：《佛经版本》，江苏古籍出版社，2002年，第97～99页。

4 李富华、何梅：《汉文大藏经研究》，宗教文化出版社，2003年，第141～142页。

5 《契丹本大藏庆赞疏》称赞此藏："帙简部轻，函未盈于二百；纸薄字密，册不满于一千，殆非人巧所成，似借神力。"原载《东文选》卷一百二十。引自周叔迦：《〈大藏经〉雕印源流纪略》，载《周叔迦佛学论著集》下集，中华书局，1991年，第554页。

表一 应县木塔藏卷轴装《契丹藏》

序号	千字文帙号	题名	卷号	版式	框高（cm）	框长（cm）	纸高（cm）
1	垂	大方广佛华严经	第47卷	27行17字	22	50-541	297
2	爱	大方广佛华严经	第24卷	28行15字	23.5	53.6	30.5
3	爱	大方广佛华严经	第26卷	28行15字	23	55	30.2
4	首	大方广佛华严经	第51卷	28行15字	23.6	29.7	
5	在	妙法莲华经	第2卷	28行17字			
6	女	称赞大乘功德经	第1卷	28行16~17字			
7	靡	大法炬陀罗尼经	第13卷	27行17字	22	53~54	29.5
8	欲	大方便佛报恩经	第1卷	27行17字	22.3	53.8~55	28.4
9	清	中阿含经	第36卷	27行17字	22.3	53.4~53.8	29.7
10	弟	阿毗达磨发智论	第13卷	27行17字	22.4	53.5~55.8	29.1
11	刻	佛说大乘圣无量寿决定光明王如来陀罗尼经	第1卷	27行17字	21.88	53.5	29.2
12	勿	一切佛菩萨名集	第6卷	28行	24	55~55.2	28.9

表二 丰润天宫寺塔藏方册本《契丹藏》

序号	千字文帙号	题名	卷帙、册数	版式	框高(cm)	框长(cm)	纸高(cm)
1	平至伏	大方广佛华严经全80卷	1帙8册	半页12行30字	23.9	30.1	26.6
2	壁	大乘本生心地观经全8卷	1帙3册	半页10行20字	21	25	26.4
3		一切佛菩萨名集全22卷	1帙6册	半页12行30字	23.1	25.9	26.6
4		金刚般若波罗蜜经	1卷	1册			25
5		妙法莲华经全8卷	1帙				31.5
6		金光明最胜王经	1册				21
7		梵、汉合璧经咒合集	1册	行10字			15

第四节 《崇宁藏》

北宋时期，我国诞生了第一部民间私刻的大藏经——《崇宁藏》。它由福州东禅寺等觉禅院慧荣、冲真、智华、智贤、普明等发起劝募雕造的，初名《大藏经》。该藏始刻于宋神宗元丰三年（1080年），至徽宗崇宁二年（1103年）初成。刊成后，当年即进献宋徽宗，祝延圣寿，并由礼部侍郎、东禅寺大藏经都劝首陈旸上奏朝廷，请赐大藏经名《崇宁万寿大藏》，宋徽宗予以准奏。[1]后又因其所在地名和寺名，该藏被称为《福州东禅寺大藏》或《东禅寺万寿大藏》，今简称《崇宁藏》。

《崇宁藏》首次采用了折装式装帧，标准版式为每版36行，折为6个半页，每半页6行，每行17字；另有30行，折为5个半页的版式，

---

1 《崇宁藏·大般若波罗蜜多经》卷一之首"敕赐福州东禅等觉禅寺天宁万寿大藏"。

并非为标准版式，不过是为了不浪费略短的木料而已。[1]版后多有题记，刻经人为做功德，还写明原委，为版本学研究提供了宝贵资料。同时，《崇宁藏》还首次以"函"为单位，将原附于各卷的佛经音义独立成卷，附于该函之末。在南宋乾道、淳熙年间，又续雕了《大慧语录》等16函，全藏始成580函，1440部，6108卷，千字文编次由"天"字起，至"虢"字止。因此一般学者认为《崇宁藏》仅有580函。后来《崇宁藏》又多次续雕，从北宋宋神宗元丰年间一直延续到元泰定年间，共历240余年。[2]因此，《毗卢藏》见载于《宫内省图书寮一切经目录》中的第583函至595函，千字文编次"会"字到"颇"字，共13函，8部经典，因其问世早于《毗卢藏》开雕十余年，故非《毗卢藏》所收经目，实为《崇宁藏》所有。故何梅先生推断《崇宁藏》当为595函。[3]

宋《崇宁藏》本　山西省太原市崇善寺藏

较以前诸藏，《崇宁藏》首先收录的佛典有：养帙，《拔一切业障根本得生净土神咒》1卷（前附《阿弥陀经不思议神力传》）；辞帙，《柰女耆婆经》1卷；升帙，《唐贞元新定目录》一卷；回帙，《千手千眼观自在菩萨根本真言释》1卷；英帙，《大唐贞元新定目录》1卷、《开元释教录略出》4卷；禄至茂帙，《宗镜录》100卷；实帙，《黄檗山断际禅师传心法要》1卷；刻至磻帙，《建中靖国续灯录》30卷（另目录3卷）；溪帙，《大藏经纲目指要录》8卷；时帙，《注大乘入

1　沈乃文：《宋雕〈崇宁藏〉〈毗卢藏〉残卷考》，《中华文史论丛》，2008年第3辑。

2　李富华、何梅：《汉文佛教大藏经研究》，宗教文化出版社，2003年，第189～190页。

3　何梅：《关于〈毗卢藏〉〈崇宁藏〉的收经及总函数问题》，《世界宗教研究》1997年第4期。

辽燕京雕历日赵守俊刻《妙法莲华经》卷第四卷首扉画

楞伽经》10卷；阿帙，《楞伽经纂》4卷；衡帙，《菩萨名经》10卷；多士寔帙，《大慧普觉禅师语录》30卷，附《大慧普觉禅师普说》1卷；宁晋楚帙，《首楞严经义海》30卷；霸帙，《天台法华玄义科文》5卷；横帙，《妙法莲华经文句科》6卷；途帙，《摩诃止观科文》5卷；第595帙，《略释新华严经修行次第决疑论》4卷；第595帙，《注华严法界观门》1卷、《释华严经十二缘生解迷显智成悲十明论》1卷、《大方广佛华严经金师子章注》1卷、《大方广佛华严经感应传》1卷、《大方广佛华严经入不思议解脱境界普贤行愿品》1卷、《李长者事迹》1卷。[1]

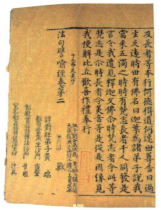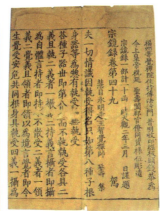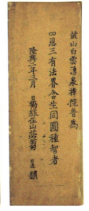

《崇宁藏》之《法句譬喻经》残卷

目前，《崇宁藏》的全藏国内失传已久，国外也未曾与闻，仅

---

1 何梅：《历代汉文大藏经目录新考》上册，社会科学文献出版社，2014年，第66～69页。

菩薩摩訶薩憐愍眾生有七種何等為一
者無畏二者真實三者不熱四者不求五者
不愛六者廣大七者平等菩薩摩訶薩憐愍
眾生無所畏故修三業善為破眾生諸惡業
故是名無畏菩薩摩訶薩憐愍眾生非煩惱
愛故非法住非賊住非妄語不敬化於非
處是名真實菩薩摩訶薩以憐愍故為諸眾
生勤修苦行心無憂悔是名不熱一切眾
生於菩薩摩訶薩修慈心是名不求眾
薩摩訶薩憐愍時於諸眾生無有貪心無
貪心者不求恩報及慈心果是名不愛菩薩
修慈設有眾生打罵惱害終不捨於修慈之

如法住定心品第三

菩薩善戒經卷第八

宋罽賓三藏法師求那跋摩等譯

前景勸首慧安大師 演真

賢

大藏經印板一副計五百餘函

今上皇帝 太皇太后 皇太后祝延 聖壽圖泰民安開鏤

福州東禪等覺院住持傳法賜紫慧榮與眾等謹率眾緣為

元祐六年正月 日謹題

不求菩薩而諸菩薩自修慈心是名不求菩
薩摩訶薩修時於諸眾生無有貪心無
貪心者不求恩報及慈心果是名不愛菩薩
修慈設有眾生打罵惱害終不捨於修慈

為由與麁果物其相異故計彼常耶若由細
又波何所欲觀諸極微性量故不應道理
理若言已觀察者離慧觀察而定計常不應道
耶若不觀察者我今問汝隨汝意
苔汝為觀察已計極微常為不觀察計彼常
復次計諸極微常住論者我今問汝隨汝意

攝淨義品第二之六

無著菩薩造 大唐三藏法師 玄奘奉 詔譯

顯揚聖教論卷第十

大藏經印板一副計五百餘函

今上皇帝 太皇太后 皇太后祝延 聖壽圖泰民安開鏤

福州東禪等覺院住持傳法賜紫慧榮與眾等謹率眾緣為

元祐九年四月 日謹題

尺

先妣林二夫人娘生界

隆興元年十月 日題

為壕住山蓬庵□選

尊婆須蜜菩薩所集論卷第九

第十二竟

東

疑世間男女

想苦樂方便 不壞有二意

五三無漏智

評曰經柰子黃

都句當藏主沙門 震竇

郡勤首住持佛決沙門 普明

《崇宁藏》之零本

福州東禪等覺院住持傳法慧空大師 沖真等謹募衆緣恭爲

今上皇帝 太皇太后 皇太后 皇太妃祝延 聖壽國泰民安

開鏤大藏經印板副惣計五百函契十卷顧豊二年乙丑歲月日題

勝鬘師子吼一乘大方便方廣經 推

宋天竺三藏求那跋陁羅譯

如是我聞一時佛住舍衛國祇樹給孤獨園

時波斯匿王及末利夫人信法未久共相謂

言勝鬘夫人是我之女聰慧利根通敏易悟

若見佛者必速解法心得無疑宜時遣信發

其道意夫人白言今正是時王及夫人與勝

鬘書略讚讚如來無量功德即遣內人名旃提

羅使人奉書至阿踰闍國入其宮內敬授勝

菩薩善戒經卷第八

大藏經印板一副計五百餘函

今上皇帝 太皇太后 皇太后 皇太妃祝延 聖壽國泰民安開鏤

前翰林學士中大夫與僧義蓮等謹募衆緣恭爲

元祐六年正月 日謹題 賢

宋罽賓三藏法師求那跋摩等譯

菩薩住定心品第三

如法住定心品第三

菩薩摩訶薩憐愍衆生有七種 何等爲七 一

者無畏 二者真實 三者不熱 四者不求 五者

不愛 六者廣大 七者平等 菩薩摩訶薩憐愍

衆生無所悕故修三業善爲救衆生諸惡業

正法念處經卷第七

地獄品第三之三

元魏婆羅門瞿曇般若流支譯

又彼比丘知業果報次復觀察合大地獄復

有何處彼見聞知復有異處彼名爲朱誅

朱誅是也地獄第八別處朱誅殺生偸盜邪行

行婬作何業行作何等墮合地獄朱誅朱誅衆生何業生於

業及果報如前所說何者衆行所謂有人不

彼觀察若羊若驢以無人女是故婬之彼人以

於佛不生敬重或在淨穢或近淨穢彼人以

作爲墮合地獄朱誅朱誅衆生殺生偸盜

有何處彼見聞知若人殺生偸盜邪行樂行多

朱誅是也地獄第八別處朱誅殺生偸盜邪行樂

業果報次復觀察合大地獄復

所安食一切分受大苦惱彼地獄火滿彼

設不食即就男根女根彼一切非男根非男

耶或作是說諸不成就男根女根彼一切非

男非女顏非男非女彼非男根女根猶如

是惡業因緣身壞命終墮於惡處常受大苦

朱誅朱誅地獄生受大苦惱所謂鐵蟻常

於佛不生敬重或在淨穢或近淨穢所謂鐵蟻

不二形復次或不成就男根女根彼爲非男

男根女根彼非男根女根彼一切非

耶非女顏非男非女彼非男根女根猶如

知一些零散残篇保存在国内的一些图书馆、博物馆及美国、日本等国的机构。综合中国古籍保护网公布的第一、二、三、四批国家珍贵古籍名录，《中国古籍善本书目》的统计及近年的发现，大陆收藏的《崇宁藏》大藏经零本及残卷不足百卷，其中国家图书馆藏有13种17卷：《大般若波罗蜜多经》第22、246、270、293、539等5卷，《大方广佛华严经》第51卷，《大般涅槃经》第18卷，《菩萨璎珞经》第4卷，《金刚顶瑜伽中略出念诵经》第3卷，《牟梨曼陀罗咒》1卷，《显扬圣教论》第10卷，《长阿含经》第5卷，《中阿含经》第51卷，《正法念处经》第7卷，《尊婆须蜜菩萨所集论》第1卷，《鞞婆沙论》第9卷，《宗镜录》第3卷；北京大学图书馆藏12种12卷，有《大般涅槃经后分》2卷之下卷，《大方广佛华严经修慈分》1卷，《历代三宝记》第13卷，《佛说辩意长者子所问经》1卷，《五垢优婆夷问经》1卷，《弥沙塞部五分率》第8卷，《阿毗达摩大毗沙论》第108卷，《杂阿毗昙心论》第11卷，《弘明集》第4卷，《大唐西域记》第4卷，《阿毗达摩顺正理论》第23卷；[1]山西省博物院藏12种25卷，有《胜鬘狮子吼一乘大方便方广经》1卷，《如来智印经》1卷，《菩萨善戒经》第8卷，《佛本行集经》第9、11卷，《说一切有部集异门足论》第3卷，《阿毗达磨大毗婆沙论》第108卷，《一切经音义》第17卷，《法苑珠林》第74、76卷，《佛吉禅德赞》上卷，《一切如来真实摄大乘现证三昧大教王经》第27卷，《海意菩萨所问净印法门经》第9、10卷，《续灯录》第14卷；辽宁省图书馆藏6种14卷，有《大般若波罗蜜多经》第321、357卷，《大宝积经》第68卷，《正法念处经》第43卷，《佛说奈女耆婆经》1卷，《广大宝楼阁善住秘密陀罗尼经》下卷，《般若灯论》第1至8卷；[2]太原崇善寺藏17卷另18页，有《四分比丘尼戒本五出昙无德律部》1卷等；泉州开元寺藏3种3卷，有《大般若波罗蜜多经》第195卷、《摩诃般若波罗蜜经》第12卷、《阿毗达摩顺正理论》第8卷；北京师范大学图书馆、上海市图书馆、山东省博物院、天津市图书馆、

---

1 2013 年 3 月《第 4 批国家珍贵古籍名录》。

2 2009 年 5 月《第 2 批国家珍贵古籍名录》。

福建省图书馆、南京图书馆、吉林大学图书馆、东北师范大学图书馆、齐齐哈尔市图书馆各藏有一种1卷，分别是：《经律异相》第35卷、《大般若波罗蜜多经》第321卷、《大方广佛华严经合论》第118卷、《经律异相》第35卷、《大威德陀罗尼经》第4卷、《放光般若波罗蜜经》第13卷、《大般若波罗蜜多经》第357卷、《宗镜录》第23卷、《佛藏经》第1卷。另，陕西省图书馆、山东师范大学图书馆、湖南省图书馆也藏有崇宁藏残卷，具体不详。在台湾，台北"中央图书馆"藏3种4卷，台北故宫博物院藏《菩萨璎珞本业经》2卷。[1]

在国外收藏的《崇宁藏》零本中，美国共存9种10卷，其中美国国会图书馆藏4种4卷，有《大般若波罗蜜多经》第193卷、《杂阿含经》第9卷、《四经同卷》1卷，《根本说一切有部毗奈杂事经》"别"字号但不知卷几。哈佛燕京图书馆藏5种6卷，有《六度集经》第5卷、《新译大方广佛华严经音义》2卷、《十诵律》第13卷、《五经同卷》1卷、《根本说一切有部毗奈杂事经》第6卷。印第安纳波里斯博物馆藏《宗镜录》第75卷。[2]纽约哥伦比大学东亚图书馆以及英国剑桥大学图书馆也有少量残卷。[3]

相对来说，目前日本的部分寺院和图书馆保存该藏的经本数量较多。但日本所藏《崇宁藏》与《毗卢藏》两藏并不完全，而是合和而成的《福州藏》。以《崇宁藏》经本为主，以《毗卢藏》经本补足的有京都市醍醐寺、东寺，其中醍醐寺藏大藏6095卷，存《崇宁藏》经本6035卷；东寺藏大藏为6087卷，存《崇宁藏》经本5034卷。以《毗卢藏》经本为主，以《崇宁藏》经本补足的有宫内厅书陵部、京都市知恩院、东福寺、鹿儿岛大慈寺；其中宫内厅书陵部藏大藏有6264卷，存《崇宁藏》经本大约1500卷；知恩院藏大藏有5969卷，存《崇宁

---

1 沈乃文：《宋雕〈崇宁藏〉〈毗卢藏〉残卷考》，《中华文史论丛》，2008年第3辑。

2 沈津：《美国所藏宋元刻佛经经眼录》，《文献》1989年第1期；参见沈乃文：《宋雕〈崇宁藏〉〈毗卢藏〉残卷考》，《中华文史论丛》，2008年第3辑。

3 沈乃文：《宋雕〈崇宁藏〉〈毗卢藏〉残卷考》，《中华文史论丛》2008年第3辑。参见梶浦晋《日本的汉文大藏经收藏及其特色——以刊本大藏经为中心》（方广锠：《藏外佛教文献》第2编、总第11辑，中国人民大学出版社，2008年，第380～381页）和中村一纪《关于宫内厅书陵部所藏福州版大藏经中的混合册与印章》（《藏外佛教文献》第2编、总第12辑，中国人民大学出版社，2008年，第451页）这两篇文章。

藏》经本 893 卷。和歌山县高野山劝学院存《崇宁藏》经本 3543 卷，配以《思溪藏》115 卷。其他藏有《崇宁藏》零本的还有，京都本大谷大学图书馆藏 15 种 26 卷，东京石井积翠轩文库藏 14 种 22 卷，奈良天理图书馆藏 2 种 2 卷，京都长谷寺藏 2 卷，京都南禅寺和本源寺、奈良东大寺和药师寺、京都大学图书馆、京都博物馆、龙谷大学大宫图书馆等也藏有少量残卷。

《崇宁藏》是中国出版史上第一次由寺院发起募捐的方式集资刻印的大藏经，开创了我国私刻版大藏经的先河。其版式对后世大藏经刻板影响也很大，其后的《毗卢藏》《圆觉藏》《资福藏》《碛砂藏》《普宁藏》《洪武南藏》《永乐南藏》等 7 种版本大藏经，都按此版式刻印。

第五节 《毗卢藏》

继《崇宁藏》之后，在福州又出现了一部《毗卢藏》，这是我国第二部私刻版大藏经。它由福州闽县城的东芝山开元寺住持本明禅师等人发起劝募，于《崇宁藏》初成的北宋徽宗政和二年（1112 年）开雕，至南宋高宗绍兴二十一年（1151 年）竣工。因其卷端往往有"福州管内众缘寄开元禅寺雕造毗卢大藏经印板一副五百余函"的题记，故被称为《毗卢藏》，又因刊板于开元寺，故又名《开元寺版大藏经》。南宋隆兴二年（1164 年）、乾道五至八年（1169～1172 年）及淳熙三年（1176 年）又续刻数函。此后又在嘉熙、咸淳及元成宗大德年间有过修补。因《崇宁藏》和《毗卢藏》同在福州刊板，故将二者合称为《福州藏》《闽本》。

《毗卢藏》由开元寺内成立的开元经局或经司刊造，经局由雕经都会、证会、劝缘沙门、管句沙门、经头僧、管经局、刻工、印造工等组成，分工各有不同，人数至少有 250 人左右。至于《毗卢藏》雕印的经费来源，前期绝大部分来自雕经都会成员的喜舍。自政和二年（1112 年）至绍兴四年（1134 年）22 年间，共刊刻了约 300 函。绍兴十八年（1148 年）之后，则以募众缘为主，经本除卷首有刊记外，卷尾亦多见施资题记，此时镌刻 200 余函。故这一时期所刻经本之卷

佛說海意菩薩所問淨印法門經卷第三

譯經三藏朝散大夫試鴻臚卿傳法大師臣惟淨等奉詔譯

如是我聞　一時世尊住於如來神通境界大
寶莊嚴最勝道場中而彼道場皆大
是如來威神建立積集廣大勝福莊嚴圓滿
廣夫福智妙行現轉一切佛法勝報顯示如
來無邊神變加持之力善入無礙境界大智
一切見者生大喜悅入念慧行普徧運行無
動妙智於無邊劫修集無量衆功德聚能善調
世尊現諸法平等覺道轉妙法輪能善調
伏無邊衆生心慕及諸根性已乃到於最上彼岸善
衆生心慕及諸根性已乃到於最上彼岸善

介時佛告大悲思惟梵天言汝等知下方
世界有佛剎名無量功德寶莊嚴
其佛世尊號海勝持慧游戲出高神通如來
彼有菩薩名曰海意與出過算數諸大菩薩
摩訶薩衆而共來此娑婆世界瞻禮恭敬供
養於我又復於此廣大集會正法之中而有
所問是彼菩薩神通之力於此世界先現瑞
悉無損壞亦無障礙如是等相其為希有此
何因緣復何神力願佛為說
提四大洲等欲界天宮乃至大海須彌諸山
世界一切國土城邑衆落諸人民衆及閻浮
薩大士皆悉處于道花座上而此三千大千

敕文閣直學士左朝議大夫潼川府路郡都鈐轄安撫使
州軍州撥擧學事無管內勸農使賜紫金魚袋馮楫　恭為
今上皇帝祝延
聖壽喜捨俸　添鎪經板二十四補足毗盧
大藏　永冀流通　勸緣福州開元禪寺住持慧通大師了□　題

太宋新譯三藏聖教序
太宗神功聖德文武皇帝製

大矣哉我佛之教也化導群迷闡揚宗性廣
博宏辯英彥莫能究其旨精微妙說庸愚豈
可度其源義理幽玄旨空莫測包括萬象譬
喻無垠綜法網之紀綱演無際之正教拔四
生於苦海譯三藏之秘言天地變化乎陰陽
日月盈虧乎寒暑大則說諸善惡細則比於
恒沙含藏萬端佛可畫迷巷窺像法如影懭

《毗卢藏》

113

末多注明施主为何方人氏、舍资刊经数额并施三十函，补足毗卢大藏，永冀流通。劝缘福州开元禅寺住持慧通大师了一题。再如"图"字函《杂譬喻经》卷首提到："入内内侍省东头供奉宣干办应天启运宫奉迎所武师说，恭为今上皇帝祝延圣寿，谨施奉资雕造毗卢大藏经板泾字至图字一十函。时绍兴戊辰闰八月日，福州开元禅寺住持传法慧通大师了一题。"

《毗卢藏》之《法苑珠林》

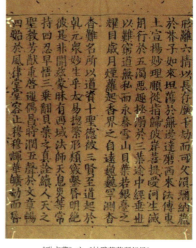

《毗卢藏》之《妙臂菩萨所问经》

关于《毗卢藏》收经总函数的问题，以往学者诸说不一，有 567、580、582、595 函的说法。而何梅和李富华根据新发现的实物，证明《毗卢藏》的总函数和《崇宁藏》同为 595 函，并还推断出《毗卢藏》收经 1452 部、6359 卷。其中，自"天"字至"英"字共收 480 函，收唐《开元释教录》入藏典籍；自"杜"字至"勿"字（481～564年）共收 84 函，收《开元释教录》以后入藏的典籍；自"多"字知"土"字（565～582年）共 18 函，收录隆兴至淳熙年间（1164～1167年）续刻的禅宗和天台宗的撰著等；最后 13 函，收录政和三年（1113年）刊板的《华严经合论》等。[1]另，每函附有字音册，其中"天"字至"奈"字 60 函、"阶"字至"弁"字 4 函、"英"字 1 函、"实"字至"衡"字 13 函、

---

1 李富华、何梅：《汉文佛教大藏经研究》，宗教文化出版社，2003 年，第 207 页。

"多"字至"土"字18函无字音，字音册总499册。[1]

《毗卢藏》的版式与《崇宁藏》相同，是折装本，一版刻经文36行，折为6个半页，每半页6行，每行17字。但有相当一部分于一册经本中有1到2板是30行，折为5个半页。除每册首尾经题下有千字文函号外，每板还有一折页处有小字注文，标明千字文函号、经名卷次、板次及刻工姓名，卷末经题前有用纸总数及刻工名，极少数经卷卷尾仿《崇宁藏》，可见印刷工印记。印经用纸厚实坚韧，色黄，纸背有长方形朱印"开元经局染黄纸"。

从现有的《毗卢藏》残卷可看出，其原经文是有包衣的。以国家图书馆《法苑珠林》第19卷为例，其包衣为深蓝色，翻开包衣两边折页，遂见折装经本的封底，颜色同包衣。若初装本，包衣右折页上有金字之表题和千字文函号。由封底向下翻至经本卷首，首页边端多出1厘米折贴在包衣内面与经本一折页对应的右侧边端。这样读完一卷经，合上包衣，即可放回函套，通常来说11册为1函。

《毗卢藏》流传至今，国内全藏已不存。综合中国古籍保护网公布的第一、二、三、四批国家珍贵古籍名录以及《中国古籍善本书目》的统计，零散经本约有460卷，其中：国家图书馆、首都图书馆存《阿毗达摩顺正理论》第18卷；[2]北京大学图书馆存《法苑珠林》第44卷、《佛说优填王经》1卷、《不空罥索神变真言经卷》第13、《大方广佛华严经合论》第7卷等4种4卷；[3]上海、天津市图书馆存《辨证论》1至7卷；[4]山西图书馆、旅顺博物馆存《大般若波罗蜜多经》第313、315卷，《一切经音义》第1、3至20、22至24卷，《法苑珠林》第45、57、81、89、93至94、96卷，《古今译经图纪》4卷，《沙门不应拜俗》6卷，《续高僧传音义》存"承"字函。[5]此外，20世纪80年代陕西扶风法门寺发现20残卷；台北"中央图书馆"藏1种1卷。

---

1 何梅：《〈毗卢大藏经〉若干问题考》，《世界宗教研究》1999年第3期。

2 2010年《第三批国家珍贵古籍名录》。

3 2013年3月《第四批国家珍贵古籍名录》。

4 2009年5月《第二批国家珍贵古籍名录》。

5 2010年《第三批国家珍贵古籍名录》。

就国外而言，美国哈佛燕京图书馆藏 4 种 4 卷、普林斯顿大学图书馆藏 1 种 1 卷、纽约公共图书馆藏一种 1 卷。而日本藏《毗卢藏》较多的，一如上文所述，一般是与《崇宁藏》合藏。此外，日本大谷大学图书馆藏 5 种 9 卷、天理图书馆藏 1 种 1 卷、长谷寺藏 2 卷、南禅寺藏 6 种以上、京都本源寺和称名寺藏若干卷。

1985 年，受中国佛教协会副会长释圆拙法师委托，福建省黄埔军校同学会第一副会长杨立居士，在上海看望准备赴日定居的林伯辉先生及其夫人时，提出寻回《毗卢藏》一事。在日中友好协会的大力支持下，林氏夫妇几经周折，终于与日本宫内省图书寮商定了影印《毗卢藏》残卷的事宜。得知这一消息，各界人士纷纷慷慨解囊。福州市开元寺住持提润法师捐献行医所得 30 万元港币，台湾佛陀教育基金会总干事简丰文和林国莹捐助 33 万日元。在各方的帮助下，1990 年 4 月 6 日，日中友好协会捐赠复印经书 100 卷，并在福州法海寺举行了隆重的赠送《毗卢大藏经》法会。复印的《毗卢藏》版式重新进行了改换，将原来的折装本改为平装本，使用 B4 复印纸，蓝色封皮，题签是黑底白字，有经名、卷次及千字文函号。首页印有原有经本的包衣，宽 193 厘米，右边有对应的 30 厘米的刻度尺，这样便于了解复印本与原本的比例对比。复印本一页录原经本的 4 折页，首尾各附与前后页衔接之经文 1 至 2 行。

《崇宁藏》《毗卢藏》的出现，标志着私刻大藏经趋势之流行。其版式对后代几种大藏经的影响最为突出。如所用纸张厚而坚韧，一般都经过染潢，开卷即有一种古朴气息。经册背后，往往有"东禅大藏"朱印等，对后世大藏经版式影响极深。

第六节　《赵城金藏》

《赵城金藏》是在山西赵城县（今属洪洞县）广胜寺发现的一部"向所未知"的金代刻印大藏经印本。它以《开宝藏》为底本，全藏为卷轴装，千字文帙号自"天"字至"几"字，计 682 帙，每帙基本上包括 10 卷，或略有增减，总计 6980 卷。因这部大藏经为金代刻印，又因在赵城广胜寺发现，且每卷卷首又加刻广胜寺刊刻的《释迦说法图》，故名《赵城金藏》，也简称《赵城藏》。

《赵城金藏》

《赵城金藏》的发起人是潞州（今山西长治市）人崔法珍，相传她为募缘刻经毅然断臂，感动了很多善男信女，纷纷前来捐款资助。明代刑部尚书陆光祖在万历十二年（1584年）所作《嘉兴藏刻藏缘起》中如此描述："昔有女子崔法珍，断臂募刻藏经，三十年始就绪，当时檀越有破产鬻儿应之者。"施资者则主要是山西晋南各县的村民，以解州天宁寺为中心，由解州所属各县及临近的长治（潞州）、临汾地区及毗邻的陕西个别地方的村民共同施资雕造的。一部多达7000卷的大藏经，全是靠一个地区的百姓出资，施资者既有施财数千贯雕经数十卷的大户，也有仅能施财雕经一版两版的贫苦农妇。有的将自种的树、自织的布、自养的骡，甚至一把雕经的刀子作为资产奉献出来雕造经版。崔法珍就是这一事业的倡导者，正是她"断臂募刻"的惊人举动感化了人心，才得以有了这一宏伟的巨作。

明代补刊的《碛砂藏》《大宝积经》第29卷末释善恢撰写的《最初敕赐弘教大师雕藏经板院记》，记述了崔法珍的身世、雕经始末及《金藏》经板的板书、卷数。大约在金熙宗皇统九年（1149年），崔法珍在天宁寺组成了"开雕大藏经板会"负责刻造，到金世宗大定十三年（1173年）刻竣。金大定十八年（1178年），崔法珍将印完的大藏经进献朝廷；三年后，她又将经板送到中都燕京（今北京），安置于大昊天寺（后改为弘法寺），刷印流通，共计 168113 板，6980 卷。为表彰崔法珍的功绩，金世宗完颜雍于大定二十三年（1183 年），赐法珍紫衣，号为"弘法大师"；协助雕经者杨惠温等 72 人并给戒牒，礼弘法大师为师。但在《赵城金藏》的题跋中，崔法珍却甘于寂寞，没有留下自己的名字。对此，蒋唯心赞叹道："此藏卷轴之富，工事之巨，原刻历三十载星霜，补雕劳十余路僧众，创此伟业者，宁遂湮没不彰乎？理决其不然也。"[1]

《赵城金藏》之《阿毗昙甘露味论》

自经板运抵弘法寺后，有明确记载的金代印经活动至少有两次：一是金大定二十九年（1186 年），济州普照寺照公禅师"闻京师弘法寺有藏经板，当往彼印之，即日启行，遂至其寺，凡用钱二百万有畸，得金文二全藏以归。一宝轮藏，黄卷赤轴，□□□□□□殿中置壁藏，皆□梵册，漆板金字以为严饰。庶几清众易于翻阅"；[2] 二是金大安元年（1209 年），据《赵城金藏》"奄"字帙《千臂千钵经大教王经》第 3 卷第一幅纸后有墨记"大金大安元年己巳岁睢州考城县太平兴国禅院，建修十方常住杂宝藏经，看检高流切须护惜，庶得"云云，可知此次留下了部分印本，即金藏兴国院本。到元初，因弘法寺有部分经板损毁，故有《赵城金藏》补雕之举。蒋唯心考证说："补雕经过

---

1 蒋唯心：《金藏雕印始末考》，《国风杂志》1934 年 12 月第 5 卷 12 号。
2 ［清］张金吾：《金文最》卷五六赵沨"济州普照寺照公禅师塔铭"，载《续修四库全书》第 1654 册第 671 页。

情形见于经中题记者与原刻绝异，原刻多属乡民自乐净施，补雕则有地方长官之特加提倡，原刻用平常无名之刻工，补雕则以诸山名刹之雕字僧人为主体，此皆官私合作，非有绝大之约束力不易集事也。"[1]

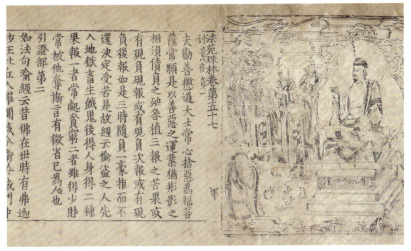

《赵城金藏》之《法苑珠林》

金末元初，《赵城藏》部分经板毁于兵火。因此，在蒙古太祖和太宗时期曾有过两次补雕经板的活动：一是据记载蒙古太祖二十一年（1226 年）前，在都城洪法寺补修藏经板，以觉辩大师法源为提领，三年雕全。[2]二是约在元太宗窝阔台八年（1236 年），耶律楚材主持以半官半私的名义发动其所辖官员协助并在民间劝募，同时召集各地寺院会刻字的僧人到弘法寺补雕缺损经板。补雕后的经板基本上恢复《赵城藏》旧刻的内容；千字文编次由"天"字到"几"字，共 682 帙，6900 余卷。但工作草率，字体不一，版式也不一致。每板 22～30 行，每行 14～27 字不等，而且还杂有少量书册式经卷在内。

之后，由于年久散失缺损，明万历二十年（1592 年），解州静林山万寿禅寺僧悟顺曾抄补若干卷；清雍正九年（1731 年）至十一年（1733 年），在信徒的赞助下，广胜寺又集僧俗进行过一次大规模的抄补。

1933 年春，上海影印宋版藏经会常务理事范成法师发现山西赵城

---

1 蒋唯心：《金藏雕印始末考》，《国风杂志》1934 年 12 月第 5 卷 12 号。

2 《重修曲阳县志·觉辩大师源公塔铭》卷十三，载《石刻史料新编·金石录下》第 3 辑，第 24 册，台北新文丰出版公司，1986 年，第 464～465 页。

县广胜寺所藏的藏经为金代刻版藏经。范成亲自整理该经 30 余日，统计尚存 5017 卷，并与广胜寺相商，借了部分经卷到北京翻拍，后由北京三时学会、上海影印宋版藏经会和北平图书馆联合出版了《宋藏遗珍》46 种 249 卷。但当时范成并不知道该经的确切名称。1934 年 10 月，南京支那内学院欧阳竟无命其高足弟子蒋唯心前往广胜寺校验。蒋唯心披阅经文，所著《金藏雕印始末考》正确评估了《赵城金藏》的历史价值，迄今仍是这方面最具权威的论述。《金藏》在发现之初，曾有日僧赶往中国，欲以 22 万银圆购买，被断然拒绝。抗日战争时期，日军又欲以武力抢夺这部大藏经，中共太岳区第二地委在得到党中央批准后，派八路军太岳二分区部队在地方武装和广胜寺僧人的配合下抢运至安全地区。[1] 1949 年北平和平解放后，《赵城金藏》运抵北平，由北平图书馆收藏，成为"镇馆之宝"。

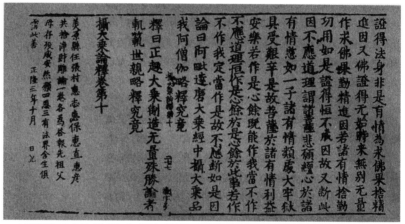

山西解州天宁寺刻《金藏》本《摄大乘论释》　金皇统九年至大定十三年（1149～1173 年）

　　由于长期存放在潮湿环境中，当时的《赵城金藏》破损霉变非常严重，纸张粘连板结在一起，十之六七无法打开。1949 年 5 月 14 日，为了修复整理《赵城金藏》，北平图书馆请来了于力、范文澜、王冶秋、马叔平、王重民、赵万里等专家学者，召开座谈会，共同探讨《金藏》的修缮工作。同时，从 1950 年起，国家每年调拨专项资金用于修复工作，经过 16 年的努力，至 1956 年全部修复完成，现被精心保存在恒温恒湿

---

1 《革命史资料》编辑部：《革命史资料》第 17 册，中国文史出版社，1987 年，第 20～212 页。

的库房和楠木书柜中。[1] 1984年，任继愈先生主持编纂《中华大藏经》，以《赵城金藏》为底本进行编辑整理，经中华书局出版，首次全部揭示了《赵城金藏》，使这部稀世珍宝得以广泛流传。2008年，国家图书馆出版社出版了影印本《赵城金藏》，共121册，另有总目录1册。

现存的《赵城藏》系元中统二年（1261年）的补雕印本，共4957卷，1952年又发现62种，162卷，此后还陆续发现过一些零散经册，现存5100余卷。《赵城金藏》是当今孤本藏经中卷帙最多、保存最完整的一部。其中，北京图书馆存4813卷；上海图书馆存《大波若波罗蜜多经》第6、22、36、148卷，《法句喻经》第3卷，《佛说弥勒下生成佛经》1卷，《佛说弥勒来时经》1卷，《佛说随勇尊者经》1卷，《佛说五大施经》1卷，《守护国界主陀罗尼经》第5卷，《旧杂譬喻经》2卷，《鞞婆沙论》第9卷、《景德传灯录》第5卷，《大唐新译仁王护国经道场念诵轨仪》1卷；北京大学图书馆存《大般若波罗蜜多经卷》第34、《集神州三宝感通录》卷上、《大威灯光仙人问疑经》1卷、《妙法莲华经文句卷》第3卷、《优婆塞戒经卷》第4卷、《佛说诸行有为经》1卷、《佛说诸行有为经》1卷；[2]南京图书馆存6卷，广西博物馆、崇善寺各存2卷，广胜寺、山西图书馆、山西博物馆、苏州西园、台湾"中央研究院"各存1卷。此外，北京民族宫存《赵城金藏》补雕本的另一印本550余卷；台北"国家图书馆"存3种4卷《赵城金藏》。[3]

除了国内，《赵城金藏》在日本也藏有零本。据日本京都大学人文科学研究所学者梶浦晋先生披露，京都大学人文科学研究所存7种11卷，京都大学文学部存2种8卷，奈良药师寺存10种16卷，天理大学天理图书馆存3种3卷，东京大学东洋文化研究所、庆应义塾大学、龙谷大学大宫图书馆、佛教大学图书馆、逸翁美术馆以及个人各存1种1卷。[4]

经何梅考证，属于本藏独有的经卷有10种96卷（现存100卷），

---

1 周和平：《〈赵城金藏〉：五千长卷诉传奇》，《光明日报》2011年8月17日。

2 2013年3月《第四批国家珍贵古籍名录》。

3 周伯戡：《记国家图书馆所藏三件金藏佛经》，《佛学研究中心学报》2003年第8期。

4 ［日］梶浦晋：《日本的汉文大藏经收藏及其特色——以刊本大藏经为中心》，方广锠：《藏外佛教文献》第2编、总第11辑，中国人民大学出版社，2008年，第389～390页。

以及无千字文帙号的6种9卷经本；振缨世帙，《大唐开元释教广品历章》30卷（原存15卷，现存17卷）；沙漠帙，《传灯玉英集》15卷（原存9卷，现存10卷）；驰帙，《景祐天竺字源》7卷；迹百帙，《大中祥符法宝录》22卷（存16卷）；郡帙，《景祐新修法宝录》21卷（存14卷）；秦帙，《双峰山曹侯溪宝林传》10卷（存7卷）；雁帙，《大乘僧伽吒法义经》7卷（存3卷）；门帙，《清净毗奈耶最上大乘经》3卷（存2卷）；黍帙，《因明论理门十四过类疏》1卷；赏至史帙，《瑜伽师地论义演》41卷（原存22卷，现存23卷）；《天圣释教总录》3卷（存2卷）；《观弥勒菩萨上生兜率天经疏》2卷（存1卷）；《观弥勒菩萨上生兜率天经疏》（异本）2卷（存1卷）；《上生经疏会古通今新抄》（存2卷）；《上生经疏随新抄科文》1卷；《成唯识论述记科文》（存2卷）。[1]

《赵城金藏》的主体部分系覆刻《开宝藏》而成，是现存一切大藏经的"祖本"，故它以实物的形式，再现了第一部汉文大藏经《开宝藏》的原貌，同时，在刊刻时还吸收了《契丹藏》的若干优点。《赵城金藏》所保存的一些孤本，丰富了佛典的内容，在《开宝藏》《契丹藏》全藏已亡佚的今天，有着十分重要的文献价值。因此，吕澂先生在1961年7月2日写给中华书局的信中建议将《赵城藏》用作《中华大藏经》的底本，任继愈先生20世纪80年代重编《中华大藏经》时即采纳了他的这一主张，首次全部揭示了《赵城金藏》，才使得这部稀世珍宝得以广泛流传。

第七节　《圆觉藏》

南宋时期，两浙道湖州（今浙江省湖州市）还完成了两部私刻大藏经——《圆觉藏》和《资福藏》。《圆觉藏》因刊刻于湖州思溪圆觉禅院而得名，《资福藏》则因刊刻于安吉州思溪法宝资福禅寺而得名。北宋末宣和年间（1119～1125年），密州观察使王永从和弟弟崇信

---

1 何梅：《历代汉文大藏经目录新考》上册，社会科学文献出版社，2014年，第45～46页。

军承宣使王永锡在两浙路湖州归安县松亭乡思溪村特为王氏家族创建圆觉禅院，赐额"慈受和尚道场"。[1] 至于建寺造塔的缘由，可在王国维《两浙古刊本考》中找到答案：

> 宋崇信军承宣使王公永从，宣和间仕于朝。慈受深禅师时住慧林，永从暇日数与之游而咨决心要，闲语及有为因果，禅师言：起塔之功最胜，盖舍利所在，则为有佛也。永从既谢事而归，则舍家造寺建塔，迎禅师为之开山。[2]

《圆觉藏》

据《宋史·地理志》记载，湖州吴兴郡，南宋"宝庆元年（1225年），改安吉州"。又，何梅女士考证，圆觉禅院大约在淳祐十年（1250年）已改名为法宝资福禅寺，并获朝廷颁赐之匾额，湖州圆觉禅院与安吉州法宝资福禅寺实乃同一寺院；她还从两藏的版式、目录等方面入手，指出"法宝资福禅寺只是保存了圆觉禅院时期雕就的一副大藏经板片，并经过补刻，使《圆觉藏》得以继续印刷流通"，两藏不过是前后补版的关系。[3] 又因刊刻这两部大藏经的圆觉禅院和法宝资福禅寺同属湖州归安县松亭乡思溪村，而有《前思溪藏》和《后思溪藏》之称。如此，将之统称为《思溪藏》更为确切，亦有人称《湖州藏》《浙本大藏经》等。

《圆觉藏》由密州致仕观察使王永从全家发愿捐助，比丘净梵、宗鉴、怀深等负责劝募雕造。[4] 关于此部大藏经的开雕及竣工年月至今不详。有学者推断，北宋靖康元年（1126年）开雕，南宋绍兴二年（1132年）

---

1 ［宋］谈钥：《吴兴志》卷一三。

2 《王国维遗书》第12册，上海书店，2011年，第8～9页。

3 何梅《南宋〈圆觉藏〉〈思溪藏〉探究》，《世界宗教研究》1997年第4期。

4 释道安：《中国大藏经雕刻史话》，庐山出版社，1978年，第96页附载之原经本照片。

竣工。《圆觉藏》的雕印有一套严密的组织管理体制,据日本南禅寺存"命"字函《观所缘缘论》尾题中写道:"雕经作头李孜、李敏,印经作头金绍,掌经沙门仲谦、行坚,对经沙门静仁、慧觉大师道融、赐紫修敏,都对证湖州觉悟教院住传天台教真悟大师宗鉴,劝缘平江府大慈院住持管内掌法传教说法大师净梵,都劝缘住持圆觉禅院传法慈受禅师怀深。"从中可以看出雕经各种职务的排列顺序,还可以看出不同职务的相互关系。首先是低级职务者,即"雕经作头"和"印经作头",他们是管理雕板工和印刷工的工头,一般由非出家僧人任职。其次是中级的,分别有"掌经""干雕经""对经"沙门。"掌经"者是掌管所有经本的人,经本大体应包括对经者参照的底本、刻工依据的修订本及《圆觉藏》的成品本,此人同时掌握着各道工序的进度。"干雕经"者是雕经全盘工作的日常事务管理人员。"对经"者的任务,当包括向刻工提供经过勘误修正后的经本,以及对刻板经文的校对。再次是高级职务者,即"都对证""劝缘"大师和"都劝缘"禅师。"都对证"者是对各项工作负总责的人。此外,从《大般若经》第131、467卷有"圆觉藏司自纸板"的墨记可知,上述全套班子的总称则是圆觉藏司。

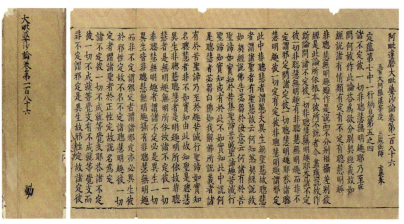

《思溪藏》之《阿毗达磨大毗婆沙论卷第一百八十六》

《圆觉藏》的版式和结构是参照《崇宁藏》(包括初刻和续刻),为梵夹本,略做增减分合刻成的,每版30行,折成5面,每面6行,每行17字。各函之末有音释。但绝大多数经典的卷首无题记,这是与《崇宁藏》相异的。全藏总计548函(函号为"天"至"合",原刻上的王氏题记称有"五百五十函"，可能是误计了其中两函的函号），收经1435部5480卷。其结构为：1.《开元释教录略出》所录入藏经（始《大般若经》，终《护命放生仪轨》）并附（《开元释教录略出》《释音精严集》）；2. 唐代佛教撰著《法苑珠林》；3. 北宋太平兴国七年（982年）至咸平二年（999年）新译经（始《大乘庄严宝王经》，终《仁王护国经》）；4. 宋太宗佛教撰著五种（《御制逍遥咏》《御制缘识》《御制秘藏诠》《御制佛赋》《御制显源歌》）；5. 北宋咸平三年（1000年）以后新译经和《续开元录》所录入藏经（始《未曾有正法经》，终《百八名真实圆义陀罗尼经》）；6. 补编和拾遗（《大宋高僧传》《南本大般涅槃经》）。

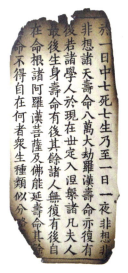

《思溪藏》残页

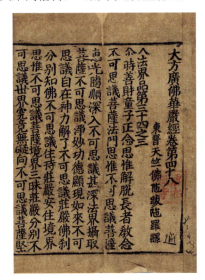

《思溪藏》之《大方广佛华严经卷第四十八》

以国家图书馆保存的《圆觉藏》《大般若经》第131卷为例，此卷首版首折半页，版框天线上端有"圆觉藏司自纸板"四周单线边框的长方形墨记，末版末折半页上端亦有同样印记，墨记边框长7厘米，宽不足15厘米。每板录经文36行，折为6个半页，每半页6行，行17字，其中仅第7板为30行，折为5个半页。有天、地边线，长685厘米（起首05厘米及纸边缘，通常与前页纸粘贴时被覆盖上），宽约25厘米。纸长约71厘米，宽293厘米。每板第1或第2折页处（即经文第6至7行或12至13行之间）有小字一行，标注本卷经的千字文编号、卷次、版次及刻工姓名，如"宿一百三十一卷二石端"。由此得知，本卷经是由石端、张海、牛海三人所刻。卷末经名，卷次后有音释一行，记作："第一百三十一卷宴坐（其下有小字注音）上于见反"。另外，此帖印本卷首、卷中和卷末均钤有日本"三圣寺"之圆形朱印，外圆直径 5 厘米，内圆直径 45 厘米。

南宋 思溪藏 《大宝积经卷第二十二》残页

与《崇宁藏》比较，《圆觉藏》新增收的经典有《仁王护国经》《大乘密严经》《南本大般涅槃经》《释音精严集》《宋高僧传》等，减少的经典有，《千手千眼观音大悲心陀罗尼咒本》《普遍智藏般若心经》《千手千眼观自在真言释》等。

《圆觉藏》全藏今已不存，仅有部分残篇。上海图书馆存《大般若波罗蜜经》第 136、140 卷，苏州博物馆存《大般若波罗蜜经》第 137 卷，山西省图书馆存《佛说伅真陀罗所问如来三昧经》上卷，甘肃省图书馆存《三法度论》中卷、《大乘四法经》1 卷、《离垢慧菩萨所问礼佛法经》1 卷、《阿閦如来念诵供养法》1 卷、《佛顶尊胜陀罗尼念诵仪轨》1 卷、《大乘八大曼拏罗经》1 卷、《圣金刚手菩萨一百八名梵赞》1 卷、《佛说较量一切佛刹功德》1 卷、《迦叶仙人说医女人经》1 卷、《无垢净光大陀罗尼经》1 卷、《郁迦罗越问菩萨行经》1 卷等。[1]

---

1 2009 年 5 月《第二批国家珍贵古籍名录》。

第八节 《资福藏》

《资福藏》开雕年月不详，南宋淳熙二年（1175年）竣工，又名《资福禅寺大藏经》《思溪资福藏》《后思溪藏》《宋藏》《宋版》《宋本》。宋代安吉州思溪法宝资福禅寺雕印。据考证，"安吉州"一名是南宋理宗宝庆元年（1225年）由湖州吴兴改名而来，而"思溪法宝资福禅寺"是思溪圆觉禅院在获赐"法宝资福禅寺"的匾额以后的名称，并非是两所不同的寺院。另外，从传今的《资福藏》的印本来看，《资福藏》所保存的一些题记实际上都是《圆觉藏》印本上的题记。故《资福藏》实际上是在《圆觉藏》的基础上，于淳祐年间（1241～1252年）进行的补刻，并对个别经典做了增移分合的调整而成的。

全藏共599函，1450部，5940卷，千字文帙号自"天"字至"最"字，版式与《圆觉藏》相同。《资福藏》的前548函，依据《圆觉藏》的原板片，仅后51函是补雕的。补雕的版式先后有两种：一是每帖经本的首版首半页之第1至3行为空白，每版30行，折为5个半页，每半页6行，每行17字；后来则做了改进，每帖之首版不再出现空白行，小字标注一行一律刻在版头（首版除外），并统一为依次注明千字文编号、经名、卷次、版次、刻工名。[1]由国家图书馆藏本可见，此次补刻后的经板状况与原本相比，未出现行数、字数与原刻板不统一的情况，因此，此次补刻所据底本仍是原刻印本。就刊板的字体而言，原板字体普遍粗犷遒劲，而补刻字体则显得纤细秀挺，更易于辨认。一部分补刻经板有明显的标记，如"龙"字函《大宝积经》卷五第九版有小字标注"沈道诚舍，王孙刊"一行。另一部分则无标注，如"鸟"字函同经第44卷第13版及同经第48卷第11版，或均系同一人出资补刻的经板。据《日本武州江户东睿山宽永寺一切经新刊印行目录》（又名《天海藏目录》）载，此部完刻于庆安元年（1648年）的《天海藏目录》，在"合"字函后著录有"济"字至"最"字，共51函经目，除末函"最"

---

1 何梅：《南宋〈圆觉藏〉〈思溪藏〉探究》，《世界宗教研究》1997年第4期。

字中所录为《新刊印行目录》5卷，与《资福藏目录》中之《大藏经目录》2卷不同外，其余经目则如出一辙。由此说明，《资福藏目录》中新增的第51函，很可能是后人于1648年以后，据《天海藏目录》增补的。

《资福藏》的详细结构为：一是前548函1437部，函号为"天"至"合"，大体上据《圆觉藏》

宋绍兴二年王永从刻《思溪藏》本《大智度论》

经板重印，始《大般若经》，终《南本大般涅槃经》。其中，增收了《佛垂般涅槃略说教诫经》《舍利弗目犍连游四衢经》两部，个别经典有分合之异。二是后51函24部，函号为"济"至"最"，为后来补刻，始《宗镜录》，终《大藏经目录》（指《资福藏》目录），其中《宗镜录》《法华玄义》《法华文句》，《摩诃止观》《法华玄义释签》《法华文句记》《止观辅行传弘决》《大藏一览集》《大乘集菩萨学论》《衍鬲盖正行所集经》《施设论》等21部为《圆觉藏》所阙，而《资福藏》新补之《大乘中观释论》《海意菩萨初心净印法门经》《圣观自在菩萨不空王秘密心陀罗尼经》3部为《圆觉藏》原有，或是因为原板已损坏，重新雕板以后，编在后面。

与《福州藏》相比，《资福藏》增加的佛典有："无"帙，《佛为阿支罗迦叶自化作苦经》1卷；"佐"帙，《仁王护国般若波罗蜜多经》2卷；"衡"帙，《大乘密严经》3卷；"旦""孰""营"帙，《大宋高僧传》30卷；"桓"至"合"帙，《大般涅槃经》36卷。此外，

"羊"帙《救面然饿鬼陀罗尼神咒经》后，增附《甘露经陀罗尼》；"尹"帙《一字奇特佛顶经》后，增附《一字顶轮王念诵仪轨》（别本），《大宋高僧传》30卷；"英"帙，《绍兴重雕大藏音》3卷。

《资福藏》的装帧形式与版式与《圆觉藏》相同，为梵夹本。其版式有三种：一是开雕初期的版式，每版录经文36行，折为6个半页，每半页6行，每行17字。每版的第一折缝处有小字版片号一行（首版除外）。经板的四周是单线边框，长约67～68厘米，宽约245～25厘米。这种版式是在仿《福州藏》。由于《福州藏》每册经本的首几行录施刻题记，而本藏为王氏一族人施资，目前仅见六则刊记，所以这几行多为空白行。二是尚待完善的版式，每版改录经文30行，折为5个半页，每半页6行，每行17字。小字版片号一行改刻在版首，也有刻在折缝处的，尚不统一。单线边框，长约57厘米，宽约25厘米。三是定型版式，完善了第2种版式。小字版片号一行一律刻在版首（首版除外），每册首页不再有空白行，这种版式在本藏中占绝大多数。这种始自《圆觉藏》的30行17字的版式，为后世的《碛砂藏》《普宁藏》《初刻南藏》《永乐南藏》所采用。

《资福藏》曾有数部于日本平安末期至镰仓时代流传至日本。延享五年（1748年，清乾隆十三年）随天著《缘山三大藏经缘起》记载：

《思溪藏》之《大般若波罗蜜多经》卷第三百十残页

宋《思溪藏》一卷

"其宋本者，湖州路思溪法宝寺雕刻，南宋理宗嘉熙三年（1239年）版也……日本后宇多院建治元年（1275年，南宋德祐元年）近州管山寺僧传晓入宋将来，藏于其寺。"[1]数百年后，《资福藏》本因清末杨守敬先生得以回归祖国。杨守敬曾记载此段因缘："宋安吉州资福寺大藏经，全部缺六百余卷，间有钞补，亦据宋拓本。旧藏日本山城国天安寺。余在日本，有书估为言，欲求售之。……价三千元，……余以此书宋刻，中土久无传本，明刊南、北藏本，兵燹后亦十不存一，况明本鲁鱼豕亥不可枚举，得此以订讹钜谬未不可谓非鸿宝，……缺卷非无别本钞补，以费繁而止。……光绪癸未（1883年，光绪九年）二月宜都杨守敬记。"[2]

国内现藏《资福藏》，当以国家图书馆藏本为最，总计428函，

---

1 ［日］高楠顺次郎：《大正新修昭和法宝总目录》第 2 册，大正一切经刊行会，1929 年，第 1 页。
2 国家图书馆藏《宋版思溪藏经目录》第 1 册。

4647 册，千字文编号依次作："菜"至"渭"（61～422）、"泾"至"阶"（424～458）、"疑"至"英"（463～480）、"隶"至"书"（484～486）、"将"至"侠"（491～494）、"户"至"家"（497～501）、"奄"（537）。其一是由清末杨守敬向日本天安寺（一说为近江国伊香郡菅山寺）购回的一部（原缺 600 多卷），今存 400 余卷；2001 年至 2003 年，中国国家图书馆又收购到韩国收藏家从境外携来《资福藏》版《大般若波罗蜜经》357 册，包括卷首第 1 卷。其余零本，其他图书馆、博物馆、寺院亦罕有收藏。

　　而在日本，《资福藏》还有多部尚存。日本的东京增上寺，口光轮王寺、琦玉喜多院、爱知岩屋寺、岐阜长泷寺、京都大谷大学、奈良唐大招提寺、大和长谷寺，均有它的全藏。其中以东京增上寺所藏较为完整，存 5356 册；增上寺所整理的《宋版大藏经目录》，详细记录了《资福藏》的"函号、帖次、书名、卷数（卷次）、译著者名、序跋等、纸数、音释、刻工名、现状"。

此外,茨城县真壁町最胜王寺存 5535 册;爱知县南知多町岩屋寺存 5157 册;[1]埼玉县川越市喜多院存 4687 册(与碛砂版、普宁寺版混藏),《资福藏》计 2691 卷;[2]奈良县奈良市唐招提寺存 4794 册(与碛砂版、和版混藏),兴福寺存 4354 册(与碛砂版等混藏),西大寺仅有《大般若波罗蜜多经》599 册;奈良县樱井市长谷寺存 2222 册(开元寺版、和版、写本混藏);岐阜县白鸟町长泷寺存 3752 册;京都府京都市大谷大学图书馆存 3374 册,东大寺存 115 册;东京都御茶之水图书馆成簀堂文库存 317 册。[3]

《资福藏》对后世经本的刻印有着重要的影响,尤其对日本造经事业更有着不可磨灭的贡献。《资福藏》传入日本后,成为其刻印《天海藏》所用的底本,还是《弘教藏》和《大正藏》所用的校本(称宋藏、宋版、宋本)。

第九节　《碛砂藏》

《碛砂藏》是南宋时期开雕的最后一部私刻大藏经。因刻版地点在平江府陈湖中碛砂洲延圣院(后改名碛砂禅寺),故被称为《碛砂藏》《延圣院本》,全称《平江府碛砂延圣院的私刻大藏经》。

南宋孝宗乾道八年(1172 年)寂堂禅师得陈湖中费氏之洲,曰碛砂镇,创庵其上。后扩建为大招提,请额曰延圣院。寂堂禅师曾学于水庵师一、密庵咸杰,有名孝宗时。寂堂禅师圆寂后,法音接任住持,并于宁宗嘉定九年(1216 年)开始雕造大藏经,[4]经板存院北之大藏经坊。宝佑六年(1258 年)延圣院遭遇火灾,唯忏殿与寂堂之舍利塔不火,

1 [日]梶浦晋:《日本的汉文大藏经收藏及其特色——以刊本大藏经为中心》,方广锠:《藏外佛教文献》第 2 编、总第 11 辑,中国人民大学出版社,2008 年,第 380 页。

2 [日]梶浦晋撰、刘建译:《普宁寺版大藏经略考》,《中国佛学》1999 年第 8 期。

3 [日]梶浦晋:《日本的汉文大藏经收藏及其特色——以刊本大藏经为中心》,方广锠:《藏外佛教文献》第 2 编、总第 11 辑,中国人民大学出版社,2008 年,第 380 ~ 381 页。

4 李际宁《北京图书馆藏碛砂藏研究》中,载有日本奈良西大寺《碛砂藏》本《大般若经》卷一有"南宋嘉定九年"的刊记。见《北京图书馆刊》1998 年第 3 期。

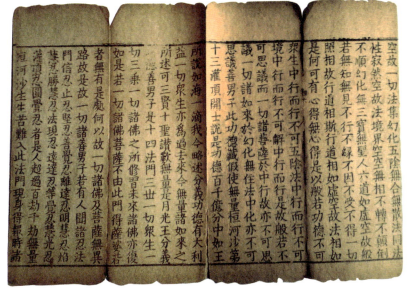

《碛砂藏》之内文

大藏经板也幸免于难。咸淳初年（1265年）住持可枢重建殿堂，恢复刻经。不过自咸淳九年（1273年）以后直至宋亡，乃至元初，雕经事业已停止。元代至元二十五年（1288年），在第六任住持惟吉时，建成刻经室，又建观音殿。此时的延圣院在远近之大招提中居首位，曾两次请僧圆至撰记。[1] 大德元年（1297年）又开始刻经，直到至治二年（1322年）全藏刊竣，收经总560帙（"天"帙至"感"帙、"约""法"帙）。其间在大德十年至十一年（1306～1307年），由松江府僧录广福大师管主八主持和募缘，从大都弘法寺取到南方大藏经中所缺的28帙（"武"帙至"遵"帙）秘密经典，于是在杭州路立局刊雕。海内外人士闻讯，也有奉送经本的，并陆续被刻板入藏，例如：大德十年正奉大夫同知行宣政院事廉复，以江浙总统沙啰巴译《彰所知论》2卷，传与管主八，续入"何"帙；皇庆元年（1312年）高丽人朴虚中，附经航海送来《大阿弥陀经》2卷，续入"宁"帙；延祐七年（1320年）刻《佛说密迹力士大权神王经》1卷，续入"武"帙。此后在元末至正二十三年（1363年）由管主八之子将经板舍入碛砂延圣寺大藏经坊，

1　［元］释圆至：《筠溪牧潜集》"平江府陈湖碛砂延圣院记"和"延圣院观音殿记"两篇。

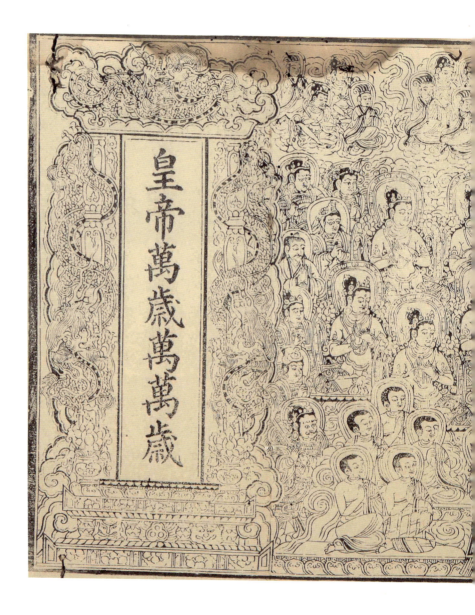

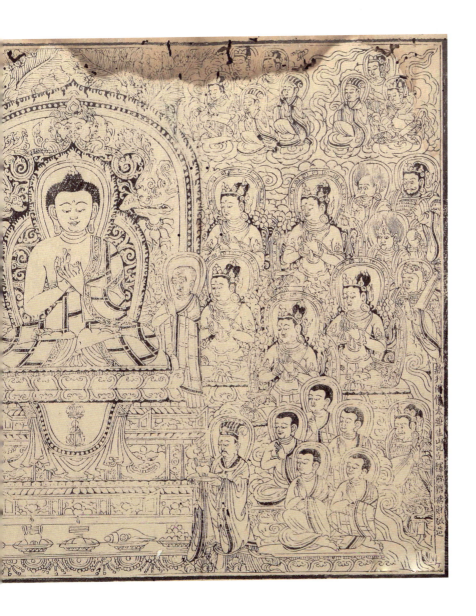

《碛砂藏·摩诃僧祇律卷第三十五》

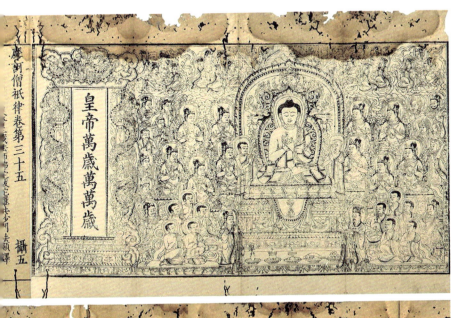

摩訶僧祇律卷第三十五

皇帝萬歲萬萬歲

攝五

歲唱咄咄汝故在此也汝此中生還此中死此
離此野干食舊比丘不得言咄咄如是咄咄
鑰巳四五年不可得見客比丘不得言え丘不

唱咄咄汝故在此也汝此中生還此中死此
泥作及作餘事者當使園民若沙彌蘇彌
門若開門者客比丘不得踰牆入應持歲應
開入若喚開門入巳舊比丘問汝幾歲應
答言我爾許歲舊比丘言若爾許歲者得如
是狀搏當問大小行處不得臨時方問次應
問眾僧制限舊比丘應語僧一切制限某甲
家覆鉢羯磨莫往其甲家狗惡其甲家不信
客比丘早起不得便乞食去應問是住處有
前食後食不舊比丘應語長老莫乞食乞食
疲苦或不如意此中有前食後食若行伴巳

攝五

水肩都盡以器覆地然後開戶言長老可出
出巳熱悶求水後當量用諸比丘以是因緣往
說乃至水亦當節量用諸比丘以是因緣往
白世尊乃至佛言浴室應如是作浴法應如
是浴室應方作若圓作當安戶作向向法內
應作衣屋安龍牙撅懸衣處若欲浴時使園
民先帚屋間塵埃蟲綱以水灑地淨掃應辦
以墼石砌底作竈令熱覆上狹去地半肘通
煙道邊安火匕若竈在右邊安戶扇若
在左邊右邊安戶扇短作令易開閉前
寬外小若一若二安開向物通煙道屋內應

攝五

七

137

使得全藏的总帙数增至 588 帙。明初洪武二十年（1387 年）杭州吴山云居庵住持智曧重刊《天目中峰和尚广录》30 卷，合 3 帙，也被收入《碛砂藏》，从而使本藏最终达到 591 帙（"天"帙至"烦"帙），收经总 1517 部，合 6363 卷（或 6372 卷）。现存经本的最迟刷印时间是明宣德七年（1432 年），[1] 由此可知《碛砂藏》的刊印史，自南宋嘉定九年（1216 年）开始，已历时 260 年，经历宋、元、明三个朝代。

《碛砂藏》雕印的组织机构，在南宋时称名"平江府碛砂延圣院刊造大藏经板局"。由干缘僧和干缘道者、干经僧、藏主法忠、都劝缘住持释法音及都劝缘大檀越保义郎赵安国组成。元初大德三年（1299 年）十一月，延圣院升格为寺，刊经局亦改称"平江路碛砂延圣寺大藏经局"。此时的大藏经局，分工严谨，由对经、点样、管局、提调、掌局、功德主、大檀越一班人组成，前湖广安南等处行中书省参知政事张文虎任"大檀越"。[2] 大德十年（1306）七月，大藏经局的组成又有变动，首次由行宣政院所委官前松江府僧录广福大师管主八掌局，主缘刊大藏经，并有如下分工：刊字作头、局司、宣力、对经、提调、点对、管局、校证、掌局、劝缘功德主。在全部 22 人中，有一人是中书省官员，任劝缘都功德主，还有 3 人是行宣政院所委官，这表明碛砂延圣寺大藏经局与当时主管宗教事务的行宣政院联手雕造大藏经。[3]

宋元《碛砂藏》本　山西省太原市崇善寺藏

---

1 李际宁：《〈金藏〉新资料考》，方广锠：《藏外佛教文献》第 3 辑，宗教文化出版社，1997 年，第 447~448 页。

2 详见"虞"帙《大乘大方等日藏经》卷四末的刊记。

3 详见"气"帙《阿毗达磨集异门足论》卷十五末的刊记。

《碛砂藏》全藏 591 函，1532 部，6362 卷，千字文帙号自"天"字至"烦"字。由于历经火灾兵燹，原刻板片部分毁损，另用其他散刻本补充，所以后来的印本中夹杂元代寺院所刻的补本，甚至还附有翻刻的《普宁藏》数函在内。虽然历经宋、元两个朝代，其版式仍大致相同：每版经文 30 行，折为 5 页，每页 6 行，每行 17 字；小字注文一行，凡单数版次，在第 1 页与第 2 页的折缝处，即经文的第 6 行与第 7 行之间，凡双数版次，则在第 2 页与第 3 页的折缝处，即经文的第 12 与第 13 行之间；版框有天地边线，长约 56 厘米，宽约 24 厘米。不过，因宋代的刻板依据《圆觉藏》，元代的刻板则依据《普宁藏》，所以仍有不同之处：一是每册经本首末经题下的标注，宋版仅注千字文函号，而元刻则在千字文函号下增加册次，乃至在函号和册次或上或下添加此函的收经卷数；二是版间的小字注文宋刻版记有千字文函号、经名及卷次、册次、版次、刻工姓名，而元刻则记千字文函号及册次、版次、刻工名。《碛砂藏》是现存大藏经中装有扉画较多的一种。藏经每函起始的扉页都有佛陀说法图，形态各异、栩栩如

《思溪藏》之《戒因缘经》卷第十

生。其画风与杭州大万寿寺版的西夏文大藏经的扉画完全相同。元末战火四起，导致南方各大藏经散佚殆尽，但《碛砂藏》的保存却基本完好。明初刊刻《洪武南藏》，就是用它为底本增订而重刻的。

民国初年，康有为在陕西西安开元寺、卧龙寺发现了一部保存基本完好的《碛砂藏》，民国二十年（1931年）夏，朱庆澜将军等因放赈至西安，复见这部保存基本完好的大藏

《碛砂藏》残页

经。它是明洪武二十三年至洪武二十四年（1390～1391年）的印本，由于年代已远，其中约有十分之二的经典已经缺失，保存下来的经典，也夹杂了《碛砂藏》以外的一些刻本，如《大般若经》《大宝积经》为元代吴兴妙严寺于泰定帝泰定三年（1326年）至顺帝至正九年（1349年）刻的本子。朱庆澜返沪后，遂同叶恭绰等诸居士发起成立了影印宋版藏经会，并与陕省当局商洽影印事宜。以开元寺和卧龙寺发现的《碛砂藏》印本为底本，由于碛砂大藏经板，年深岁久，明初的请印者已不能得到完整的印本。加之在陕藏明印本《碛砂藏》历经500年后，其残损者当不在少数，故影印时以如下版本：1. 北平松坡图书馆（今国家图书馆）藏南宋《思溪藏》本341卷；2.《妙法莲华经》7卷，用叶恭绰收藏之南宋景定二年（1261年）陆道源本；3.《普宁藏》本，用康有为收藏本207册、山西晋城青莲寺藏本131卷、云南昆华图书馆（今云南省图书馆）藏本90余卷；4. 福建鼓山涌泉寺藏元延祐二年（1315年）《再刻毗卢藏》本《大般若经》15卷、《大宝积经》1卷；5. 其余为《永乐南藏》本，藏地有南通狼山广教寺（明印本中最早者）、北平松坡图书馆、陕西第一图书馆、镇江超岸寺等，加以补足，编成《宋版碛砂大藏经》影印流通。初拟由上海商务印书馆或中华书局承办，

均遭推辞，不得已决定自行摄印。委托同孚印刷公司，在长安拍摄冲洗，在上海制版印刷。影印本《碛砂藏》为60函593册（内有目录1函2册），为四开横式线装本，用江西产连史纸。原经本每1函缩成影印本1册，每册约80页左右。册首有扉画及本册目录。影印本一页录原经本两版，即页上一版，页下一版。书口处上栏注"影印宋碛砂藏经"；中栏注题名；下栏注页次、册次。版框线长48厘米，宽11厘米。封面及封底纸，染磁青色。布函套，153厘米，阔2667英寸，用士林布，红木签。折页装订，初委托佛学制本所，已折叠150册，邻火突作，悉付一炬，另委托韦寿记。近世台湾新文丰出版公司又将它们合为40册，再次影印出版。

目前，国内藏有比较完整的《碛砂藏》为陕西省图书馆所藏，是由开元寺、卧龙寺转藏而来的，计5594卷，4676册，其中包括散刻补充本，翻刻的数函《普宁藏》以及明代洪武二十三、二十四年所刊刻的；[1] 山西太原崇善寺所藏，据何梅统计，约有551函，1249部，5418卷。始"地"字函《大般若经》，终"弊"字函《中峰广录》。除某册经本内因某版残缺而以手抄补足外，整卷经抄补者很少见，更无以它种大藏经刻本配补之情况；[2] 中国国家图书馆所藏，是1966年在雍和宫大街东面柏林寺内所发现的，据李际宁整理统计，约2000余册，经本始自《大般若经》，终于《中峰广录》；[3] 云南图书馆收藏有元印本175册，经本钤有"圆通寺大藏经"阳文朱印，《大般若经》卷未有"大檀越保义郎赵安国一力雕经一部六百卷"的刊记；国内一些机构也有收藏零本。

另外，美国、日本的一些机构也藏有《碛砂藏》。美国收藏较多的是普林斯顿大学葛斯德东方书库所藏，约700卷是南宋刻本，1630多卷为元刻本，2100多卷白纸钞补本是根据《碛砂藏》原本于明万历二十八年（1600年）左右精钞的。[4] 日本所藏，以武田科学振兴财团杏

---

1 杨居让：《馆藏瑰宝碛砂藏》，《陕西当代图书馆》2003年第3期。

2 何梅：《山西崇善寺藏碛砂藏本的价值》，《宗教学研究》1999年第1期。

3 李际宁：《北京图书馆藏碛砂藏研究》，《北京图书馆刊》1998年第3期。

4 胡适：《记美国普林斯顿大学的葛思德东方书库藏的碛砂藏经原本》，《大陆杂志》1959年11月第19卷第10期。

雨书屋所藏为最多，系由朝鲜泊来后为马宗氏收藏，存 4888 册；喜多院存 39 卷；东福寺存 45 卷；[1] 也有的机构和寺庙仅藏《大般若波罗蜜多经》，其中宫内厅书陵部存 579 卷，野藏神社存 500 卷，西大寺存 600 卷，成相寺存 475 卷，法华寺 331 卷。[2]

自 1930 年开始，对《碛砂藏》的研究关注愈来愈多。这不仅是因为该藏零本在不少单位有所收藏，使得更广泛的研究者能够接触到原件。还因为该藏的扉画异常精美，字体端庄骨劲，海内外研究元代美术史者，无不高度重视。同时，就如吕澂先生曾说："在宋、元各种大藏经刻板中再没有像碛砂版这样关系复杂的了。"[3] 正由于这样的复杂性，研究该藏充满了挑战。近代佛学大师欧阳渐评价《碛砂藏》时说道："真宋犹存，法典增盛，为南藏枢纽，是南藏中绝不可缺少之藏。"并感慨："有一碛砂，而南藏诸本皆知涯涘。"[4] 足可见《碛砂藏》在大藏经诸多版本中的特殊地位。

第十节 《普宁藏》

明代紫柏大师在《径山藏•刻藏缘起》中说，元代共刻有十几种藏经。但长期以来，人们见到的只有《普宁藏》这一种。因此，一般所讲的元藏，都是专指《普宁藏》。但随着近年一些新的实物资料被不断发现，元代的其他大藏经开始浮出水面，譬如 1982 年在云南省图书馆发现了《元官藏》，1984 年在北京智化寺发现了不知名《元藏》，因此还有一些未发现的元代大藏经也值得预期。

《普宁藏》是我们已知的元代刊刻的第一部大藏经，也是一部由政府支持、寺院和百姓慕缘的私刻大藏经，因刻印于杭州余杭县瓶窑南山普宁寺而得名，全称是《杭州路余杭县白云宗南山大普宁寺大藏经》，也简称《普宁藏》《杭州藏》《元藏》。始刻于元世祖至元

---

1 ［日］梶浦晋撰、刘建译：《普宁寺版大藏经略考》，《中国佛学》1999 年第 8 期。

2 ［日］梶浦晋：《日本的汉文大藏经收藏及其特色——以刊本大藏经为中心》，方广锠：《藏外佛教文献》第 2 编、总第 11 辑，中国人民大学出版社，2008 年，第 381 页。

3 吕澂：《碛砂版藏经》，《吕澂佛学论著选集》卷 3，齐鲁书社，1991 年。

4 欧阳渐：《影印宋碛砂藏经》，上海影印宋版藏经会，1936 年，第 3～4 页。

十五年（1277年），竣工于至元二十七年（1290年），历时14年，其速度惊人。

元《普宁藏》本（山西省太原市崇善寺藏）

由于南宋末《资福藏》经板毁于兵火，于是杭州路大明庆寺寂堂思宗师召集诸山禅教师德共议重刊大藏经，并嘱托古山道安及白云宗协力完成。道安谨遵嘱托，曾两度奔走朝廷，蒙江淮诸路释教都总摄准给文凭，并转呈檐八上师引觐，终获圣旨，授命道安任浙西道杭州等路白云宗僧录，护持宗门做成圣事。当道安再次北行时，于至元十八年（1281年）春示寂于大都大延寿寺。在白云宗僧录司掌管下的大藏经局，有多达140余人任职，分工严密，有刊字作头、措置梨板勾当、合造光选经板勾当、点视刊板书样印造勾当、正字勾当、藏主勾当、副局监局主局勾当、知事耆旧勾当、化缘勾当、提调勾当，并有白云宗僧录司的官员参与领导工作；还有校勘经藏的沙门、校勘论藏的各宗讲经论沙门、校勘律藏的传律沙门；还有劝缘沙门，由各寺住持僧和江淮诸路释教都总统所的官员仳职，并由宣授江淮诸路释教都总统永福大师杨琏真加任都劝缘；由檐八上师任功德主。大普宁寺住持自道安始，经如一、如志、如贤，最后如志又接替如贤再任住持，历经五任，终成大业。

全藏基本依宋代《圆觉藏》覆刻，后补入秘密经籍及白云和尚著述100余种，共558函，1420部，6048卷，千字文帙号从"天"字至"感"字。后又经过几次补刻，补入续藏经36函，108部，356册，千字文帙号"武"字至"遵"字，另有4函无千字文帙号。其装帧是有护衣的经折装，翻阅起来更为方便；表纸以朱色替代黄色，此为该藏所独有。版式为每版30行，折为5页，每页6行，行17字；各版第一页折缝处均刻有函号和版号，卷末刻有题记，函末有音释；版框天地线宽约24厘米至246厘米，一折页长约113厘米。

不过，此藏虽为《圆觉藏》覆刻，又以福州版及下天竺寺藏经加以校勘，故版式并非简单划一，前期只标千字文帙号，不注册次。如《大般若波罗蜜多经》，每册首尾的经题下只标了千字文，不注册次，沿袭了宋刻版藏经的标注法。再如《大般涅槃经》40卷、《大般涅槃经后译荼毗分》2卷，则每行为18字；后期每版30行，每行17字，并在每册首尾之经题下，不仅标注千字文帙号，并于每册首尾千字文下表明册次。

后来，《普宁藏》还续有几次补刻。大德三年（1299年）普宁寺比丘如莹从编排庋藏的便利上，曾将各经次第和分卷、分函等做了一番整理，另编了《杭州路余杭县白云宗南山大普宁寺大藏经目录》。在"合"字函以下，从"济"到"感"十函，还有《宗镜录》100卷，当是仿照思溪法宝寺本补刻的（日本现存普宁寺版藏经都止于《宗镜录》）。另有从"武"到"钱塘"28函，是元代松江僧录管主八就大都弘法寺版藏经内，选取江南各版藏经所缺少的秘密经等数百卷，在杭州路募刻，作为江南各版藏经的补充部分。据"遵"字函《法宝标目》卷九题记载，大德十年（1306年）刻成。这部分经板后于至正二十三年（1363年），由管辇真吃剌转施给碛砂延圣院。后即随同普宁寺大藏流通，所以如莹《目录》后来也就补列进去。最后还补入"约"字函，收元沙啰巴译《秘密经轨》5种及《白云和尚初学记》《正行集》等，但刻版年代无可考。延祐四年（1317年）到泰定元年之间（1324年）补刻有《景德传灯录》，这部分改编入"振""缨""世"三函。元统三年（1335年）又补刻有新入藏的《天目中峰广录》，编为"韩""弊""烦"三函（见明永乐版翻刻本卷首题记）。

对校勘出来的误重出之经本，对新勘的同本异译之经本，以及对新增入藏的同名经本等，或在某经尾以普宁寺经局的名义录出校勘记，[1]或在某经题名下附以注文，说明原委，[2]已成为《普宁藏》版本价值的一大特色。本藏的校勘成果，已为《碛砂藏》元刻本及明清诸部大藏经所继承，校勘记亦被转载。

元刻本大藏经流传至今，已有 700 多年的历史。据载，该藏竣工后十余年间，曾刷印过 140 余部，可见该藏当时流传之普遍。[3]目前，就国内现存印本的情况来看，太原崇善寺是已知收藏《普宁藏》最多的一处，存 505 函，4257 卷，始"天"字函，终"说"字函；[4]陕西省图书馆所藏，系由陕西扶风县法门寺塔真身宝塔中发现，现存 579 卷；苏州灵岩寺现存 266 种、1700 册，由灵岩寺妙真法师购于王绶珊处，[5]其中有康有为所藏 1200 余册，[6]这是迄今所知《普宁藏》印本中年代最早的一部；云南省图书馆现存 808 册，[7]另有复本 500 余册；[8]其零本可谓遍及全国，北京、上海、辽宁、浙江、湖北、重庆等省市均有收藏。

日本寺院所藏元刻大藏经也以《普宁藏》为最多。其中，仅以钞本 1 卷补配的，增上寺存 5418 卷，《普宁藏》计有 5417 卷；以《碛砂藏》45 卷、和古版 2 卷、《黄檗藏》786 卷、写本 435 卷补配的，东福寺存 5393 卷，《普宁藏》计有 4115 卷；以《思溪藏》为主、间以《碛砂藏》、写本、和写本的，喜多院存 4687 卷，《普宁藏》计 1789 卷；以《碛砂藏》为主的，武田科学振兴财团杏雨书屋现藏 4888 册，《普宁藏》计有 328 卷；与和版、写本补配的，浅草寺存 5428 卷；含宋版 90 卷、写本 4 卷的，西大寺存 3452 卷；混有《开宝藏》《崇宁藏》《毗卢藏》《圆觉藏》《资福藏》和《高丽藏》等多种大藏经的，南禅寺存 5822 卷，《普

1 见"翔"帙，［元］魏菩提留支：《金刚般若波罗蜜经》。

2 见"羊"帙，［唐］提云般若等：《讲佛集会陀罗尼经》等；"竟"帙，《五无反复经》之同名经等。

3 刘杭：《浙江寺观藏书考》，2010 年 11 月 6 日，http://wwwFjdhcom/wumin/HTML/103418Html.

4 温金玉：《琅函宝相殿宇庄严——太原崇善寺》，《中国民族报》2006 年 8 月 15 日。

5 叶瑞宝：《苏州藏书史》，江苏古籍出版社，2000 年。

6 叶恭绰：《历代藏经考略》，上海佛学书局，1936 年。

7 李孝友：《浅谈云南的佛教典籍》，《云南社会科学》1986 年第 1 期。

8 李富华、何梅：《汉文佛教大藏经研究》，宗教文化出版社，2003 年，第 343 页。

宁藏》计有 2305 卷；含《碛砂藏》1 卷的，般若寺存 826 卷，《普宁藏》计 825 卷；仅收《普宁藏》的，安国寺存 2208 卷，园成寺存 2854 卷，对马东泉寺存 77 卷；仅收《大般若波罗蜜多经》的，西福寺存 599 卷，妙光寺约存 490 卷，奈良法华寺存 42 卷。[1]

《普宁藏》镌刻精美、校勘严谨，有创新、有特色。其仿照思溪版《圆觉藏》雕刻，又以福州版及下天竺寺藏经加以校勘，并于每帖首尾千字文下，添上帖数，一帖一帙之装帧颇为进步，而表纸以朱色替代黄色，为此藏之特色。包括《普宁藏》在内，我国宋元时已雕就的六部木刻本大藏经，从底本的选择、刊本的校对以及雕工的技艺等方面都堪称精湛，而《普宁藏》正是在此基础上又向前迈进了一大步，将校对扩展为校勘，可称得上是一次质的飞跃，是《普宁藏》版本价值的一大特色。与宋元明清的所有木刻大藏经相比，除《乾隆大藏经》外，只有《普宁藏》保存了如此完整、详尽的校勘题记或注文。

第十一节 《元官藏》

《元官藏》是元代专管皇太后和太皇太后事务的徽政院所刻的一部大藏经，这是一部版本认定较晚、定名更晚的大藏经。在发现此部藏经之前，历史上对其的介绍极少，只有明末四大高僧之一的紫柏曾在万历年间所撰的《嘉兴藏·刻藏缘起》中提到："元板亦不下十余副。"但他没有说明这十余副元代的版刻藏经到底是些什么藏经，存放在什么地方。

吕澂先生在 1929 年出版的《佛典泛论》中说："洪武五年（1372年）……刻南藏版，时各旧本以兵乱散亡，元版七八副悉毁。"但他也没有说明上述论述的资料的依据何在。1927 年，日本人小野玄妙在其所撰的《佛教经典总论》中提到有一部为判定的大藏经，并暂定为《弘

---

1 ［日］梶浦晋撰、刘建译：《普宁寺版大藏经略考》，《中国佛学》1999 年第 8 期；另见他提交 2007 年 9 月 16 ～ 20 日，由上海师范大学宗教研究所主办的"汉文大藏经国际学术研讨会"《日本的汉文大藏经收藏及其特色——以刊本大藏经为中心》（《藏外佛教文献》第 2 编、总第 11 辑，中国人民大学出版社，2008 年，第 381 ～ 382 页），所引资料前文与后文抵触者，皆以后文数字为准。

法藏》。

直到 1979 年，云南省图书馆在整理佛经时，才发现了一批不明版本的元代刻本藏经。后经于乃义先生初步鉴定为元代官刻《弘法藏》，并作了附注：

元代官刻《弘法藏》未见著录过。此残本有元至元二年（1336 年）太皇太后愿文并列有官衔之伯颜等名，与铨经讲主弘法寺沙门等的名单。图像有金刚宝塔、飞天、梵文字种。佛像亦与其他藏经不同。有一部分版式小的云南绵纸印刷者系云南翻刻，但这 13 卷版框大，以宣纸印刷，可断定为大都原刻。有部分系密教经典，并夹有梵文旁注。

《元官藏》本

1984 年，童玮、方广锠、金志良经过仔细地清理、鉴别和考释，首次认定云南省图书馆发现的 32 册大藏经，与小野氏所述相同，系同一种藏经，并将之命名为《元官版大藏经》，简称《元官藏》。[1]

---

1 童玮、方广锠、金志良：《元代官刻大藏经的发现》，《文物》1984 年第 12 期。

至于《元官藏》的刊刻时间，在《大般若经》卷261和《菩提场庄严陀罗尼经》的卷首扉画后、正文前，有14页的至元二年太皇太后写下的愿文：

> 赞天开圣仁寿徽懿宣昭贞文慈佑储善衍庆福元太皇太后，窃念荷祖宗之德，社稷之灵，海内乂宁，军国多暇。永惟罔极，徒切孝思，爰阐佛乘，少酬景贶。于是印施三乘圣教，经、律、论、贤圣集，凡三十藏。庶众善所积，百福咸臻。伏愿皇帝万岁，太子千春，圣子神孙同膺上寿。尚希余庆施及遗黎，均蒙覆育之仁，共乐无为之化。至元二年岁次丙子四月吉日志。

李富华、何梅两位先生在《汉文佛教大藏经研究》中推断，元惠宗（顺帝）至元元年（1335）十二月，封文宗皇后卜答失里为太皇太后。次年四月，太皇太后发愿印施30部新刊官版大藏经。因此，《元官藏》的刊造是在卜答失里为皇太后及太皇太后期间，由徽政院主持完成的。刊藏发起人应该就是这位太皇太后卜答失里。刊藏时间约在至顺三年（1332年）至至元二年前后。

到目前为止，对于《元官藏》的收经规模尚不明确，只能根据残本上的千字文帙号判断，它至少收经651函，6500余卷。与以前的大藏经比，《元官藏》不是依据《开元释教录》编目，而是根据元代编纂的《至元录》编目，在体例上有很大变化。[1]《元官藏》的目录结构虽依照《至元录》框架组织，但在各部经典的具体组织上，并非严格按照《至元录》的次序组织入藏目录，而是有调整，甚至在部分部类有重大调整。[2]对此，李际宁评价说，《元官藏》对宋元以后新译经典给予了高度重视，既受到《金藏》的影响，也甚至可能直接从《金藏》中撷取经典，也可能吸收了部分辽代译经和北方地区流传的经典。[3]

云南省图书馆所存33卷经本是两次不同时期的印刷本。有13卷

---

1 李富华、何梅：《汉文佛教大藏经研究》，宗教文化出版社，2003年，第366页。

2 李际宁：《近三十年新发现的佛教大藏经及其价值》，中国佛教协会：《第二届世界佛教论坛论文集》，2009年。

3 李际宁：《关于近年发现的〈元官藏〉》，方广锠：《藏外佛教文献》第2编、总第13辑，中国人民大学出版社，2010年，第388页。

宣纸印刷，首、末为褐黄色封皮的是一种；其余20卷绵纸印刷，硬黄纸封底（较前一部分颜色略深），环包全册呈书套式的是另一种。虽然绵纸印经的版框较宣纸的略窄，是因经板干燥后，体积缩小所致。[1]经过比较《大般若经》第266卷的两种印本，可发现笔画特征完全一致，连破笔、裂缝甚至栏线的残断都丝毫不差。[2]由此证明，这两种印本是同一副板片印制而成。

《元官藏》为经折装。每册装厚纸封面，颜色橘红，无经名签。并裹有书衣，不见系带。书衣同为橘红色。正面粘有长方条经名签，下面为圆形帙号签。扉画一版6折页，首页是舍利塔，上方有3个梵文字；另5页是释迦牟尼说法图。7幅扉画是不同的刻工据同一底本翻刻的，其中6幅有刻工题名，"吉人彭斯立偕弟斯高刊"2幅，"临江周仁可刊"2幅，"古杭于寿刀"1幅，"陈宁刊"1幅。经文每版7折页，录经文42行，每页6行，每行17字；每册首、尾经题下有千字文函号、册次，版间折页处还有千字文函号、册次、版次；天地双线边框，外粗内细，版框长79厘米，宽244厘米，其版式之大，为其他汉文大藏所罕见。

除此之外，《元官藏》还有一个明显特征，即天地双线边框，外粗内细。每册首、尾经题下有千字文函号、册次，版间折页处还有千字文函号、册次、版次之小字注文一行，凡单数版次，在第3页与第4页的折缝处；凡双数版次，则在第2页与第3页的折缝处。在现有的33卷经本中，只有《十地经论》第7卷第1版折页处可见刻工"杨鼎刊"字样。

《元官藏》在近年的古籍拍卖市场也时有所闻。据李际宁统计，在民间出现过20余册（卷），其中，2006年3月国家图书馆收购9册，上海龙华古寺收藏2册，藏书家韦力收藏1册，其余则归属不详。[3]所涉及经典的部类更丰富，对探讨《元官藏》提供了新的资料，也为进一步研究其他藏经如《金藏》等给予了新的补充。

---

1 李富华、何梅：《汉文佛教大藏经研究》，宗教文化出版社，2003年，第357～359页。

2 童玮、方广锠、金志良：《元代官刻大藏经的发现》，《文物》1984年第12期。

3 李际宁：《近三十年新发现的佛教大藏经及其价值》，中国佛教协会：《第二届世界佛教论坛论文集》，2009年。

第十二节 《延祐藏》

元延祐二年（1315年），由福建行中书省平章事亦黑迷失为发起人，于建阳县后山报恩寺刊印了一部大藏经，但是因种种原因，原计划没有完成，只刻就《般若》《宝积》《华严》《涅槃》四大部，因其在延祐年刻印，故称为《延祐藏》。由于全卷未曾完工，故只有37部问世。至民国时，全国只有福州鼓山涌泉寺和山西太原崇善寺有藏本，而且都已残缺不全，在佛经中被列为"稀世奇宝"。

1935年，日本外务省文化事业部龙池清受命来鼓山研究佛经，暗中与虚云法师商量，要以黄金等重交换《延祐藏》，被虚云法师严词拒绝。抗日战争爆发后，福州沦陷期间，日本军官曾来涌泉寺查找佛经。为了防止藏经遭到破坏，1939年7月，圆瑛法师亲自护送元《延祐藏》、明《南藏》《北藏》和明清两代高僧刺血写就的9部佛经等，共20多箱运至尤溪县纪洪乡（今称管前乡）三峰寺秘密保存。抗日战争胜利后，才重新运回鼓山。[1]

因鼓山涌泉寺自明清以来四赐藏经，故此本无人披读，其所藏762卷，虽非全部，但字体秀丽，刻印精美。其中最引人注目的是清代涌泉寺方丈道霈法师著作《大方广佛华严经疏论纂要》，共120卷，分装48册，雕板2425块，这是康熙年间具有代表性的佛学著作，十分珍贵。1925年，弘一法师曾印了数十部赠送给日本各大寺。因此前不知其是否残缺，虚云法师于1932年令门人观本始出检之，才知其共残缺40余卷。随后，虚云法师带动十余位法师发心手钞，终于足其卷数。他在《修补古经跋言》中写道："考延祐当元中叶，迄今七百年，人世沧桑之变不知凡几。而此三经者，巍然尚存，虽久置不检，而免于潮蠹之坏，不可谓非神龙保护之力矣。"[2]

1 王铁藩：《元版〈延祐大藏〉毁灭记》，《福建文史》第8期。
2 虚云《修补古经跋言》，《虚云和尚法汇》下集，第245页。

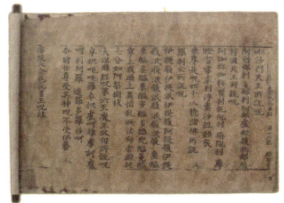

元《延祐藏》本　北京智化寺藏

　　近来，经何梅研究鉴定，《延祐藏》是以《金藏》为经板并重新编排刊印的，其版式、字体特点均与《金藏》相同，只是千字文函号做出了改变，由于《延祐藏》仅有残存卷本，目前尚不知其全藏规模与《金藏》有何出入，不过二者有着密切关系则是肯定的。[1]

　　由此，可以大致梳理出《金藏》的流传大约经历了三个时期：第一个时期是在金大定十八年（1178年）《金藏》刊印完成后的110年间，全藏保持了最初的682函，6980卷；第二个时期是元代至元二十二年（1285年）至二十六年间（1289年），奉敕校补《金藏》后，全藏增至700余函，7100余卷。因存于弘法寺，故更名为《弘法藏》，此后又流通了27年；第三个时期，为延祐三年（1316年）之前，又奉敕改编《弘法藏》，因卷首书牌题延祐刊印，又被称作《延祐藏》，约流传至元末。[1]

总之,《延祐藏》的存在揭示了《金藏》流传后期鲜为人知的史实,为大藏经雕印史及元代佛经史的研究提供了新史料。

第十三节 《初刻南藏》

明代初年,史无前例地雕造了三部官版大藏经,其中前两部刊刻于明太祖朱元璋定都的应天府(今江苏省南京市),故通称为《南藏》;而第三部刊刻于明成祖朱棣在永乐十八年十一月迁都的北京,故称为《北藏》。又因《南藏》有过两次雕板,因此又有《南藏初刻本》与《南藏再刻本》(亦名《永乐南藏》)的区别。

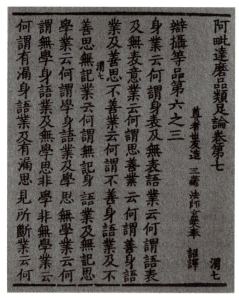 

洪武五年(1372)刻《阿毗达磨品类足论》　　　《洪武初刻》之《大乘百法明论疏》封面

过去,《初刻南藏》一直被认为刊刻于洪武五年(1372),故称《洪武南藏》。经何梅研究发现,在《初刻南藏》"誉"字函《古尊宿语录》卷8尾有一段文字:

大明改元己卯春,佛心天子重刻大藏经板,诸宗有关传道之书制

---

1 何梅:《北京智化寺元〈延祐藏〉本考》,《世界宗教研究》2005年第4期。

许收入。然吾宗虽不执语言文字，若《古尊宿语》诸录，实后学指南，又不可无者，乃依旧本誊录，重加校正，传灯重复者去之。谨以《六祖坛经》列于首，南岳、马祖四家语继之。而颐公所未收者，则采《广灯录》诸书，以联《尊宿语》。自南岳至晦机等，又通得四十二家，共四十八卷。谨缮写进刊，与经律论永久流通，故书此以识岁月云。越三年壬午春，僧录司左讲经兼鸡鸣禅寺住持沙门幻居净戒谨识。

这是目前所见明确记载《初刻南藏》始刊年代的唯一资料，根据这段记载，可推断出"大明改元己卯春"指的是建文元年（1399 年），因明成祖朱棣在靖难之役后为毁灭建文一代的证据而剟去的。

又，《永乐南藏》"勿"字函《古尊宿语录》第 21 卷尾释净戒的题识云："新藏经板初赐天禧。凡禅宗《古尊宿语》《颂古》《雪窦》《明教》《圆悟》《大慧》等语，多有损失。永乐二年（1404 年），敬损衣资，命工刊补。"由此，可得出《初刻南藏》刊印的大致起始时间，始于建文元年，竣工于建文末年（1402），由礼部僧录司主持，故应改称《建文南藏》。[1]

《初刻南藏》的雕印是在僧录司的领导下进行的。僧录司属礼部，掌管全国僧教事务。僧录司的官员由皇帝任命。其职务的设置，自洪武十四年（1381 年）六月二十四日起定为：善世二员，正六品：左善世、右善世；阐教二员，从六品：左阐教、右阐教；讲经二员，正八品：左讲经、右讲经；觉义二员，从八品：左觉义、右觉义。[2]

《初刻南藏》的刊板是利用《碛砂藏》刻板的刷印件直接粘附在新板上进行雕刻的，而不是由书经人根据《碛砂藏》本誊写后刻板。这种做法避免了重新抄写可能产生的新的错误，节省了抄写和校对的时间，加快了雕刻大藏经的进度。在覆刻的同时，也校正了《碛砂藏》部分经文出现的讹、脱、衍、倒之误，保留了一些原始题记。从 500

1　何梅：《四川上古寺南藏的雕板年代及收经问题》，杨曾文、方广锠：《佛教与历史文化》，宗教文化出版社，2001 年，第 539～548 页；又见何梅：《明〈初刻南藏〉研究》，《闽南佛学院学报》2001 年第 25 期。

2　《金陵梵刹志》卷二明葛寅亮"钦录集"。

函以下，也补充了一些在北方流行而《碛砂藏》所未及收入的诸宗要典，增入87函，共591函，收经1518部，6336卷，千字文帙号自"天"字至"鱼"字。

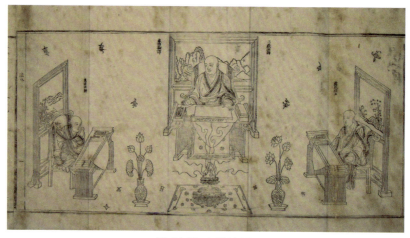

《洪武初刻·玄奘译经图》

《初刻南藏》版式沿袭南方系统大藏元刻版式，是折装经本。封皮采用泡桐树的板材，加工成长约31厘米、宽约113厘米、厚约0.25厘米的薄板，直接作为折装经本的封面和封底。封面中央粘贴着印制的题签。此藏无全藏的扉画，只有三部经附见本经之扉画。其中武十二《密迹力士大权神王经》和宁九、宁十《大阿弥陀经》的两幅扉画，都是《碛砂藏》同经之扉画的仿刻品。扉画两折页，四周单线边框。另一幅是法八、九《大乘百法明门论疏》的扉画。《百法论疏》见录于元《至元法宝勘同总录》卷十的"兹"字函。每版5页，每页6行，每行17字。每册首末经题下有千字文函号及册次。版间折页处的小字注文为千字文函号、册次及版次。凡单数版次，注文见于经文的第6行和7行间；双数版次，注文见于经文的第12行和13行之间。版框天地边线宽约24厘米。[1]

《初刻南藏》的经板收藏于京城南关天禧寺。永乐元年（1403

---

1 祁海宁、龚巨平：《南京大报恩寺史话》，南京出版社，2008年。

年），开放流通。[1] 次年，寺僧对禅宗语录等缺板进行了修补。[2] 六年（1408 年），僧人本性纵火烧了全寺，经板也随之灰飞烟灭。[3] 十年之后，《南藏再刻本》刊竣。由于两次刊板同在一地，且初刻完成不久就遭火灾毁灭，印本流传既少，文献记载又不分明，因而后人都只将永乐刻本认为《南藏》，因此明末以后，人们已不知《南藏》还有过两次刻板。

1934 年，在四川省成都市附近的崇庆县街子乡凤栖山上古寺发现了一部保存完整的《初刻南藏》，计 6665 卷，方广锠称之为"稀世孤本"[4]。后经吕澂先生研究后发现，这是一部已隐沉 500 年的《初刻南藏》。这是继陕西开元、卧龙二寺发现宋元刻本《碛砂藏》、山西赵城县广胜寺发现金刻本《赵城藏》之后又一重要发现。这部印本，实为永乐十四年（1416 年）蜀献王赠送的。1951年，灯宽法师将之作为减租退押，由数十人担抬交崇庆县政府；1952 年，崇庆县政府又将其移交四川省图书馆。[5] 除四川省图书馆保存的《初刻南藏》外，重庆市北碚图书馆存有 6246 卷；据《中国古籍善本目录》载，湖南省图书馆、山西太原市崇善寺藏有南藏6331 卷，明洪武五年至永乐元年刻本，天津图书馆、江苏苏州西园寺、江苏吴县光福司徒庙、泉州开元寺、福州市鼓山涌泉寺、新乡市图书馆均藏有南藏 6331 卷，明洪武五年至永乐元年刻万历重修本；[6] 据《湖南省图书馆古籍善本目录》介绍，湖南省图书馆藏有212 卷《初刻南藏》；[7] 另，据说北京图书馆、北京大学图书馆、四川大学图书馆等也存少数残本。

1999 年至 2002 年，四川省佛教协会影印出版了《洪武南藏》，

---

1 ［明］释大闻：《释鉴稽古略续集》卷三。

2 ［宋］赜藏：《古尊宿语录》卷十七尾跋。

3 ［明］葛寅亮：《金陵梵刹志》卷三十一。

4 《四川省图书馆新馆 26 日开馆 稀世孤本将露面》，http://www.digital.sc.cn/system/20151211/000215746.html.

5 龙达瑞：《再谈明〈洪武南藏〉》，http://www.sohu.com/a/203151520_562249，2017 年 11月 8 日。

6 《中国古籍善本书目》，上海古籍出版社，1996 年，第 885 页、1391 页。

7 《湖南省古籍善本书目》，岳麓书社，1998 年，第 267 ~ 270 页。

方册缎面16开精装本，共241册。初印本有第242册，即目录、功德册，后来取消了此册的编号。改为目录册，收录《再版〈洪武南藏〉后记》、"再版《洪武南藏》指道委员会""再版《洪武南藏》工作委员会"、《鸣谢》、"参加印制《洪武南藏》工作人员"及《洪武南藏总目录》。今检《洪武南藏总目录》，仍有不尽完善处，例如：

1. 未录有本存世的3部典籍，即曲五《梵本大悲神咒》1卷、武十二《佛说密迹力士大权神王经》1卷、密八《佛说大方广曼殊室利经》1卷。

2. 误记的经名、卷数、译者，如第44册《佛说无量义经》1卷，萧齐昙摩伽陀耶舍译，《总目录》误记作"无量义经序1卷，萧齐荆州隐十刘虬作"；第57册《佛顶尊胜陀罗尼经》，系唐佛陀波利译，《总目录》误记作"定觉寺沙门志静述"。

《初刻南藏》在我国刻本大藏经的传承方面属《福州藏》一系。它是宋元刻《碛砂藏》的覆刻本，又较《碛砂藏》新增入87函诸宗要典，成为本藏之主要特色。因此《初刻南藏》不仅保持了《碛砂藏》集宋元刻藏之大成的优势，而且经过详细校勘，使本藏更加完美。同时，本藏收入中国僧人撰述的典籍较多，又启发了后来的刻藏向这一方面大大的发展。《初刻南藏》的发现对于研究《初刻南藏》和《碛砂藏》《永乐南藏》的关系、禅宗典籍入藏的问题具有重要意义。

第十四节　《永乐南藏》

由于《初刻南藏》经板在永乐六年（1408年）与天禧寺同遭焚毁，其印本流传又少，因此急需重新雕刻一部新的大藏经。关于《永乐南藏》的雕刻时间，史书没有详细记载。据李富华、何梅在《汉文佛教大藏经研究》的推断，永乐七年，明成祖朱棣敕令名僧校勘大藏经，由礼部僧录司主持雕造，始刻于永乐十一年（1413年），大约竣工于永乐十八年（1420年）。因刻藏的地点和经板收藏处均在彼时仍为国都南京的大报恩寺（即重建的天禧寺），故名《永乐南藏》，全称《大明三藏圣教南藏》；又因该藏系《初刻南藏》的再刻本，故又名《再刻南藏》。参与者有道衍、居敬、善启等。

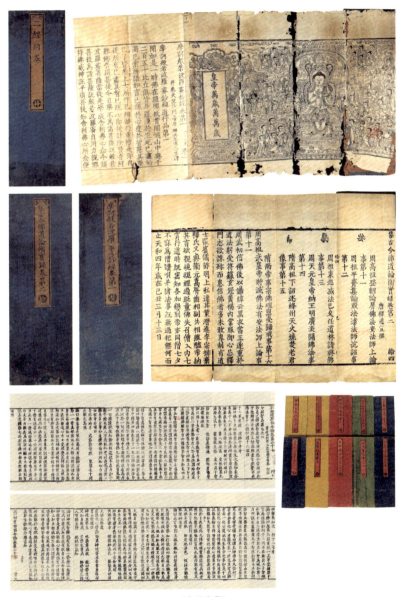

《永乐南藏》

　　《永乐南藏》是在《初刻南藏》所收典籍的基础上，进行重新分类，并略有增删。在此前刊行的各版大藏经，均系在《开元释教录》所收入藏经的基础上，增补《开元释教录略出》未收及以后新译的佛经，以及新编入藏的中国佛教撰著而成。而对新编入藏的佛经和著述，又不依据《开元释教录略出》的分类原则，故所收典籍交叉杂编，凌乱无序。《永乐南藏》则较以往大为改变，其参照《至元录》，以大小乘经、大小乘律、大小乘论排序，将《开元释教录》以后续入藏典籍以时间排序改作先分"藏"再分"乘"的分类法编集。此后，这种分类法为后世所修大藏经所遵依。

全藏636函，收经1610部，6331卷，千字文帙号从"天"字至"石"字。具体分为：1. 大乘经，函号为"天"至"贤"，计204函，533部；2. 小乘经，函号为"克"至"当"，计46函，243部；3. 宋元入藏诸大小乘经，函号为"竭"至"安"，计37函，300部；4. 西土圣贤撰集（并附密典补遗），函号为"定"至"优"，计19函，150部；5. 大乘律，函号为"登"至"从"，计5函，26部；6. 小乘律，函号为"政"至"交"，计50函，58部；7. 大乘论，函号为"友"至"华"，计50函，91部；8. 小乘论，函号为"夏"至"漆"，计74函，37部；9. 续入藏诸论，函号为"书"至"罗"，计5函，23部；10. 此方撰述，函号为"将"至"石"，计146函，153部。其中，删去了《初刻南藏》中的《药师功德经》（藏文）、《百法论疏》《嘉泰普灯录》等，增收《密咒圆因往生集》《护法论》《圆觉经略疏注》《般若心经集注》等。

本藏增加的典籍，共43部429卷："食"帙，《金光明经》4卷；"大"帙，《大明仁孝皇后梦感佛说第一希有大功德经》1卷；"岂"帙，《梵书药师琉璃光七佛本愿功德经》1卷；"行"帙，《甘露经陀罗尼》1卷；"渊"帙，《瑜伽集要焰口施食仪》1卷；"茂"帙，《慈悲道场忏法》10卷；"营"帙，《护法论》1卷；"合"至"扶"帙，《续传灯录》36卷；"塞"帙，《大明重刊三藏圣教目录》3卷；"石"至"黍"帙，《大方广圆觉修多罗了义经略疏注》至《禅林宝训》，共17部267卷；"劝"至"鱼"帙，《禅宗正脉》至《密云圆悟禅师语录》，共17部104卷。

与《初刻南藏》相比较，《永乐南藏》深受元代《至元法宝录》的启发，在全部编次方面做了一大改革。其前各版藏经都以《开元录》为据，先分大小乘，再各别细分经律论，并将宋代陆续入藏各书、译典和著述交互夹杂地附在后面，显得凌乱无序。《再刻南藏》改变了这一编法，先分经律论，再各分大小乘，而将宋元续入各书分别附在三藏之末，使得目录清晰明了。它还将原有宋元以来续入藏的典籍，分为四类：1."宋元入藏诸大小乘经"，前接小乘经后；2."续入藏诸论"，前接小乘论后；3. 将属于西方圣贤的著作和秘密仪轨念诵等经，续入"西土圣贤撰集"中；4. 将属于此方僧人的著作续入"此方撰述"中。

其次，《永乐南藏》在经文的勘校方面也有诸多成果。如《碛砂藏》和《初刻南藏》的"服"字函《法镜经》仅有卷下，未刻卷上。《永乐南藏》同函号补刻了《法镜经》卷上；又《碛砂藏》"菜"字函《放光般若波罗蜜经》卷六未刻《叹衍品》，《永乐南藏》同函号同经卷六补刊了"放光般若波罗蜜经叹衍品第二十三"，还增收了新的序文与注文。如明万历二十七年（1599年），修补本"拱"字函新入了《御制大方广佛华严经序》，是"永乐十年六月初四日"明成祖朱棣制；"行"字函，唐释玄奘译《持世陀罗尼经》卷首经题下有注文"与唐不空《雨宝经》及赵宋法天《吉祥持世经》同"；又"孝"字函，东晋西域沙门竺昙无兰译《佛说中心经》，卷首经题下有注文"与《阿含正行经》同本别译"等等。

《永乐南藏》的版式大部分为经折装，但也有少量的方册装或散页的形式。经折装每版30行，折成5页，每页6行，每行17字；方册装每版折为2页，每页15行。每册经本的卷首、末经题下注有千字文函号和册次，并在每版首册的卷首经题与千字文函号之间夹注本函的册数；在版间则以小字注明此版所在的千字文函号、册次和版次；版间不录书经人和可供人名。《初刻南藏》所用的《碛砂藏》本子上的题记，除少数有关校勘方面的说明在翻刻时得以保留，余均被删去。

《永乐南藏》的扉画也值得一提。按内容可分为两类：一类是释尊跏趺坐在莲花宝座上，舍利弗在面前长跪问道；还有一类是只有释尊坐在莲花宝座上，而无舍利弗。扉画的版面有3、4、5折页的不等。还有一页是盘龙牌位，中书"皇帝万万岁"或"皇帝万岁万万岁"字样，也有书"皇图巩固帝道遐昌""佛日增辉""法轮常转"等字样。自该藏始的帙首刊扉画和龙牌，帙末刊韦陀神像，之后成为明清官版大藏经的通用范例。

此藏刊成后，明嘉靖二十九年（1550年）前有过一次续刻，万历三十年（1602年）后又有第二次大规模的续刻，乃至清顺治十八年（1661

年）又有第三次续刻。在此藏流通的 240 年中，还有过两次较大规模的补板活动，这使得全藏总函数最终达到 678 函，收录典籍 1618 部，6325 卷。直到清朝初年该藏仍在印刷流通，但是存于南京大报恩寺的经板在太平天国时期毁于战火。

《永乐南藏》刻成之后，印量广大，各地保存的印本也较多。其中，国家图书馆藏明嘉靖三十年太监李朗印本、明隆庆六年盘山舍利塔寺主持真道印本、明万历初通宝庵印本、明万历间增刻本四部；[1] 甘肃省图书馆存万历二十八年印本 1 部，计 638 函、6345 册；[2] 中国佛教图书馆存明永乐十至十五年刻本 1 部，计 6331 册；[3] 山东省图书馆存明正统五年印本 1 部，计 5104 册，[4] 明永乐十至十五年刻万历十二年续刻本 1 部，计 6512 册；[5] 天津图书馆存明嘉靖四十四年（1565）南京徐笏泉重刻本 6331 卷；[6] 山西省宁武县文物馆存万历十二年印本 1 部，现存 666 函、5997 卷；[7] 上海龙华寺存明永乐十至十五年刻、万历十二年续刻本一部，计 2870 册。[8] 另外，新乡市图书馆、苏州西园寺、吴县光福司徒庙、福建泉州开元寺、福州鼓山涌泉寺等也有收藏。

与宋元大藏经的收藏不同，日本所藏明代官刻大藏经较为罕见，其中，山口县快友寺所存《永乐南藏》是较为完整的一部。

第十五节 《永乐北藏》

继《永乐南藏》之后，明成祖在永乐八年（1410年）又下诏在北京敕造一部大藏经，由栖岩慧进等高僧领衔，"总督海内文学儒士高僧，

---

1 苏晓君：《国家图书馆所藏四部南藏概说》，《文献季刊》2004 年第 4 期。

2 邵国秀：《世事沧桑话南藏》，《图书与情报》2003 年第 6 期。

3 2008 年 4 月《第一批国家珍贵古籍名录》。

4 山东省图书馆：《山东省图书馆藏珍品图录》，齐鲁书社，2009 年，第 27 页。

5 2008 年 4 月《第一批国家珍贵古籍名录》。

6 2009 年 5 月《第二批国家珍贵古籍名录》。

7 童玮先生首先于 1983 年 11 月发现，并名之为《万历藏》（童玮：《二十二种大藏经通检》，中华书局，1997 年，第 15～16 页）；李富华、何梅 2001 实地考证后，认为这是《永乐南藏》的续修本，反映了《永乐南藏》的最终面貌。见李富华、何梅：《汉文佛教大藏经研究》，宗教文化出版社，2003 年，第 431～434 页。

8 2008 年 4 月《第一批国家珍贵古籍名录》。

于海印经馆校大藏经"[1]。因刊板于永乐年间迁都后的北京，故称《大明三藏圣教北藏》，通称《永乐北藏》，简称《北藏》，这是明代雕造的第三部官版大藏经。

明成祖编印这套大藏经的目的，《大明太宗文皇帝御制序赞文》中曰：

朕惟如来为一大事出现，演三藏十二部之玄言，所以指教垂义者尚矣。自其言流于中土，翻译其义，以化导群类，非上根圆智之士，鲜能以通之，

明《北藏》本　浙江省图书馆藏

而得其要者或寡矣。天治心修身，所以成道心也者，虚灵明妙，焕然洞彻，该贯万理而无所遗也。是故启多闻必由于藏海，原万法本归于一心，以是修正，超乎圆妙，常住不动，无有所蔽，此诚末世之津梁，迷途之明炬也。朕抚临大统，仰承鸿基，念皇考皇妣生育之恩，垂绪之德，劬劳莫报，乃遣使往西土取藏经之文，刊梓印施，以资为荐扬之典。下界一切生灵，均沾无穷之福，如是功德，有不可名言。若夫世之由迷惑真，交缠故业，茫然而莫之所归者，不究竟于斯，亦莫能得其体而返其真也。推是心以济拨流转，引援沈沦者，亦如来慈悲之愿也。用是为赞，以揭于卷首，且以翼流通于无穷焉。

简单来说，明成祖修藏的目的就是为了"孔怀劬劳报本之道，图荐考妣在天之福"。[2]

《永乐北藏》的雕印，从藏经的校勘、缮写到刻板，可以说是事无巨细，是在明成祖的亲自过问下进行的，足可见其对这部经书的重视程度。《永乐北藏》始刻于永乐十七年（1419年），三月三日，成祖诏释道成、释一如等 8 人"校勘藏经，新旧对比，聚僧写录"，并要求"经面用湖水褐素绫"。当时道成等人回奏，经面可否用花绫？

---

1 明《北藏》本，浙江省图书馆藏。

2 〔明〕李贤等：《大明英宗睿皇帝实录》卷 73。

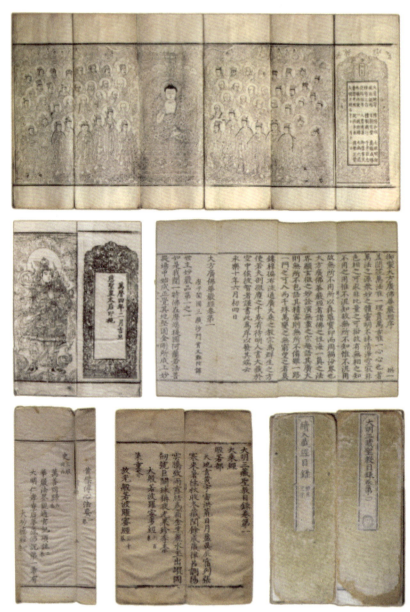

明《北藏》本　北京房山云居寺、北京法源寺、北京广化寺藏

最终奉圣旨用"八吉祥绫"。成祖还问，"每一面行数、字数合是多少？"回奏："以往有五行或六行的，每行十七字，如今是否还用十七字？"成祖要求先写来看。几天后，道成等人将写好的两种版式的经板呈上后，成祖下旨"用五行十七字的"。由此可知，《永乐北藏》的装潢和版式都是皇帝钦定的。

《永乐北藏》之正统五年（1440 年）刻《大云轮请雨经》

再如有关御制序文的问题，永乐十七年七月初九日，一如、思扩上奏，唐太宗刊印的藏经前面有《御制三藏圣教序》，金圣朝重刊，是否义用序文？成祖下旨曰"不要"。九月十二日，一如等上奏，太祖高皇帝有《御制心经序》，圣朝诣咒前亦各有序，是否于各部前都写上？奉圣旨"太祖皇帝于佛法上多用心，都写上。"又奏，累朝如唐太宗、宋太宗等经前多有序文，是否写上？奉圣旨"都写上"。[1]

《永乐北藏》于明英宗正统五年（1440 年）竣工，经永乐、洪熙、宣德、正统四朝，历时 21 年。经板由司礼监掌管，藏于祝崇寺内的汉经厂。明英宗亲撰《御制大藏经序》冠以全藏之首：

> 洪惟如来之道，广大包天地，光明超日月。溯万亿劫之前，不见其始；推万亿劫之后，莫测其终。清净为宗，慈悯为用，济利为德，化导为教。无幽而不烛，无微而不入，无叩而弗应，无感而弗通。盖化洽庶汇，福溥一切。故自其教入中国以来，历二千年，凡具乐善之心，高明之智者，不问上下贵贱，皆至诚笃敬，归向慈尊。
>
> 洪惟我皇曾祖太宗体天弘道高明广运圣武神功纯仁至孝文皇帝，

---

1 李富华、何梅：《汉文佛教大藏经研究》，宗教文化出版社，2003 年，第 440 页。

德全仁圣，道法乾坤。同上帝之好生，同大觉之溥济。礼教迈于百王，惠泽周乎八表。泰和充溢，环宇宙皆春。惟大孝之诚，孳孳凤夜，孔怀劬劳，报本之道，图荐考妣在天之福。于是博采竺干之秘典，海藏之真诠，浩浩乎！穰穰乎！缮书刊梓，用广传施，功垂就绪，龙御陟遐。

洪惟所贻序，暨朕恭嗣大宝，统理万邦，追惟圣孝之隆，敢忘继述之务。大藏诸经，六百三十六函，通六千三百六十一卷，咸毕刊印，式遂流布。妙法玄文，备祇园之授受；要旨精义，皎慧日之昭明。字字真如，语语实际。允成皇曾祖之圣志，允弘皇高祖之宝福，善功斯盛，嘉备可知。九庙神游，参佛金莲之座；万品亨遇，承佛玉毫之光。家邦永底于清宁，华夷均安于熙皥。三界十方咸臻净域，九幽六道并际开明。种种吉祥不可思议。是用敬序首，简概纪成绩云。大明正统五年十一月十一日。[1]

此篇序文在明神宗万历年间刊行的续藏经中仍然使用，只是落款改成了"大明万历七年六月吉日"。

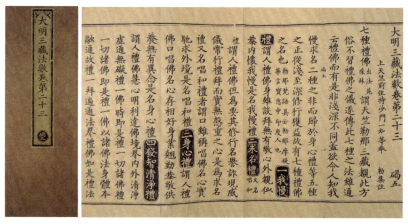

《永乐北藏》之《大明三藏法数》卷第二十三

雕印完成的《永乐北藏》共 636函，收经 1621部，6361卷，千字文帙号从"天"字至"石"字，经板藏于内府。到了明万历十二年（1584年），明神宗因生母慈圣宣文明肃皇太后施印佛藏之愿，下敕雕造《永乐北藏》的《续入藏经》，并为之序。《续入藏经》共计 41函（函号

---

1 《影印永乐北藏》，故宫图书馆藏本。

为"巨"至"史"），收经36部，410卷，始《华严悬谈会玄记》，终《大明仁孝皇后梦感佛说第一希有大功德经》，均是中土佛教徒撰著。原来被明成祖禁止入藏的《佛祖统纪》《续传灯录》《古尊宿语录》《禅宗颂古联珠集》等，尤其是禅宗史研究中的重要史料，也被重新收录进来。这样，初刻的正藏和初刻的续藏两项相加，《永乐北藏》至明万历十二年时，已有677函（函号为"天"至"史"），收经1651部，6771卷。

《永乐北藏》参照《永乐南藏》的结构分类，但在编函（将某几部经典编为一函）方面又做了较大的调整，将原排在第四类的"西土圣贤撰集（前为"宋元入藏诸大小乘经"，后为"大乘律"）后移至第9类，排在"此土著述"之前。《永乐北藏》全藏始《大般若经》，终《大明三藏法数》。其结构为：1.大乘经，206函，函号为"天"至"念"，537部；2.小乘经，45函，函号为"作"至"竭"，239部；3.宋元入藏诸大小乘经，34函，函号为"竭"至"言"，300部；4.大乘律，5函，函号为"言"至"初"，25部。5.小乘律，48函，函号为"初"至"爱"，59部。6.大乘论，50函，函号为"爱"至"逸"，93部；7.小乘论，73函，函号为"逸"至"弁"，37部；8.宋元续入藏诸论，5函（函号为"转"至"通"，23部；9.西土圣贤撰集，19函，函号为"广"至"漆"，147部；10.此土著述，151函，函号为"书"至"石"，155部。

《永乐北藏》为折装经本。扉画只有一种，1版5页，边框系上下双边，左右单边，长约63厘米。扉画正中是释迦牟尼佛结跏趺坐于莲花宝座上，身着有小花图案的袈裟，右手臂上曲至胸前做手印，左手臂平曲于腹前掌心向上。释尊两侧闻法僧众各32位，有菩萨、四大天王、十八罗汉等。每版25行，折为5页，每页5行，每行17字。板框天地线为子母线，外框高约273厘米，内框约263厘米，一页长128厘米，纸宽约366厘米，天头高约7厘米，地脚约26厘米，版式较以往加大了字体和片心，其中，内框较《永乐南藏》约增加2厘米，一页长度增加15厘米。千字文函号及册次仅在卷首题名下标注，卷末题名下则不标。版间小字注文录千字文函号、册次及版次，凡单数版次，在第一折缝处即经文的第 5 行至第 6 行间；凡双数版次，在第二折缝处即经文的第 10 行至第 11 行间。卷末题名后在"音释"二字下有注音和释义。这种版式有别于以往木刻本大藏经以《开宝藏》《契丹藏》《崇宁藏》《资福藏》《元官藏》为代表的 6 种版式，成为一种新的版式，并为后世藏经所沿用，如清代的《龙藏》就是沿用这种版式。

嘉靖二十九年（1550 年）前对《北藏》有过一次较大规模的修补。万历十二年（1584 年），明神宗朱翊奉神宗生母慈圣皇太后懿旨，敕令出资进行《北藏》的续刻。刊北藏流传至明神宗，又续刊了 41 函。因其经板藏于内府，由朝廷刊印，颁赐天下各大寺院，因此民间罕见其珍。及至万历三十年（1602 年）以后，《北藏》又有第二次大规模的续刻。清初顺治十八年（1661 年）还有最后一次续刻。《永乐北藏》补板，则有两次。

《永乐北藏》是典型宫廷版本，也是现存完整大藏经中最为精美的一部，有极高的文献价值。在刊刻之初，明成祖即敕令"将藏经好生校勘明白，重要刊板，经面用湖水褐素绫"。[1] 其板片原藏于故宫司礼监刻经厂，清代移出至北京某寺院，之后又流落民间，散落丢失极其严重。近年，雕版收藏家姜寻以重金收购剩余部分，捐献入国家图书馆文津雕版博物馆。

与印刷较为容易、一般信众也可出资印经的《永乐南藏》不同，《永乐北藏》是以颁赐的形式来流通的，并有《藏经护敕》。迎请它的寺院，都要专门建藏经楼珍藏，同时立碑将《藏经护敕》垂示永久，因而民间流传不多。

据 1996 年上海古籍出版社出版的《中国古籍善本目录》对《永乐北藏》的记录如下：明北藏 6361 卷，明永乐八年至正统八年刻木，新乡市图书馆、洛阳白马寺、重庆图书馆存；明北藏 6361 卷，明永乐八年至正统八年刻本及万历续刻本，故宫博物院图书馆、天津图书馆、太原崇善寺、安徽九华山管理处、宁德县万寿禅寺、福州市鼓山涌泉寺、重庆市图书馆存。甘肃武威市博物馆存 6265 册，张掖市甘州区博物馆

---

1 ［明］葛寅亮《金陵梵刹志》卷二"钦录集"。

存 5301 卷，张掖大佛寺存 4895 册；[1] 陕西洋县博物馆存 4000 余册；[2]福建省宁德市霍童支提山华严寺存 6780 册。

第十六节 《武林藏》

《武林藏》是明永乐末年在杭州私刻的大藏经，因在杭州众安桥杨家经场刻印而成，故又称《杨家经场藏》。

至于《武林藏》的刊刻时间，可以参考紫柏大师弟子密藏道开在《募刻大藏文》中所说：

> 太祖高皇帝既刻全藏于金陵，太宗文皇帝复镂善梓于北平。盖圣人弘法之愿，唯期于普，故大藏行世之刻，不厌于再也。后浙之武林仰承风德，更造方册。历岁既久，其刻遂湮，今宇内所，惟南北两藏。[3]

由此推断，《武林藏》刊刻的时间既晚于《初刻南藏》，也晚于《永乐北藏》。但《武林藏》在道开在世时已无所闻，在《嘉兴藏》的众多发愿文中，惟道开言及此藏。这说明，《武林藏》普及不广，在晚明已少人知晓。

直到 1982 年，童玮先生在北京发现了仅残存 17 卷的《武林藏》，此为 9 种经籍的零散卷册，有永乐年间、宣德年间的两种印本，现分藏于北京国家图书馆和中国佛教协会。版式为折装本装帧，每版 30 行，折为 5 个半页，每半页 6 行，每行 17 字。其中两卷卷末刻有韦陀像，右下角镌有"永乐二十年六月"小字一行；1 卷还附粘"释迦说法图"扉画一幅，近似南宋刻本《碛砂藏》所附的扉画。经卷字体较《永乐南藏》本肥大。按其千字文编次校对，和碛砂本、洪武本完全一致，基本上可以认定为碛砂本或洪武本的复刻。其中《大宝积经》第 101 卷，系补刊本，字体较为草率，无补刊年代；但在全卷 18 版中，有 8 版的

---

1 《甘肃省珍贵古籍名录》推荐名单。

2 黄征：《洋县博物馆藏〈永乐北藏〉整理粗成》，http://huangzheng1958blogsohucom/23431007001html。

3 ［明］宋奎光：《径山志》卷五《密藏道开募刻大藏文》。

中缝都刻有施刊人姓名，大都冠以"杭州施主"字样。卷末还印有"杭外在城大街众安桥北杨家经坊印行"长方形牌子。此外，在 12 卷的卷末，盖有宣德己酉岁（1429 年）北京居民王真全家施经一藏奉福安寺传供的 6 行 112 字愿文。故可以认定，这部藏经约在永乐二十年（1422 年）于杭州刻造。相传此前曾有方册武林本的雕造，因未见有流传的印本，所谓方册，可能即此折装本。

1995 年，李际宁在《佛学研究》上发表《"武林藏"之我见》一文，他认为童玮先生发现的《武林藏》的特点与其在北京图书馆整理的馆藏《碛砂藏》的特点完全一致。他认为这一版应是宋元版的《碛砂藏》，而非明代的《武林藏》。其依据为：1. 除去官主八续补的秘密经，其余部分，基本每册卷首都有扉画。扉画的种类及风格，与《影印宋碛砂藏经》内所收者完全相同。2. 卷尾的牌记与韦陀像有两种形式。每种牌记与韦陀像，都是相互对应的：第一种，韦陀像略小，风格清秀，脚踏云气；与之对应的是碑座式牌记。另一种韦陀形象略大，风格粗犷，版框左边下角刊有"永乐二十年六月"字样；与之对应的牌记，为莲花座荷叶顶，版框外又有一长方形条牌，亦下托莲花，上覆荷叶，书"杭州在城大街众安桥北杨家印行。"这就是明代永乐年间鲍善恢补刊的《碛砂藏》，补刊的地点在杭州。自元代以来就在众安桥北开设印经坊的杨家，在鲍善恢补刊这部藏经的过程中，起了重要作用。比如，在这部明补《碛砂藏》中，除了有常见的署名"杨德春""杭州众安桥北杨家印行"的扉画以外，还有署名"杨信真施财重刊""杨茂芳刊"的仿"杨德春"所刊的明代补刊版扉画。3. 北图本的《大宝积经》第 101 卷，与《武林藏》辞条中的描述颇为相似，也是补刊本，在补刊版的中缝间有施主题记，绝大部分题为"杭州施主"。补版的字体也"较为潦草"，与原版有明显的差异。该卷首有《碛砂藏》扉画，尾题下刊有千字文号"文"，并刊刻工名"项文"。"项文"名，在叶恭绰《碛砂延圣院小志》的刻工表中有记录。可知此本的原版本为《碛砂藏》。唯有不同者是，北图本在全卷 18 板中，有 12 处补板，而《武林藏》辞条的描述是 8 个补板。因此李际宁得出一个结论：《武林藏》其实就是《碛砂藏》。至于经卷中为什么会有杭州施主的刊记，这有可能是因为明永乐九、十年，杭州仙林寺鲍善恢曾募缘修补过《碛砂藏》残板的原因。这种分歧说明，关于《武林藏》的进一步研究，还有待于新的资料的发现和补充。

第十七节 《嘉兴藏》

《嘉兴藏》是明代一部由民间信徒募资刊刻的大藏经，因由嘉兴楞严寺流通得名，又因刊刻于浙江余杭的径山寺，故又名《径山藏》《楞严寺藏》。因时人误以为此为首次未采用历代相沿的大藏经经折装，而采用当时社会上流行的线装方册的装帧形式，故又称《方册藏》；日本人称作《支那藏》或《明藏》，通称《嘉兴藏》。这是汉文大藏经诸种版本中规模最大、内容最为丰富的一部。

对《嘉兴藏》的刊刻缘起，综合其诸多刻印发愿文，并根据佛教文献专家蓝吉富《〈嘉兴大藏经〉研究》[1]和杨玉良《故宫藏〈嘉兴藏〉初探》[2]两文的研究可知：当时，流行的大藏经惟《永乐南藏》和《永乐北藏》，但《永乐南藏》的板片已经朽烂，殊难再印，而《永乐北藏》的板片则深藏禁中，民间请印不易，且存世的各种大藏经错讹较多，因此民间迫切需要再刻一部校勘精良的新藏。明万历元年（1573年），[3]居士袁了凡首倡新印一部大藏经，并商之于紫柏真可弟子幻余法本，主张易刻成本高、装帧和携带俱不便利的梵夹为成本低、易于流通的方册。袁了凡、法本又商之于紫柏真可，紫柏真可表示自己"敢为刻藏之旗鼓"，所谓"旗所以一人之目，鼓所以一人之耳"也。在高僧憨山德清及吏部尚书陆光祖、候补编修冯梦祯等居士的支持下，万历七年（1579年）刻印了《续藏》第44函内《寒山子诗集》，第二年又刻了第31函内《楞伽阿跋多罗宝经会译》。万历十年（1582年），

---

1 蓝吉富：《〈嘉兴大藏经〉研究》，台湾《谛观》杂志1992年总第700期。

2 杨玉良：《故宫藏〈嘉兴藏〉初探》，《紫禁城》1999年第1期。

3 明紫柏真可在《刻藏缘起》中说，袁了凡于明嘉靖、隆庆之交（1565～1566年）首倡刻印新大藏经，而袁了凡在《刻藏发愿文》则说自己是在万历癸酉年（即万历元年）与法本议以刻藏事的，这比紫柏真可所说的"嘉隆间"迟了几年。而在万历十七年幻余法本的《幻余大师发愿文》中，也证实了袁了凡的这一说法。故当以袁了凡的说法为准。

紫柏真可的高徒密藏道开禅师自天台诣武林，于绍兴道中见古寺残碑有感而决心"愿毕此生身命募刻方册板广作流通"，遂"入槜李得侍达观老师兼晤冯开之（冯梦祯）居士辈，则老师暨诸居士业已先发是愿，即共订盟从事"，[1]

径山寺

紫柏命其董其事，[2]幻予、淡然诸人协理襄助。受此重任，道开跪而发誓："自今而后，藏板不完，开心不死"，[3]全身心投入到藏经刻印事业中。然而，道开"遑遑三载，莫得其绪"。[4]经查，《嘉兴藏》自万历九至十一年间无刻；万历十二到十三两年间，仅冯梦祯、紫柏真可等人捐刻了4种；万历十四至十六年间无刻，说明情况确实如此。[5]直到万历十七年（1589年），《嘉兴藏》才选定在五台山紫霞谷妙德庵正式刻印。

从万历十七年到万历二十年（1589～1592年），共刻藏经40余种，550余卷。后因气候等原因南迁至浙江余杭径山主寺兴圣万寿禅寺进行，后移至寂照庵、化城寺继续兴工，以如奇寒灰、幻余法本（法本寂后为澹居法铠）、念云兴勤代替骤然隐遁的道开共同负其责，并确定嘉禾（即今嘉兴）楞严寺为发行流通窗口。憨山德清在《达观大师塔铭》记述了《嘉兴藏》的早期刻藏过程：

……命弟子密藏开公董其事。以万历己丑创刻于五台，属弟子如奇纲维之。居四年，以冰雪苦寒，复移于径山寂照庵。工既行，开公以病隐去。其事仍属奇，协弟子幻余本公。本寻化，复请澹居铠公终其役。始，司成具区冯公，意复化城为贮板所，未克。初，桐城用先吴公为

---

1 ［明］密藏道开：《密藏开禅师遗稿·刻大藏愿文》。

2 ［明］憨山德清：《径山达观可禅师塔铭》，载《紫柏老人集》卷首。

3 ［明］释真可：《紫柏老人集·卷十三刻藏缘起》。

4 ［明］密藏道开：《密藏开禅师遗稿·刻大藏愿文》。

5 杨玉良：《故宫藏〈嘉兴藏〉初探》，《紫禁城》1999年第1期。

仪曹郎，参师入室，从
容及刻藏事，师遽曰：
"君与此法有大因缘。"
师化后，吴公出长浙藩，
用冯司成初议，修复化
城为径山下院，藏贮经
板，且蠲俸散刻藏数百
卷。[1]

天启三年（1623 年）
江西宗白法性琼住持楞
严，续刻不止，直至清
顺治初年鼎革之际，仍
坐镇经坊。此后便是紫
柏五世法嗣解印、密藏
大师之徒念昙、契颖诸
僧。[2]

《嘉兴藏》刻完的
经板汇集到径山之后，经
常有人去刷印，因价格问
题和拖欠银两问题，刷印
者常与寺僧发生争执，甚
至诉讼到官府。于是官府
下令，寺僧对刷印每种经

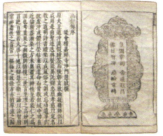

明《嘉兴藏》本　北京法源寺藏

书要明码标价，刷印者不得拖欠银两。因此，主事的寺僧编制了每种经
书刷印、装订的价格表，即为《经值画一》。《经值画一》从万历时开
始编制，随着经板的增加和物价的变动，不断增补修订。现在社会上流
传较多的《经值画一》，则是 1920 年北京刻经处据康熙十六（1677 年）

1 ［明］憨山德清：《径山达观可禅师塔铭》，载《紫柏老人集》卷首。

2 ［明］密藏道开：《密藏开禅师遗稿》，载解印顺治己亥后跋。

年的《经值画一》翻刻的（又称《嘉兴藏目录》），分正藏、续藏、又续藏三部分，每部分按函号排列，每函依次列书名，书名下列卷数和册数（相当一部分缺卷数或册数，甚至皆缺，尤其是续藏、又续藏两部分），下列价格，正藏部分按函标千字文。

《嘉兴藏》正编雕刻完成以后，续藏的始刻亦在万历年间，并不像以往所说续藏、又续藏的刊刻是在正藏告成后才开始的。如万历十八年（1590年），由瞿汝稷、缪希雍捐资刻的《略释新华严经修订次第决疑论》即在续藏18函。可见，所谓正续藏并非以刊刻时间为界，而是以明官刻的南北藏是否收录为区分，正藏一律沿用南北藏的千字文编排，所以，正藏各经都是有本可依，有号可循。为了便于流通，凡南北藏未收的佛经以及明代僧人的著作，也依藏经板式刊刻，将板送到化城寺，后来统一分函，这就是续藏的来历。续藏经16、17函后有校订、捐资者木增的跋文曰："《大方广佛华严经三昧忏仪》一部，共四十二卷六十一册，直达南直隶苏州府常熟县隐湖南村笃素居士毛凤苞汲古阁中，鸿良工雕造，起于崇祯庚辰孟夏，终于辛已暮春，凡一载功。今置此板于浙江嘉兴府楞严寺藏经阁，祈流通请四众。"由此可看出，续藏经是分散刊刻，没有计划，只是后来统一编函，统一藏板，刊刻时间也多在康熙前，与正藏几乎同时进行。

到了嘉庆年间，《嘉兴藏》历经200年后终于竣工了。由于刊刻时间长久，而且是边刊刻边流通，当年的《嘉兴藏》并没有留下一套完整的目录或全书。

清康熙四十四年（1705年），清圣祖南巡来到径山，对在这里进行的刻印大藏经一事给予了赞赏。于是，径山僧人们花了两年时间，使用白绵纸刷印了一部经书，精心装潢，于康熙四十六年（1707年）进呈给了皇帝，这便是今天故宫所藏的《嘉兴藏》的由来。这部《嘉兴藏》除乾隆三十四年（1769年）奉旨将钱谦益撰的《楞严经疏解蒙钞》2函10册撤出外，其他基本保持刷印进呈时的原貌。

具体说来，整个《嘉兴藏》包括了正藏、续藏和又续藏三部分。正藏以万历时增补的《永乐北藏》为底本，分为三个部分：一为永乐十七年（1419年）至正统五年（1440年）历时21年刻完，全藏共636函，用千字文编序，始"天"终"石"；二是奉万历时神宗生母慈圣皇太后懿旨，将《华严悬谈会玄记》等36种书，共41函入藏，千字文从"巨"至"史"；三是据《永乐南藏》补入《永乐北藏》没有的《续传灯录》《古尊宿语录》《禅宗颂古联珠集》《佛祖统纪》等4种书入正藏，所用系《永乐南藏》的千字文，即"合济弱扶、密勿多士、鸡田赤、城昆池碣"，故这15个千字文在《嘉兴藏》中重复使用过两次；共收经211函，1676部，6930卷。续藏、又续藏为中土诸宗著作，《嘉兴藏》所收典籍的部数之所以难以确定，也主要在这两部分上。康熙十六年（1677年）之后，《嘉兴藏》又有续雕。据统计，续藏为93函，又续藏46函。民国九年（1920年），北京刻经处刻本《经值画一》中没有收入的"拾遗"部分28函。全藏合计约370函，收录典籍2350部左右，共12600余卷。[1]

《嘉兴藏》摒弃了佛籍一向沿用的拆装式的装帧形式，改为轻便的线装方册形式的书本型，因而又被称为《方册藏》。其版式一般为四周双边，版框高为23～24厘米左右，宽为14～16厘米左右，边栏外粗内细，白口，行界有界线，半页10行，每行20字；每卷末刻有音释、题记。题记内容丰富，有捐刻者的姓名、官衔、所在地域，捐刻的原因和捐资的银两数额；也有所刻的经名、卷次、字数和板片数量；还有写刻工匠姓名、刻书时间和地点。

据统计，故宫博物院存有《嘉兴藏》明万历十七年至清康熙十五年刻本共18888卷，中国佛教图书文物馆存12600余卷，[2] 云南省图书馆存8757卷，辽宁省图书馆存6519卷，重庆华严寺存5836卷。[3] 另外，台湾"中央图书馆"、首都图书馆、浙江大学图书馆、四川省图书馆、广西壮族自治区图书馆、湖南省图书馆、青海省图书馆、广东省立中山图书馆、北京大学图书馆、重庆华严寺、金陵刻经处等图书馆或单位，也藏有多少不等的《嘉兴藏》，浙江图书馆、中国科学院、中山大学等许多图书馆都藏有《嘉兴藏》的零种。

---

1 韩锡铎、韩梅：《我们所了解的〈嘉兴藏〉》，中国佛教协会：《第二届世界佛教论坛论文集》，2009年，第283页。

2 2008年4月《第一批国家珍贵古籍名录》。

3 2009年5月《第一批国家珍贵古籍名录》。

在《嘉兴藏》尚未刻完之时，福建高僧隐元隆琦于顺治十一年（1654年）东渡日本，并随身携带《嘉兴藏》一部，当非全藏。而日僧铁眼道光于宽文九年（1669年）依此开刻《黄檗藏》，版式文字全同，经板至今存于宇治黄檗山万福寺。

对于其他汉文大藏经来说，《嘉兴藏》有下述几方面的特点和价值：

第一，在装帧上改卷轴装、梵夹装为方册线装。除《契丹藏》小字本为方册本外，《永乐北藏》及其以前的其他汉文大藏经皆为卷轴装和梵夹装。明代中期以后，我国书籍的装帧已流行线装。与梵夹装相比，这种装帧形式容量增大，可以大大降低成本，便于典籍的流通，且制作方便、修补方便、携带方便，有很大的优越性。紫柏大师顺应历史发展，改大藏经的装帧形式为线装，这一改革，对以后佛教典籍的出版有很大影响。

第二，版式行款比较统一。一般为四周双边，边栏外粗内细，白口，半页 10 行，每行 20 字（早期刻本也有四周单边或左右双边者，也有 7 行 17 字、8 行 17 字、9 行 19 字、10 行 19 字、11 行 20 字者）；万历初年所刻的字体有的是手写体，万历末年以后刻的字体趋于横轻竖重的宋体方字，因写工、刻工匠人的不同，其风格也略有出入；版心上方一般皆刻"经""律""论""西土撰述""支那撰述"等分类名称，中间刻书名及卷次，下方刻千字文的某字或墨钉；版框高 23～24 厘米，宽 14～16 厘米，书品较为宽大。虽然因刻书时间和刻书者的不同，风格有所差异，但熟悉者一看即知是否为《嘉兴藏》中文。

第三，《嘉兴藏》是迄今为止收录佛教典籍数量最多的，我国出版的汉文大藏经。仅以故宫博物院图书馆藏本的数量计算，共收佛教典籍 2135 种，这个数字为我国出版的其他汉文大藏经所不及。正藏部分可略等于其他各种大藏经，其特点和价值则主要体现在续藏、又续藏上。这两部分收录的是中国僧人和居士的著述，有的是对译经的诠释，有的是关于佛教的专著，还有用佛家思想对儒家经典和道家经典的诠释，如明释智旭撰的《周易详解》及明释憨山撰的《庄子内篇注》，而数量最多的是明末和清顺治、康熙时期诸高僧的诗文集和语录。这些著作，有许多是因为刻入《嘉兴藏》社会上才有传本。将大量的中国佛教著述汇编，并编入大藏经，这是《嘉兴藏》最鲜明的特色和独有的价值。

第四，《嘉兴藏》还是刻藏时间最长的大藏经。从万历十七年（1589年）起，至清康熙末年（1722年）历134年，至嘉庆七年（1802年）则有214年。正因如此，《嘉兴藏》被誉为"第二部中国佛教史料宝库"，是为明、清禅宗史研究的"敦煌发现"，是"研究中国佛教者最为珍视的宝库"。

第十八节　《乾隆大藏经》

我国古代刊刻的最后一部官版大藏经是清代雕造的《清敕修大藏经》，亦称《龙藏》。

《龙藏》之名的由来有诸多看法：范成法师在其《〈清藏〉源流及丙子请印藏经始末记》中解释为："龙者，隐显变化，普施法雨，无论何种性根，悉令受法滋润之谓；藏者，深固幽远无尽之谓。"[1] 不过多数学者皆认为，其得名源于雍正曾为此藏亲笔撰写《御制龙牌赞》，加之以"这部大藏刊行后，有《大清重刻龙藏汇记》随藏颁行，故'龙藏'之名亦相沿成习"；[2] 又因刊竣于乾隆三年，又称作《乾隆版大藏经》或《乾隆大藏经》。

《龙藏》由雍正皇帝亲自下令敕造。雍正帝少时就喜欢阅读佛家典籍，《御选语录·后序》载："朕少年时喜阅内典，惟慕有为佛事。"成年后，对佛教的兴趣愈浓，并自号圆明居士，于禅门的造诣颇深。然其在阅读《指阅录》等众多禅籍语录时，发现有诸多问题。他曾写道："朕阅《指月录》《正法眼藏》《教外别传》诸书，所选古德机缘语句皆错杂不伦，至于迦陵音所选宗统一丝者，尤为乖谬。"[3] 因此，为了纯正佛法，不许邪说横行，彻底铲除邪魔外道，雍正十一年（1733年），雍正命王公大臣、汉僧及喇嘛130余人，广集经本，校勘编稿。雍正十二年，在北京东安门外冰盏胡同的贤良寺设立藏经馆，由雍正

---

1 范成：《〈清藏〉源流及丙子请印藏经始末记》，《北平佛教会月刊》1936年第10期，第2页。
2 李际宁：《佛经版本》，江苏古籍出版社，2002年，第176页。
3 《御选语录·后序》，《卍新纂续藏经》，第68册，第697页。

之弟庄亲王允禄、雍正之子和硕和亲王弘昼任"总理藏经馆事务"，工布查等3人任"校阅官"，赫德等9人任"监督"，九龄等64人任"监造"，僧人由贤良寺住持超盛、万寿寺住持超广、慈恩宗大慈观音寺住持自垲、静默寺住持海宽4人任"总率"，超鼎等3人任"带领分晰语录"，源满等4人任"带领校阅藏经"，祖安等6人任"分领校阅"，真乾等38人任"校阅"，共133人组成领导机构。此外，还招募刻字匠、刷印匠、木匠、折配匠、界画匠、合背匠等800余人参与其事。

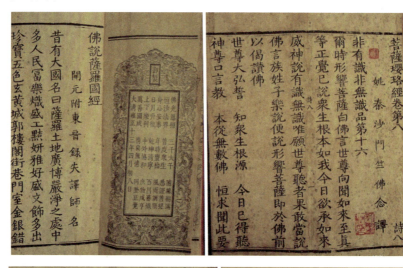

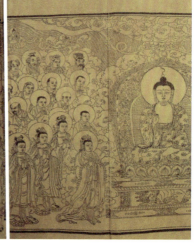

《乾隆大藏经》内文

雍正十三年（1735 年）初，《龙藏》开始刊刻。乾隆三年（1738），《龙藏》雕刻完成，仅用了 4 年的时间。《龙藏》之成，充分借鉴了明代官刻《永乐北藏》和民间《嘉兴藏》的成果。雍正皇帝为表明自己的佛学理念和政治意图，对编纂清代第一部官刻大藏经抱负不凡，并亲自为其作序。雍正十三年二月初一，雍正帝亲颁《御制重刊藏经序》一文。从序文中可以看出，雍正帝重新编纂藏经是因为明代藏经诸版"未经精校，不足据依"，而"斯刻也，别异归同，简讹从正"。乾隆皇帝也绍其父志，"笃嗜藏经，尽力于剞劂与翻译"。[1]

依据《大清三藏圣教目录》卷五末记载，雍正十三年四月二十五日奉旨钦定入藏《华严会本悬谈》《会本疏钞》等 4 部 300 卷典籍，此后，自乾隆元年正月十一日起，陆续交出，奉旨钦定以清人著述为主而续入的《楞严正脉》《成唯识论音响补遗》《梵网经直解》《毗尼止持会集》《作持续辑》《毗尼关要》《紫柏全集》《憨山全集》各家语录等 50 部 827 卷典籍入藏。以上共 54 部计 1127 卷典籍，于乾隆二年三月二十一日奉旨，照历朝年代次第一体编入千字文函号。见下表：[2]

序号	千字文编号	典籍名称	卷数	入藏朝代	备注
1	千 五〇三	《明高僧传》	6	乾隆	嘉兴续藏第 44 函，作 8 卷
2	禄～车五一四 一五一七	《法华玄义释签》	40	乾隆	即南藏、北藏、嘉兴藏《妙法莲华经玄义》20 卷与《法华玄义释签》20 卷的会合本
3	乂～士五六二 一五六六	《华严经论》	49	乾隆	高丽藏勒字～铭字函，作 40 卷
4	士 五六六	《华严十明论》	1	乾隆	崇宁藏、毗卢藏第 595 函，嘉兴续藏第 18 函
5	宁～楚五六八 一五七〇	《华严悬谈会本》	30	雍正	即北藏、嘉兴藏《大方广佛华严经疏钞》29 卷。清藏卷首另有《华严四祖清凉国师像赞》等文 6 篇
6	更～魏五七一 一五七四	《华严会本悬谈会玄记》	40	雍正	与永乐南藏、北藏、嘉兴藏《华严悬谈会玄记》40 卷之内容无大异
7	困～牧五七五 一五九六	《华严经疏钞会本》	220	雍正	即《华严经》80 卷、《华严经论》自卷四"上来十例"始至卷八十末及《华严经随疏演义钞》卷十七"二结通者"始至卷九〇末的会合本
8	用五九七	《华严普贤行愿品别行疏钞会本》	10	雍正	嘉兴续藏第 18 函，作 6 卷

---

1 李富华、何梅：《汉文佛教大藏经研究》，宗教文化出版社，2003 年，第 510 页。

2 李富华、何梅：《汉文佛教大藏经研究》，宗教文化出版社，2003 年，第 518～521 页。

佛教中国化的实现路径

序号	千字文编号	典籍名称	卷数	入藏朝代	备注
9	威、沙六〇二、六〇三	《圆觉经大疏》	12	乾隆	嘉兴续藏第32函
10	郡六一四	《永明心赋注》	4	乾隆	嘉兴续藏第42函
11	雁六二五	《碧岩集》	10	乾隆	嘉兴续藏第51函
12	城~巨六三二—六三七	《五灯会元》	60	乾隆	嘉兴续藏第60~61函，作22卷
13	岩六四五	《元叟端禅师语录》	4	乾隆	嘉兴续藏第64函，作8卷
14	岩、岫六四五、六四六	《楚石琦禅师语录》	16	乾隆	嘉兴续藏第62函，作20卷
15	艺六六二	《八十八祖传赞》	5	乾隆	嘉兴又续藏第4函
16	黍~熟六六三—六六六	《楞严经正脉疏》	40	乾隆	嘉兴续藏第22~23函，作12卷
17	贡六六七	《弥陀疏钞》	10	乾隆	嘉兴续藏第88函，作4卷
18	新~赏六六八—六七〇	《紫柏尊者全集》	30	乾隆	嘉兴续藏第52函，作15卷
19	黜~素六七一—六七六	《憨山大师梦游全集》	55	乾隆	嘉兴续藏第53~54函，作40卷。清藏卷一另有序文和目录。
20	素六七六	《性相通说》	1	乾隆	嘉兴续藏第38函，作2卷。清藏卷首另有续文。
21	素六七六	《庄子内篇注》	4	乾隆	嘉兴又续藏第4函
22	史六七七	《幻有传禅师语录》	10	乾隆	嘉兴续藏第68函，作12卷
23	鱼六七八	《雪峤信禅师语录》	10	乾隆	嘉兴续藏第68函，作6卷
24	秉、直六七九、六八〇	《天隐修禅师语录》	20	乾隆	嘉兴续藏第69函，作15卷
25	庶六八一	《密云悟禅师语录》	10	乾隆	永乐南藏鱼字函，作13卷
26	几六八二	《大觉普济能仁琇国师语录》	7	乾隆	
27	几六八二	《明道正觉森禅师语录》	3	乾隆	
28	中、庸六八三、六八四	《宏觉忞禅师语录》	20	乾隆	嘉兴续藏第72函
29	劳六八五	《梵网经直解》	10	乾隆	
30	谦、谨六八六、六八七	《毗尼止持会集》	20	乾隆	嘉兴续藏第91函，作16卷
31	敕、聆六八八、六八九	《毗尼作持续释》	20	乾隆	嘉兴续藏第91函，作15卷
32	音、察六九〇、六九一	《毗尼关要》	20	乾隆	
33	理六九二	《大乘止观法门释要》	6	乾隆	嘉兴续藏第37函，作4卷
34	理六九二	《山茨际禅师语录》	4	乾隆	嘉兴续藏第78函
35	鉴六九三	《相宗八要直解》	9	乾隆	嘉兴续藏第39函，作8卷
36	鉴六九三	《五百罗汉尊号》	1	乾隆	嘉兴续藏第43函
37	貌、辨六九四、六九五	《明觉聪禅师语录》	20	乾隆	嘉兴又续藏第7函，作16卷
38	色~勉六九六—七〇一	《首楞严经疏解蒙钞》	60	乾隆	
39	其七〇二	《宗宝独禅师语录》	6	乾隆	
40	其七〇二	《势至章疏钞》	2	乾隆	
41	其七〇二	《如意心咒经疏》	2	乾隆	
42	祇七〇三	《药师经直解》	2	乾隆	嘉兴又续藏第27函
43	祇七〇三	《兜率龟镜集》	3	乾隆	嘉兴又续藏第19函
44	祇七〇三	《准提经会释》	3	乾隆	嘉兴又续藏第19函
45	祇七〇三	《沩山警策句释》	2	乾隆	嘉兴又续藏第19函

续表

序号	千字文编号	典籍名称	卷数	入藏朝代	备注
46	植七〇四	《四十二章经疏钞》	9	乾隆	
47	植七〇四	《八大人觉经疏》	1	乾隆	
48	省～诚七〇五―七〇八	《成唯识论音响补遗》	40	乾隆	嘉又续藏外余经，作 10 卷
49	宠～极七〇九―七一二	《法华经授手》	40	乾隆	嘉兴续藏第 89～90 函，作 12 卷
50	殆七一三	《贤首五教仪》	10	乾隆	
51	辱～耻七一四―七一六	《重订教乘法数》	30	乾隆	代替北藏《教乘法数》40 卷
52	林～即七一七―七二〇	《御选语录》	40	乾隆	
53	两、疏七二一、七二二	《御录宗镜大纲》	20	乾隆	
54	见、机七二三、七二四	《御录经海一滴》	20	乾隆	

　　为了显示敕版的权威，《龙藏》一改宋金刊刻大藏经每行 14 字、每面 23 行、单面刻字的经板模式，将其改为每行 17 字、每面 25 字并两面刻字的形式。折帖的空间，以细字刻上千字文帙号、卷数、枚数，

《乾隆大藏经》的经板

二经论名予以省略。《龙藏》经板集书法的立体化和金石化于一体，刀法谨严，书法刚健。在每函的第 1 卷引首，皆有像版"释迦说法图"和御制"龙牌"，第 10 卷尾有韦陀像，均用白描手法雕刻。[1] 刀笔古朴圆润，卓然酣畅，版面布局简明清晰，线条洗练流畅，富有博大精深的神韵。因《龙藏》为官刻，故没有刻工姓名，版心仅刻"函几号"字样。上下双边，版高略有不同，据安上法师所作《御录经海一滴》云，平均则为 247 厘米，其中亦有 23 厘米左右的。经函长 37 厘米，宽有 17 厘米。

　　《龙藏》分正藏和续藏两部分。正藏共 485 函，续藏共 239 函，共计 724 函，收经 1669 部，7180 卷，刻成经板 79036 块，千字文帙

　　1 梁玉泉、关根、于晓莉：《法宝重光——在重印〈乾隆版大藏经〉发行仪式在京举行》，《法音》1989 年第 2 期。

号从"天"字至"机"字。内容编次与《永乐北藏》相同，以大乘经之五大部经居首，五大部外重译经、单译经其次；小乘经以阿含部经居首、单译经其次，续之以宋元入藏诸大小乘经、大乘律、小乘律、大乘论、小乘论、宋元续入藏诸论、西土圣贤撰集、此土著述。在分类上，"西土圣贤撰集"仍归入正藏，而"此土著述"为续藏，内容却按照《永乐北藏》有所损益。藏首有雍正《御制重刊藏经序》，目录后有《大清重刻龙藏汇记》。正如雍正皇帝《重刊藏经序》云："历代名僧所制义疏，及机缘语录，各就其时所崇信者陆续入藏，未经明眼，辨别溜渑，今亦不无删汰，俾归严净。"因此，删去了史传类的《释迦谱》等，目录类的《出三藏记集》等，音义类的《一切经音义》等，义疏类的《观音经疏阐文钞》等，著述类的《止观辅行传弘决》等，语录类的《宗门统要续集》等，一共36种。有学者将《乾隆大藏经》与《永乐北藏》对勘发现，《乾隆大藏经》新增书仅有50种，后又撤出5种，实增45种，抽掉《永乐北藏》增入的36种，而首次入藏的则不过12种而已。[1]

吕澂先生说，从所收各书的数量上看，这一版藏经的内容十分丰富，但其续藏的"此土著述"部分，随意取舍，导致经录割裂不全，如《出三藏记集》是重要典籍，不应删去。其余《历代三宝纪》《译经图纪》《武周刊定目录》等也是有关文史参考需用的书，《龙藏》却一律将之淘汰，未免失当。而且，《龙藏》将《永乐北藏》仅有的《绍兴重雕大藏音》《一切经音义》《华严经音义》3种，全数删除，使得音义经成为空白；而台宗典要也多数残缺，如台宗三大部加了《法华玄义释签》，却删去《摩诃止观辅行传弘决》，又《国清百录》为台宗历史文献汇编，亦从删。这样漫无标准的编纂，比起以前各版藏经来，未免逊色一些。[2]

而且，《原人论》《华严法界观通玄记颂注》皆是唐宋时代华严宗的重要著作；《镡津文集》《永明禅师唯心诀》《古尊宿语录》《禅宗颂古联珠通集》《禅宗决疑集》《宗门统要续集》《禅宗正脉》《续传灯录》等，则是宋、元、明禅学和有关禅宗历史的重要著作。没有

---

1 李富华、何梅：《汉文佛教大藏经研究》，宗教文化出版社，2003年，第521～522页。
2 吕澂：《清刻藏经》，《吕澂佛学论著选集》第3卷，齐鲁书社，1991年，第1491～1492页。

这些书，对于中国佛教的历史，是难以进行全面系统的研究的。

《龙藏》刻成时全藏为 724 函，但其后不久就发生过三次撤经毁板的事件。第一次是乾隆三十年（1765 年），撤出钱谦益所撰《楞严经疏解蒙钞》60 卷，包括"色""贻""厥""嘉""猷""勉"6 字 6 函，毁经板 660 块。第二次是乾隆三十四年（1769 年），撤出《开元释教录略》《辨伪录》《明仁孝皇后梦感佛说第一希有大功德经》《永乐皇帝御制赞文》4 种共 30 卷，毁板 138 块。这时，全藏的实际数字是 7168 卷，经板 78238 块。[1] 第三次是乾隆四十一年（1776 年），抽出了《华严经》《大乘显识经》《入定不定印经》《方广大庄严经》《佛说契证大乘经》《大乘入楞伽经》等 6 部经前武则天撰写的序文。这次撤经时，只有《华严经》前武则天序文的板被毁，其余五部经只抽出了则天的序文，未毁经板，所以造成《龙藏目录》与现存经板数字不符的疑案，其原因即在此。现在的《龙藏》为 718 函，1666 部，7168 卷，南北各寺所藏《龙藏》大体上是这个数目。

《龙藏》刻竣后，乾隆四年（1739 年）由国家出资印刷 100 部，颁赐全国各大寺庙。至乾隆二十七年（1762 年）又奉旨印刷 3 部。1979 年重修北京妙应寺白塔时，在塔上的铜质宝瓶内发现了一部乾隆十八年（1753 年）珍藏的《大藏真经》（即《清藏》），共计 724 函。[2] 根据它的函数，可判断它是《清藏》刻成后的第一次印本，其版本的价值是非常珍贵的。

清末咸丰、同治之际（1851 ～ 1874 年），府库不充，国家无力印经颁藏，于是准许各地寺庙自备工料请印。[3] 苏州西园寺藏经楼藏有同治十年（1871 年）《四川合江县法王寺到京请藏记事》（承林子青老居士见告）的抄件，详述当时请刷藏经的呈奏批准手续及所费纸张、工时等情况，逸文阙史，颇有参考价值，录以备忘：

> 同治十年正月二十八日，奉旨在柏林寺刷印藏经僧人，系四

---

1 释范成：《修整清藏经库板架记》，《微妙声》1937 年第 5 期。

2 《白塔寺和它的新发现》，《旅游》1980 年第 3 期。

3 拙缩：《〈清藏〉杂谈》，《法音》1982 年第 4 期。

川直隶泸州合江县法王寺空静、空瑞，来京请经，由长椿寺月翁老和尚经理具保，呈僧录司印堂老和尚申文掌仪司内务府中堂瑞大人缮奏，旨准，钦遵于二月十九日开工刷印，至四月十六日告竣。其龙藏经板，除撤出外，现计七万八千二百五十块，计连共刷十五万二千五百连；佛像、龙牌、韦驮，当刷一千八百连。共享加官榜纸四万零一百张，计装大箱十六个。余因抄录此本，特书记于篇后，以便所阅。时大清同治十年辛未夏四月浴佛日，后学空林沐手书于长椿寺云栖堂中。

直到光绪、宣统之际（1875～1911年），全国各寺请藏之风日盛，《龙藏》亦赖此风以广流传。

《乾隆大藏经》精装影印本、宣纸线装本、点校本　中州古籍出版社整理出版

从乾隆二十七年（1762年）至清末的150年间，《龙藏》又陆续刷印过29部。[1]民国二十一年（1732年），国民政府林森等人为南京中山陵筹建藏经楼，发起请印《龙藏》。这是《龙藏》第二次大规模印刷。全国各名山大刹亦随之陆续请印了22部。第三次大规模刷印是在1987年，文物出版社印行了78部。宣纸刷印，明黄色布面经折装，

---

1 杨玉良：《清龙藏经的刊印情况拾遗》，转引自李富华、何梅：《汉文佛教大藏经研究》，宗教文化出版社，2003年，第527～528页。

蓝布函套。其中有 10 部为豪华装，金陵缎封面，仿宋锦函套。[1] 直到 1990 年 6 月，这一次印刷才彻底完成。全国人大常委会副委员长、中国佛教协会名誉会长十世班禅额尔德尼·确吉坚赞亲自为其题词："戒恶行善，克己自律，乃佛法也；弘扬佛学，利益众生，愿一切虔诚的信徒康福长寿；遍行善事乃众生幸福之源。"同时，赵朴初为其撰写了序文。第四次大规模刷印是在 1993 年，由北京市文物局、北京石刻博物馆、北京燕山出版社发起印制了 60 部。

综上所述，《龙藏》在乾隆四年（1739 年）至 1993 年的 250 余年中，总计印藏 290 余部。

《乾隆大藏经》的经板起初保存在紫禁城武英殿，后因请印不便移至北京柏林寺，由僧录司和柏林寺住持共同管理。民国初年，僧录司废，经板改由内务部和柏林寺住持共同负责保管。1920 年，经叶恭绰等人呈请北洋政府内政部，请求整理经板、重修经架。但当时"庋板房屋岁久失修，部款支绌，既属无可挹注，而常住清苦，又复难于张罗"。[2] 遂于次年，由当时一些社会名流、佛教学者和僧人等共同发起组成"龙藏经板保管协会"，拟定《简章》七条，协助官厅及柏林寺常住保管《清藏》。此后，《清藏》经板由柏林寺转至北平古物陈列所管理，但因多年缺乏整理，个别经板朽坏堪虞。范成法师开启经库后，看到久被尘封的经板，痛心不已，他在向政府汇报时写道："慨夫年久未经移动，满架尘封，庋板木架多数倾斜欲塌，门窗棂格朽坏脱落，因而鼠雀窜入，粪秽满地。"

随后，在征得北平古物陈列所同意后，范成法师开始带人洗刷整理经板。经板整理后，范成法师开始着意于印刷整部《清藏》，分事务所、印刷部、装订部、做套部四个部门，组织缜密，流程清晰，从修理经库板架到印刷经藏，范成法师都事无巨细，躬身力行。郭振墉曾在《湖南附印〈清藏〉四部》中赞叹范成法师道，"大愿大力为末

1　孙关根：《〈乾隆版大藏经〉重印记事》，《法音》1989 年第 3 期。

2　拙缩：《〈清藏〉杂谈》，《法音》1982 年第 4 期。

法时代放光明"。[1]

民国二十二年（1933年），内务部将《龙藏》经板拨归北平古物陈列所管理。1949年以后，柏林寺作为北京图书馆书库，经板即交北京图书馆保管。1982年经板移存北京明代古刹智化寺，由北京市文物局保管。1991年，文物出版社在印行了清《龙藏》以后，又将经板移置北京房山云居寺，由北京石刻博物馆保管。1989年北京市文物局调拨钱款建造了经板专用库房。1993年在北京市文物局和石刻博物馆印制了《龙藏》以后，考虑到为使经板安全、妥善地保存下去，最后决定将经板存放在北京郊区昌平县的北京市文物局库房内。[2]

《龙藏》经板历经近300年的漫长岁月，因其采用优质整块平滑梨木板，选用优良的写刻工匠，采取有力的保护措施，使得这部大藏经经板成为我国至今唯一保存完好的大藏经板，这实属不易。其间对经板进行核查，统计数字有：1. 清乾隆三年（1738年），经板刊成，总计79036块；2. 清同治十年（1871年），四川空静和尚请印后，查点经板，计78250块；3. 民国十八年（1929年），北平市政府、国民政府内政部等部门开库清查，查得经板计78266块；4. 民国二十五年（1936年），范成法师在《修整经板库架记》文中记载经板共78238块；5. 1987年，文物出版社重印，查得经板共73024块。《乾隆大藏经》经板作为我国现存的唯一一部大藏经板，具有极高的历史、科学、艺术价值，它不但是我国一宗珍贵文物，在世界佛教史上也占有极重要的地位，深受众信奉佛教国家的关心和重视。

相比较其他大藏经，《龙藏》具有十分突出的特点：

第一，据《大清重刻龙藏汇记》记载，全藏刊竣，共用经板79036块，计用纸154211连（张），佛像、龙牌、韦陀所用之板在外。每函的刻板数字及用纸数字都有详细记载。其统计之详尽，较之前的几部大藏经更胜一筹。据记载，宋《开宝藏》仅有全藏的用板数字；《高丽藏》仅有以函为单位的用纸数；明《永乐南藏》有全藏的用板数字、用纸

1 郭振墉：《湖南附印〈清藏〉四部》，《北平佛教会月刊》，"印刷《清藏》特刊"，1936年10月，第53页。

2 李富华、何梅：《汉文佛教大藏经研究》，宗教文化出版社，2003年，第535～536页。

数字及每函的用纸数。

第二，就《乾隆大藏经》编次而言，可谓次序井然，内容宏富。朱家廉对其评价颇高："这部大藏的刊刻，可以说是给佛教经典传入我国以后，1700多年的译著阐述结了一笔总账，对中国学术界的贡献很大。它不但是研究佛学的宝库，而且也是研究文学、历史、哲学、翻译等学术领域的宝库。"[1]

正是由于《乾隆大藏经》的这些特点，其版本在国内外都有收藏，尤其是清雍正十一年至乾隆三年的刻本。但是现存均不完整，或缺函数，或缺册数。据统计，故宫博物院存6795册，浙江嘉兴市图书馆存5373册，中国佛教图书文物馆7167卷，[2]福州市鼓山涌泉寺、苏州西园戒幢律寺和灵岩山寺等也有收藏。另外，日本小川贯壹在《大藏经的成立与变迁》一书中记述："清末西太后寄赠日本西本愿寺的《龙藏》，是完备的全藏，现在仍珍藏在龙谷大学图书馆。"[3]

第十九节　《百衲藏》

清同治五年（1866年）由杨文会发起刻经，因集合北平、天津、金陵、扬州、毗陵、苏州、杭州诸刻经处之刻本而成，故被称为"百衲本大藏经"。

晚清，中国佛教衰敝至极，明末刻印的《嘉兴藏》经板毁于太平天国运动，清代官刻的《龙藏》申请印刷又十分困难，这让刚刚跨入佛门的杨文会觉得在这个"末法世界"只能"全赖流通经典普济众生"。于是，他决定自行筹备刻经。

杨文会（1837～1911年），字仁山，安徽石埭县人。同治五年（1866年），携全家移居南京，主持江宁工程局。他与同事王梅叔、魏刚已、赵烈文、刘开生、张浦斋等讨论弘法事业，约集了志同道合者10人，

---

1 朱家濂：《柏林寺和龙藏经板》，转引自赖永海：《中国佛教通史》第13卷，江苏人民出版社，2011年，第1600页。

2 2008年4月《第一批国家珍贵古籍名录》。

3 ［日］小川贯一：《大藏经的成立与变迁》，台湾华宇出版社，1984年。

创办金陵刻经处。

杨文会根据日本《续藏经》，仿《四库全书总目》之例，编辑《大藏续藏提要》，对大藏经进行分类编定，以便初学。并草订《刻经处章程》，募刻方册本大藏经。初期，设写手1人，刻手7人，主僧1人，香火2人。[1]主僧则由妙空法师担任。法师外出劝募时，则另请一人代理。在劝募期间，妙空法师还在苏州、常熟、杭州、如皋四地设立刻经处，统归于扬州东乡砖桥镇接引禅院的江北刻经处管理。

同治十三年（1874年），金陵刻经处的藏板地北极阁起了争端，杨文会将经板移至常府街寓所，继续刻经。妙空法师则回到江北刻经处，并以刻般若类藏经为主。从此二人分工合作，相互补充，以期汇成全藏。光绪六年（1880年），妙空法师刻《大般若经》至425卷，自知圆寂时至，手持《龙藏》全函付镜之法师。镜之法师在放生寺藉香清公的协助下，终于募刻完成《大般若经》600卷。江北刻经处共刻经3000余卷，抗日战争期间，经板损坏严重。[2]

光绪二年（1876年）曹镜初在长沙设刻经处，并邀杨文会来之商议刻经事宜。所刻有《心经注解》《大乘起信论疏》《法界宗五祖略记》等，皆由龙城曾氏捐资。其后释贯如创立扬州藏经院刻经处，也是按《大藏辑要》刻经。

遗憾的是，《大藏辑要》还未完成，杨文会于1911年秋去世。此后欧阳竟无、陈镜清、陈义三人继续其未竟事业。欧阳竟无（1871～1934年），江西宜黄人。他两次至南京追随杨文会学习佛法，在金陵刻经处从事整理、刻印佛经工作。1922年，他创立支那内学院，专门培养佛学人才，并率师生认真地校刻佛典。

镜之法师主持江北刻经处时，与扬州藏经院相互配合，续刻经藏数百卷。光绪后期，常州天宁寺住持清镕（1852～1922年）又设立毗陵刻经处，俗称天宁寺刻经处，至民国初年，数十年间，刻大小乘经770余部，2460卷。此外，还有北京、天津刻经处校刻经典近两千卷。除上述刻经处外，同治、光绪年间还有江西刻经处、扬州众香庵刻经流通

---

1 肖永明：《流布经教利人天——金陵刻经处一百四十年散记》，《佛教文化》2006年第5期。
2 武元康：《妙空法师和江北刻经处》，《佛教文化》1991年第1期。

处，苏州人许灵虚、沈善登等私人刻经，也按金陵刻经处的版式刻经。

《百衲藏》全藏包括正藏、续藏两部分。正藏是对明《南藏》《北藏》《嘉兴藏》、清《龙藏》等现成大藏经的校刻，续藏则是搜罗诸藏未收的佛典，特别是流传日本、高丽而在中国失传的唐宋注疏和清乾隆以后的解经著作。杨文会将刻经的重点放在续藏上，但其《大藏续藏提要》没有编完，从而他心目中的全藏规模也就无法得知。《大藏辑要》在各刻经处努力下，已经完成。但是续藏部分却没能刻完，正藏也未完成结集，主要以单行本流传，较《龙藏》缺经部 18 种，论部 29 种，版式虽多从《嘉兴藏》本，但大小不一。

虽然《百衲藏》没能最终刻印完成，但所刻之书都经过严格遴选，审慎辨析。金陵刻经处在成立之初，就订下"三不刻"原则，"凡有疑伪者不刻，文义浅俗者不刻，乩坛之书不刻"。[1] 而且，金陵刻经处还十分注意底本的选择。杨文会在编辑《大藏辑要》的过程中，还托人从日本代购中国古代佚本佛书，在南条文雄、岛田蕃根、赤松连城等人的帮助下购得中国古佚佛书近 300 种，其中有些珍本只能借抄，抄毕又寄回。[2]

此外，《百衲藏》的校勘也十分精准，金陵刻书"务使校对、刷印，均极精审"。例如在审定《瑜伽师地论》时，杨文会搜葺诸家注疏，点句会文，因此生前只完成前 50 卷。欧阳渐秉师嘱续刻后 50 卷，五年之中付出极大心血，常常达旦不休，至 1917 年，历经二十寒暑，终于刻完这部巨著。江北刻经处、天宁寺刻经处等依清《龙藏》刻经，而用明南藏、北藏或宋藏校勘，并将校记刻在每卷卷末。可见，《百衲藏》在刻印过程中的精准要求之高。

《百衲藏》的刻印经费除了发起人按月认捐外，基本依靠各地的募捐。刻书地遍及大半个中国，因此参与人数众多，在历代大藏经中极为罕见。全藏的刻印由以僧人为主转向以居士为主，虽然没有统一的机构，却又能密切合作。单部流通和流通量之大，也是历代少有的。

---

1 陈素清、董剑英：《近代金陵本佛典浅说》，《图书与情报》2004 年第 4 期。

2 杨之峰：《中国近代的百衲本大藏经》，《图书馆工作与研究》2009 年第 9 期。

第二十节 《频伽藏》

《频伽藏》，全称《频伽精舍校刊大藏经》，是我国近代出版的第一部铅印本大藏经。始印于1909年，完成于1913年。由上海犹太富商哈同及其夫人罗迦陵出资，镇江金山寺宗仰法师主持，参与者有余船愿、汪寂照、黎端甫等。

《频伽藏》书影

《频伽藏》得名于上海爱俪园内的频伽精舍。1903年，罗迦陵居士兴建频伽精舍，其素爱研习佛法，深感"旧藏经籍，卷帙繁重，检阅良难，工巨价昂，在家熏修二众，尤难购置；每于执卷兴望洋之咨，披函起数宝之叹，称憾久之。嗣从日本购得弘教书院小字藏经，较之旧刻，颇为便利；惟字迹过细，高年展阅，未免苦耗目力。爰发宏誓，愿输私财，仿弘教本翻印；而字体放大，期于阅者无分老少，咸得睹兹照世明灯焉"。[1]于是，她决定自己出资印刷一版大藏经。

最初预算的经费约有10万金，大约两年内完成，由中国图书公司承揽印刷工作。但几经周折，先是印刷所易主迁地，又遇到宗教偏见

---

1 迦陵：《频伽精舍校刊大藏经缘起》，载《频伽精舍校刊大藏经总目》，第8页上。

的抵制，再是承揽人的变更，尤其是辛亥革命的爆发，政权更迭，导致物价飞涨，致使原有的印刷契约无法履行，不得不重新协商，导致出版时间一拖再拖。原定两年内完成的印刷任务直到 1913 年才予以竣工。"综计期役，措手历四年有余，糜金过十五万，屡经挫折，年底于成。"[1]

该藏以日本弘教书院编印的《大日本校订缩刷大藏经》（又称《弘教藏》）为底本。与国内的藏经相比，日本弘教本藏经有其无可替代的优势：一是它兼具宋、元、明、韩诸藏之长，尤其是高丽藏更多唐代传去的经籍，析疑辨异，取舍决定，其《校正别录》尤不可废；二是《弘教藏》保存了中国失传已久的大量密宗经典，其中所收檗山翻刻的《径山藏》本，"尚留轨则，采掇恒钉，稍张绝学"。[2]三是其编列次第依据宋元后藏经提要最完备的《阅藏知津》（明末智旭著），并将梵策改为方册，"取而规之，贯条既宜，诵习复便"。[3]四是它所留传的明藏，兼有"得紫柏、憨山诸师从事检校，甄诠推解，具有真义，洵为法宝"的密藏禅师刻本，可谓"夙称珍物"。[4]可见，《弘教藏》"兼有宋、元、明、丽四藏诸本之长"。

《频伽藏》总计 40 函，千字文编次自"天"字至"霜"字，分订为四百十四册，内含目录一册，收经 1916 部，8416 卷。经文为方册线装本，用四号铅字排印，每页 20 行，每行 45 字，折为两个半页，书口处注"大藏经"、经题及卷次、纸次和千字文编次。边框长 295 至 30 厘米，宽 22 至 225 厘米。内容结构则依照《阅藏知津》分为经藏、律藏、论藏、秘密藏、杂藏等 5 部 25 门，另外新设日本撰述部，收录日本诸宗开祖的著述。总目名为《频伽精舍校刊大藏经总目》1 册，与全藏一起流通。

较之底本《弘教藏》，《频伽藏》一方面删去了《道宣律师感通录》《辩正论》《御制秘藏诠》《御制逍遥咏》《御制缘识》《新集

1　宗仰：《频伽精舍刊经记》，《频伽精舍校刊大藏经总目》。

2　宗仰：《频伽精舍校刊大藏经缘起》，见《频伽精舍校刊大藏经总目》（卷首）。

3　《频伽精舍校刊大藏经凡例》，《频伽精舍校刊大藏经》（卷首）。

4　《频伽精舍校刊大藏经凡例》，《频伽精舍校刊大藏经》（卷首）。

藏经音义随函录》《玄应音义》《慧苑音义》《绍兴重雕大藏经》《御制莲华轮回文偈颂》以及 15 部日本撰述。另一方面，又将《弘教藏》中作为附后的一些经典单独立目，如《佛顶最胜陀罗尼经》后附的《大轮金刚陀罗尼》《传法正宗记》后附的《定祖图》《禅宗永嘉集》后附的《证道歌》《黄檗山断际禅师传心法要》后附的《宛陵录》等都分别立为两目。删、增两项相抵，《频伽藏》收经总数与《弘教藏》相同。[1]

《频伽藏》的特色在于，在每部经名的上方，依次标注其在清（《龙藏》）、明（《永乐北藏》）、元（《普宁藏》）、宋（《资福藏》）、丽（《再刻高丽藏》）等 5 种藏经版本中的函号，甚便查检。而且，《频伽藏》还加上了《龙藏》的编次，为清、明、元、宋、高丽各藏的千字文编次，检索起来更为方便，这也是本藏的一个优点。

《频伽藏》在经文的校勘和收经数量方面均不及《弘教藏》。《弘教藏》所收经典的原有校勘排在每页的上方，而《频伽藏》在排印时，将它们都删去了。而且由于排校上的疏误，正文中的错别字不少，这是在阅读时须留意的。如"《弘教藏本》，附校勘记于上方，每遇脱误太多之处，辄附两旁阑外直写。本藏于校勘一门，汇为专集，各依卷帙次第，首列经题，次依原文摘录一二句，标为纲领，而于其下夹注某字，某本作某，以便检阅"。[2]"本藏初议，原欲广搜明藏未收诸作，汇辑校印，编为续藏。如《清藏》所增1127卷，除已收之189卷外，尚有938卷。其他古德佚本，昔时难罗致者，今幸交通差便，皆可一一采集。顾以从事之际，适遇中华光复，兵火遍于南北，故规定之程序，因之受其顿挫；又以人事之不齐，印刷工厂之易主，纷纭斜射，皆为宿谋所未及，故不得已暂将初意欲增人者，悉行搁置，以俟续藏之刊。"[3]

目前，我国许多图书馆和寺院都存有《频伽藏》的全藏本。

---

1 《频伽精舍校刊大藏经凡例》，《频伽精舍校刊大藏经》（卷首）。

2 《频伽精舍校印大藏经凡例》，《频伽精舍校刊大藏经》卷首。

3 《频伽精舍校刊大藏经凡例》，《频伽精舍校刊大藏经》（卷首）。

第二十一节　《普慧藏》

《普慧藏》是民国时期的另一部铅印本大藏经。1934 年，由盛幼盦出资，用其法名普慧命名，在上海成立了普慧大藏经刊行会。盛幼盦自任会长；兴慈、应慈、圆瑛等法师，赵朴初、叶恭绰、夏丏尊、丁福保、黄幼希等居士任理事；持松、芝峰法师，黄幼希、许圆照、范古农、李圆净居士为

《普慧藏》之《华严经疏论纂要》

编纂。会址初设于静安寺，后迁至法藏寺。其编藏宗旨为"为翻译南传大藏经，以与北传经籍汇合，俾如来一代时教，圆满无缺故；一为校勘各经本文字异同，以利学者研习故；一为搜采各藏未载之重要典籍，以广法藏故。"[1]

该会还曾刊登《征求佛教典籍启事》，对藏经收录的内容要求如下：1. 中国各藏所未收，而其书却有流传之必要者；2. 中国各藏已收，而曾经撤出，但其书确有价值者；3. 中国各藏虽已刊过，而印本无传或仅存者；4. 中国各藏已收，而近发现善本，或曾经精确校刊者；5. 中国各藏已收之经、律、论疏钞，后经汇合或重行汇合，胜于前本者；6. 非汉文之佛教要籍，足供研究者；7. 清藏刊行后始发现或著译之要籍。

《普慧藏》第一期所收的典籍有：《女南传长部经典》（江炼百

---

1 转引自《金陵刻经处重印〈普慧藏〉说明》。

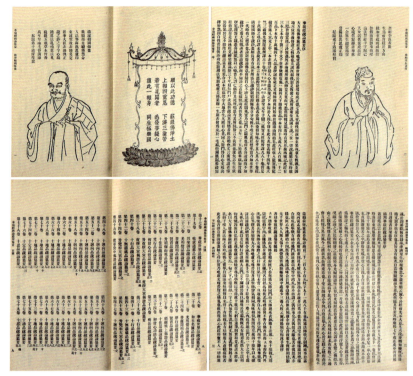

《普慧藏》

译)、《南传中部经典》（芝峰译）、《南传小部经典》（夏丏尊译）、
《泰国大藏经小部经》（黄谨良译）、《发趣论》（范寄东译）、《大
发趣论注》（同译）、《转法轮经》（岫庐译）、《三宝经》（法妙译）、
《吉祥经》（同译）、《婆罗门正法经》（同译）、《南传大悲经》（同
译）、《南传法句经》（了参译）、《南传大般涅槃经》（巴宙译）、
《阿毗达磨摄义论》（法舫译）、《释氏六帖》（五代义楚撰）、《华
严经疏论纂要》（清道霈撰）等。其中多数为南传巴利文佛典的首次
汉译，有些则是据日译本转译的。

其后，经过数年经营，普慧藏刊行会在其运行期间印出经籍50种
81册。刊行会停办后，虚云法师、圆瑛法师等人发起组织民国增修大
藏经会，刊行《民国增修大藏经》，"务求扩前代未有的宏规，撷近
代精良的佳著"。从1945至1955年，民国增修大藏经会共计出书55
种18册，另有《概述·目录》1册，其版式与《普慧大藏经》完全一致。

这样，《普慧大藏经》印行的经籍总计达到104种100册，内容包

括部分其他各版大藏经未收入的经、论、疏释，由日译本转译的南传
巴利三藏《长部尼伽耶》23 部经，《中部尼伽耶》50 部经，《小部尼
伽耶·本生经》第一篇150 个本生故事和《发趣论》等，以及弘一法
师遗著34 种。详见下列目录：

序号	名称	册数
1	《仁王护国般若经疏神宝记会本》	1
2	《金刚般若波罗蜜经讲义》	3
3	《华严经探玄记》	10
4	《华严经疏论纂要》	16
5	《无量清净平等觉经》《阿弥陀过度人道经》《大乘无量寿庄严经》《大阿弥陀经》等十四经合本	1
6	《观无量寿佛经净影义疏》《观无量寿佛经智者疏妙宗钞》《观无量寿佛经嘉祥义疏》三疏合本	1
7	《观无量寿佛经四帖疏》《观无量寿佛经灵芝疏》《观无量寿佛经直指疏》三疏合本	1
8	《佛说阿弥陀经疏钞》	
9	《维摩诘经直疏》	
10	《大集大虚空藏菩萨所问经》《虚空藏菩萨经》《虚空孕菩萨经》等六经合本	
11	《景德传灯录》	
12	《六祖坛经敦煌本》《六祖坛经兴圣寺本》《六祖坛经曹溪原本》《六祖坛经宗宝改编本》四经合本	
13	《祖灯大统》	
14	《洞上祖宪录》	
15	《正名录》	
16	《五宗救》	
17	《释氏六帖》	3
18	《成唯识论述记金藏本》	5
19	《成唯识论述记集成编》	10
20	《法苑义林章师子吼钞》	4
21	《华严教义章记》（含《华严一乘教义分齐章》《复古记》《五教章指事》及《五教章通路记》等 4 种）	5
22	《南朝寺考》	1
23	《巴利文本南传大藏长部经典》	1
24	《巴利文本南传大藏中部经典》	1
25	《巴利文本南传大藏本生经》	2
26	《巴利文本南传大藏发趣论》	1
27	《大乘止观述记》	1
28	《华严经行愿晶疏》	3
29	《四明尊者教行录》	1
30	《小品般若波罗蜜经》	1
31	《南山律在家备览略编》	1
32	《含注戒本随讲别录》等三十五律合本	1
33	《大方广佛华严经修慈分》等十经合本	1
34	《摩诃般若波罗蜜经》	2
35	《大乘大集地藏十轮经》等三经合本	1
36	《概述·目录》	1

据《普慧大藏经刊行会校印大藏经第一期单行本目录》所载，共计 48 种 81 册，实际出书 50 种 81 册。此后即未能继续编印，刊行会也于抗战胜利后结束。《普慧藏》版式为毛边纸 8 开本，每页 16 行，每行 41 字，正文用 4 号正宋字，夹注及校勘记用五号正宋字。

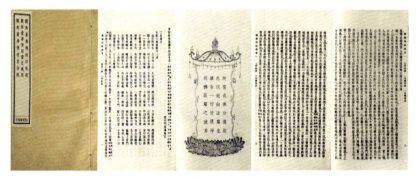

《普慧藏》

《普慧藏》的修藏活动正式结束于 1955 年。如赵朴初居士在《缘起》一文中所说："依据南传、北传国内各版大藏经和参考典籍，校正历代印本之漏误，核对译文之异同，编写校勘记，收集各藏遗佚要典及新发现善本编校入藏，翻译南传大藏经，边编边排，制成纸型，印出少量，分赠出资和编纂等人。"因此，《普慧藏》自问世以来，在社会上流传和收藏的基本是单行本，印本较少，知者亦寡。又因是随编随印，得以保存下来的以零本为多见。1959 年，民国增修大藏经会的《普慧藏》纸型 6900 余片，由赵朴初居士交游有维居士从上海送至金陵刻经处保管。"文革"期间，全部纸型散乱不堪，并有部分损坏或遗失。而原存放于上海的大批手稿，包括已编辑好尚未付印的稿子，也都遗失湮灭。

1977 至 1982 年，台湾佛教出版社出版了一部《佛教大藏经》，共计 162 册，另有《总目录·索引》1 册。其中第一辑收录了《普慧大藏经》，全部按原书比例缩小影印。但是有 18 种并非《普慧藏》纸型，包括《佛说大乘稻秆经》1 卷、《大方广佛华严经疏钞会本》80 卷、《普贤行愿品别行疏钞会本》4 卷、《大方广佛华严经疏钞会本略科》10 卷、《大方广佛华严经普贤行愿品别行疏钞会本略科》1 卷、《华严四十二字观门圆明字轮》1 卷、《华严法界玄镜》1 卷、《大华严经略策》1 卷、《华严七处九会颂释章》1 卷、《入法界品十八问答》1 卷、《三圣圆融观门》1 卷、《答顺宗心要法门》1 卷、《五蕴观》1 卷、《华严普贤行愿修证仪》1 卷、《法界宗五祖略记》1 卷、《般若波罗蜜多心经诠注》4 卷、《大悲心陀罗尼经补注》1 卷、《大悲心陀罗尼经念诵法则》1 卷。[1]

1955 至 1977 年间，金陵刻印处在原纸型的基础上重新刷印，不足者依初印本补足，计 100 册，21 函，按经、论、疏释、撰述顺序编排目次。

《普慧大藏经》收集并校印了一大批失传已久而新发现的佛典珍本及极具研究价值且流传甚少的刊本，如中国禅宗《六祖坛经兴圣寺本》《祖灯大统》《洞上祖宪录》《五宗救》《正名录》等，纂集类的《释氏六帖》，寺志《南朝寺考》，经疏类的《华严经疏论纂要》《维摩经直解》等。这些典籍均不见载于历代中外诸版大藏经，为佛教研究提供了鲜为人知的文献资料。

当时庞大的编者群以极大的热忱翻译了南传大藏经中最基本的经典《长部》《中部》《本生经》《发趣论》等，从而弥补了汉文大藏经之不足，对印度早期佛教的研究提供了新的经典依据。

在所印经籍中亦有见于诸版大藏经，但又不同于诸版大藏经的，其所刊之本都是经过编者详加校勘和整合的，从而成为诸本之长的新版本，更具佛教典籍的研究价值。如《景德传灯录》，是据铁琴铜剑楼所藏宋本及金藏本之《传灯玉英集》详加校勘，同时参校宋碛砂本、元延祐本、明径山本、清龙藏本而汇其异同，是集诸异本大成的新版本。

根据此前普慧大藏经刊行会发布的《启示》中所宣示的三项任务、《征求佛教典籍启示》中所提出的七项标准中，可以看出，《普慧大藏经》是对中国历代大藏的增广，而不是对历代大藏的集成与汇编；《普慧大藏经》是一部精选藏。

---

1 武延康：《漫谈〈普慧藏〉》，《法音》2001 年第 5 期。

第二十二节 台湾版《中华大藏经》

1956 年，"修订中华大藏经会"在台北善导寺正式成立，标志着台湾版《中华大藏经》正式开始编印。本经系拟采用百衲本的形式，依据前代大藏经影印而成。

早在 1951 年，著名台湾佛教学者蔡运辰在《觉生》月刊上发表了《编辑藏经的建议》一文，就提出修订新的大藏经的计划。1954 年，他又再次发表了《编印藏经的再建议》，在这篇文章中正式提出以《中华大藏经》为名，重编藏经的计划。[1] 在其倡导下，屈映光居士于同年 10 月"发愿兴修藏经"。一时间众人纷纷响应，当时签名赞同者就有 210 人。其中既有以章嘉活佛为代表的高僧大德，甘珠尔、印顺、智光、南亭、太沧、白圣、道安、乐观、东初、默如、演培、月溪、觉光、惠光及居士林锦东、江张仁、吴经名、李炳南、蔡运辰、邓翔海、韩同、方伦等；也有社会名流、政界要人，如赵恒惕、许世英、于右任、阎锡山、陈诚、严家淦、黄少谷、王云五、张君劢、朱家骅、孔德成、张其昀、陈含光等。

1956 年，修订中华大藏经会成立，屈映光任首席常务，蔡运辰任总编审，签名赞同者都是会员，此会以"民主精神""发挥会务之功能，方能助长事业之顺利成就"[2] 为宗旨，并在泰国、日本设立了分会或代理人。此会在成立之时，拟定了《修订中华大藏经会章程》，明确提出了此次修订大藏经的相关事项，包括"总则""任务""会员""组织""会议""经费""附则"等，内容十分完备。[3]

按照最初的设想，台湾版《中华大藏经》共分为四部分，一、选藏，二、续藏，三、译藏，四、总目录，共收录经籍 5005 部。其中选藏为全经的主体，分为四辑出版。第一辑选择影印 1931 至 1935 年上海出版

---

1 圣严：《序〈二十五种藏经目录对照考释〉》载，蔡运辰《二十五种藏经目录对照考释》，台湾新文丰出版社，1983 年。

2 《修订中华大藏经会筹备工作报告》。

3 载于《大藏经补编》第 25 册，见李富华、何梅：《汉文佛教大藏经研究》，宗教文化出版社，2003 年，第 577 ~ 578 页。

的《影印宋碛砂藏》和 1935年三时学会从《赵城藏》中编选的《宋藏遗珍》，共 1581部；第二辑影印《嘉兴藏》，共 658部；第三辑收录经籍3576部；第四辑收录其余藏经中前三辑未收录的部分，共 400部。四辑共 3976部，计划成为收录最全的大藏经版本，如同蔡运辰在《中华大藏经序》中写的："各藏经典，不重一部，不减一部，合成一帙。"不过，遗憾的是，这一宏大计划并没能实现。

在修订《中华大藏经》之初，与会者的热情和参与度都很高，仅在佛教杂志上撰写的宣传性文章就"不下十余篇"。善信居士们纷纷捐款，"年来筹备种种，均在此项支用，尚存四万余元"。修藏会还得到不少捐献资料，有《频伽藏》全部、《大正影印藏》全部、《上海佛学书局目录》《北平佛学书局目录》《高丽大藏经目录》等。[1]

然而，此后《中华大藏经》的编印基本处于停滞状态。主要原因是《中华大藏经》的编印是一项庞大的工程，需要各方面的紧密配合，而修藏会困难重重，计划不得不一再推迟。直到 1960年蔡运辰先生以个人的力量编制了新藏的目录草案，为《中华大藏经》的编修提供了目录依据。但是境况并未彻底好转，正如圣严法师所云，因所订"目录草案，滞碍难行"，《中华大藏经》的编印难以按原计划实行，不得不更改原来的设想。于是，新修订的《中华大藏经编目通例》出现。其最重要的变化是将原来设想的集中韩日一切藏经所录经籍收录于一藏的"选藏"，改为选用现存藏经版本，辑为四辑影印的编辑方案，如《通例》所云：

选藏亦即正藏，凡分四辑，就中外现存藏经易于获见者加以选择。民国二十年（1931年）影印之碛砂藏和宋藏遗珍，版本最古，辑为第一辑。嘉兴、卍字、皆有续藏，收经最多。嘉兴正续为明清版本，时间仅决于碛砂，除去已见于前辑及合本见于本辑或续藏者，编为第二辑。卍字正藏源本丽藏，颇多异本，续藏尤富珍籍，除去已见于前二辑及合本见于本辑或续藏者编为第三辑。更合历代中外藏经补前三辑之不足，编为第四辑。

---

1 《修订中华大藏经筹备工作报告》。

这一改变意味着在此四辑影印中，除第四辑补遗外，其他三辑基本上是据原本影印，不做大的变动。

1962 至 1966 年，《中华大藏经》第一辑陆续出版，以 16 开版式、精装 40 册出版。第一辑收录内容为《影印宋碛砂藏经》及民国年间影印的《宋藏遗珍》的全部内容。此《影印宋碛砂藏经》共 591 册，前有卷首两册、编入序文、目录、碛砂延圣院小志、影印宋碛砂藏经始末记及"补页表"等。《宋藏遗珍》是民国年间发现的《赵城金藏》中的特有经籍的汇编，由上海影印宋版藏经会、北平三时学会和北平图书馆共同编辑，分三集影印，分装为 120 册。《中华大藏经》则将二者合为一辑。

第二辑于 1968 至 1974 年出版，精装 80 册。内容包括《嘉兴藏》正续藏，除去与第一辑重复的部分，新刊订的目录为 523 部，但其中的两部，即《弥陀疏钞》《竹窗随笔》重见于《云栖法汇》；有 7 部缺本见于《卍续藏经》，它们分别是《楞伽经记》《径石滴乳记》《宝镜三昧本义》《宝镜三昧》《续灯存稿》《比丘戒录》《玄鉴五宗图》；有 8 部缺本无可觅补者，即《楞严经通义纂要》《瑞应瀛山语录》《幽溪大师净土法语》《法华经注》《碧崖集》《净信堂初集》《四家大师全集》《四家评论》；另有 9 部存目不印，以上共 26 部，减去之后，《中华大藏经》第二辑，实际收经为 497 部，加上异本，共影印 685 部。同时出版的还有朱镜宙编的第一辑索引和蔡运辰主编的《中华大藏经首编》。

然而，好景不长，1972 年屈映光去世，此后《中华大藏经》的编印又遇到诸多困难。第二辑基本完成时，第三辑已开印，在资金短缺、管理不善的情况下，印行工作于 1979 年完全停顿。后来，通过种种努力下，直到 1982 年，第一辑的大字本和第三辑的精装才总算告竣，各 100 册。

第三辑为《卍续藏经》的主要内容，此藏完成于日本大正元年（1912 年），据《昭和法宝总目录》载，其收录经籍总数为 1659 部，分一、二两编并附补遗。今台湾版《中华大藏经》第三辑"略去编数，于第一编某套，标续某套，第二编某套，标续甲某套，第二编乙某套，标续乙某套"；[1]此外，在校订新目中，有"局部重出"的地方，如《宗门尊祖议》，"副目无书"，如《金刚经集解》《比丘尼戒本》《五灯会元补遗》等及"已见前目而后目补出缺文者"，如《俱舍论颂疏》等情况。这样，在《中华大藏经》校订新目中"减去上述七号，为一千六百五十二号"。而另据《中华大藏经编目通例》，《中华大藏经》第三辑实际只印出 1337 部。[2] 同时，为了版本的配套，又重新刊印了第二辑，于是，修藏会终于宣告《中华大藏经》刊印完成。编印完成的《中华大藏经》共三辑，计精装 280 册，线装本加倍。

声势浩大的台湾版《中华大藏经》编印工作，经过 20 多年，其修藏未免不够完善，很是可惜。正如蓝吉富先生在《佛教史料学》中所说："《中华大藏经》（台湾版）这是《碛砂藏》《宋藏遗珍》《嘉兴藏》《卍续藏》四种版本的结合。这一藏经原来的计划规模甚大，可惜在印行期间，发生不少波折。因此，结果并未完成原先的构想，仅收集上述若干种并删除重复者，就草草结束"。[3]

但总的来看，《中华大藏经》在编印过程中还是有一定成绩的。

第一，在编印过程中，发现了不少以前大藏经中失收的经卷，如胡适在普林斯顿大学葛思德东方文库发现的《碛砂藏》"宁四""更一"两册，分别为唐代不空译《略述金刚顶瑜伽分别圣位修证法门》1 卷和《瑜伽集要救阿难陀罗尼焰口仪轨经》1 卷。还有《嘉兴藏》所未收《云栖法汇》《布水台集》《鹤山禅师执帚集》3 种经卷。这些不易得见的版本被《中华大藏经》影印收录，十分值得庆幸，这也是编印台湾版《中华大藏经》作出的重要贡献。

第二，蔡运辰先生撰著的《二十五种藏经目录对照考释》一书出版，则是台湾版《中华大藏经》的另一项重要成果。如圣严法师《序》中所云："就中国藏经目录学史而言，如此精细审慎之工作，可谓尚无前例"。这部著作倾注了蔡先生四年多心血，他"搜罗古籍，獭祭群书""凡得刻藏目录十八种，辑藏目录八种，专书三十一种，综合排比，钩稽

1 蔡运辰：《二十五种藏经目录对照考释》，台湾新文丰出版社，1983 年。
2 李富华、何梅：《汉文佛教大藏经研究》，宗教文化出版社，2003 年，第 582～583 页。
3 蓝吉富：《佛教史料学》，台湾东大图书公司，1997 年，第 2 页。

部数，校注异文"，还以两个"目录对照表"，将历代中外刊行的汉文大藏经的佛教典 4698 种的书名、作者（译者）、卷数、千字文帙号（或排序）等一一罗列无遗，并做了对照，即同一种经典在不同大藏经中的位置，并注明它们不同的版本。这部著作，在中国佛经目录学史上有着它独特的贡献，历代经录没有这样的作品，今人在佛经目录学上的著作也难有可以与之相匹敌者。

此外，台湾版《中华大藏经》的编辑始倡于 20 世纪 50 年代，完成于 80 年代，有开风气之先之功，它的编辑出版在中国佛教史上留下了值得记录的一笔。此后，1983 年由释星云监修的《佛光大藏经》在台湾陆续出版发行，还有《佛教大藏经》的编纂工作亦在进行。

第二十三节　《中华大藏经》

1982 年 8 月，《中华大藏经》的编辑整理工作正式开始，国务院古籍整理规划领导小组委托时任中国社会科学院世界宗教研究所所长、后任国家图书馆馆长的任继愈教授主持编纂《中华大藏经》，这是新中国成立后，以国家之力支持学术界整理编辑的一部汉文大藏经。

《中华大藏经》书影　任继愈教授主持编纂

20世纪 80年代初，为弥补清朝乾隆之后二百多年间中国没有大规模重新编纂汉文大藏经的遗憾，任继愈先生抱着弘扬"盛世修藏"的信念做了一系列工作，最重要的就是确定了新版大藏经分为正、续两编，拟收佛典 4200 余种，23000 余卷，正编以《赵城金藏》为底本进行影印，其缺失部分由《高丽藏》补足。此外，还将编入《房山石经》《资福藏》《碛砂藏》《普宁藏》《永乐南藏》《永乐北藏》《龙藏》《高丽藏》

中有千字文编号的各藏特有的一批经典；续编则收录《房山石经》《频伽藏》《普慧藏》《大正藏》《嘉兴藏》中的《续藏》和《又续藏》，以及《卍续藏》中未被收入正编的那些经典。[1]

1982 年 7 月，在李一氓先生的主持下，中华大藏经编辑局负责编辑工作。《中华大藏经》的名称也正式定名为"《中华大藏经》（汉文部分）"。

1983 年 5 月起，《中华大藏经》的编印进入编辑样书阶段。为了保证《中华大藏经》的成书质量，编辑局邀请了佛学研究和古文字领域的诸多学者和高僧大德一起参与校对工作，其中包括童玮、李富华、马鹏云、潘桂明、何梅、陈贞辉、张大柘、荀俊恩、丁明夷、方广锠、郑廷础、石凯、圆安等，最多时，编辑队伍达到了 90 人之多。

1984 年，《中华大藏经》出版了 5 册，1985 年出版了 10 册。之后，《中华大藏经》按照每年大约出版 10 册的进度向前推进；到了 1994 年，在经过 13 年、近 160 人的艰苦努力下，《中华大藏经》终于全部完成，共收录典籍 1937 部，10230 卷，一亿多字。《中华大藏经》正编的内容不仅包括了底本《赵城金藏》所收录的全部经籍，还包括了历代其他藏经板本有千字文编次的特有经籍。因此，它可称之为是一部百衲本汉文佛教大藏经。

其中，《中华大藏经》的第一部分第 1 册至第 63 册，是以《开元录·入藏录》为基础的"天"帙至"英"帙的内容。这部分内容的基本部分保持了《赵城金藏》的原貌，残缺部分以《高丽藏》补足。同时又补入了历代藏经中性质相同的有千字文编次的部分经籍，共有 82 种，622 卷，它们分别见下表：[2]

经名	卷数	版本来源
《金刚般若波罗蜜经》	1	《龙藏》
《普门品经》	1	《龙藏》
《大乘大方等日藏经》	10	《永乐北藏》
《大方等大集月藏经》	10	《永乐南藏》
《虚空藏菩萨神咒经》	1	《普慧藏》

1 陈士强：《中国佛教百科全书·经典卷》，上海古籍出版社，2000 年，第 437 页。

2 李富华、何梅：《汉文佛教大藏经研究》，宗教文化出版社，2003 年，第 564～567 页。

经名	卷数	版本来源
《南本大般涅槃经》	36	《高丽藏》
《番字药师琉璃光七佛本愿功德经》	1	
《佛说大阿弥陀经》	2	《永乐北藏》
《菩萨睒子经》	1	《永乐北藏》
《佛说睒子经》	1	《资福藏》
《佛说九色鹿经》	1	《永乐北藏》
《千手千眼观世音菩萨广大圆满无碍大悲心陀罗尼经》	1	《龙藏》
《拔一切业障根本得生净土神咒》	1	《永乐北藏》
《观自在菩萨随心咒经》	1	《房山石经》
《观自在菩萨怛嚩多唎随心陀罗尼》	1	《龙藏》
《金刚秘密善门陀罗尼咒经》	1	《永乐南藏》
《佛说须赖经》	1	《龙藏》
《不空羂索咒心经》	1	《龙藏》
《过去庄严劫千佛名经》	1	《龙藏》
《现在贤劫千佛名经》	1	《龙藏》
《未来星劫千佛名经》	1	《龙藏》
《幻师飐陀神咒经》	1	《龙藏》
《百千印陀罗尼经》	1	《龙藏》
《佛说鹿母经》	1	《龙藏》
《金刚般若波罗蜜经论》	3	《龙藏》
《妙法莲华经论优婆提舍》	2	《龙藏》
《佛说楼炭经》	6	《龙藏》
《中本起经》	2	《龙藏》
《须摩提女经》	1	《龙藏》
《五蕴皆空经》	1	《龙藏》
《阿难问世佛吉凶经》	1	《龙藏》
《五母子经》	1	《龙藏》
《玉耶女经》	1	《龙藏》
《佛说四十二章经》	1	《龙藏》
《佛说奈女耆婆经》	1	《龙藏》
《佛说贫穷老公经》	1	《龙藏》
《佛说阿支罗迦叶自化作苦经》	1	《龙藏》
《佛说出家缘经》	1	《龙藏》
《佛说轮转五道罪福报应经》	1	《龙藏》
《佛说五无返复经》	1	《龙藏》
《佛说五无返复经》	1	《龙藏》
《佛说时非时经》	1	《龙藏》
《根本说一切有部毗奈耶药事》	18	《高丽藏》
《根本说一切有部毗奈耶破僧事》	20	《高丽藏》
《根本说一切有部毗奈耶出家事》	4	《高丽藏》

经名	卷数	版本来源
《根本说一切有部毗奈耶安居事》	1	《高丽藏》
《根本说一切有部毗奈耶随意事》	1	《高丽藏》
《根本说一切有部毗奈耶皮革事》	2	《高丽藏》
《根本说一切有部毗奈耶羯耻那衣事》	1	《高丽藏》
《十诵律比丘尼戒本》	1	《龙藏》
《比丘尼僧祇律波罗提木叉戒经》	1	《龙藏》
《五分戒本》	1	《龙藏》
《十诵律比丘戒本》	1	《龙藏》
《四分比丘尼戒本》		《龙藏》
《昙无德部四分律删补随机羯磨》		《龙藏》
《佛说目连问戒律中五百轻重事经》	1	《龙藏》
《佛说目连问戒律中五百轻重事经》	1	《高丽藏》
《大宗地玄文本论》	20	《高丽藏》
《释摩诃衍论》	10	《高丽藏》
《那先比丘经》	3	《龙藏》
《众经撰杂譬喻》	2	《资福藏》
《龙树菩萨传》	1	《龙藏》
《地藏菩萨本愿经》	2	《龙藏》
《开元释教录略出》	4	《资福藏》
《贞元新定释教目录》	30	《高丽藏》
《大唐保大乙巳岁续贞元释教录》	1	《高丽藏》
《大元至元法宝勘同总录》	10	《龙藏》
《大藏经纲目指要录》	8	《崇宁藏》
《大藏一览集》	10	《资福藏》
《大藏圣教法宝标目》	10	《龙藏》
《高丽国新雕大藏教正别录》	30	《高丽藏》
《一切经音义》（唐玄应撰）	25	《永乐南藏》
《一切经音义》（唐慧琳撰）	100	《高丽藏》
《续一切音义》	10	《高丽藏》
《新译大方广佛华严经音义》	2	《高丽藏》
《绍兴重雕大藏音》	3	《碛砂藏》
《新集藏经音义随函录》	30	《高丽藏》
《释法琳别传》	3	《高丽藏》
《智者大师别传》	1	《龙藏》
《宋高僧传》	30	《龙藏》
《明高僧传》	6	《龙藏》
《神僧传》	9	《永乐北藏》

　　第二部分包括《赵城金藏》"杜"帙至"毂"帙的北宋新译经和"振"帙至"奄"帙的唐以前《开元录》未入藏的经籍，也就是《指要录》

所说的"经传三十帙"和"未入藏经二十七帙"。这部分内容收录于《中华大藏经》的第65册至67册中，在保持《赵城金藏》原貌不变的前提下，也增入了其他诸版藏经特有的一部分经籍计12种12卷。

第三部分内容是《赵城金藏》"宅"帙至"亭"帙的经籍，为《中华大藏经》第67～75册内容，其收录的经籍包括北宋真宗咸平三年（1000）至神宗熙宁六年间（1073）宋代的新译经及北宋历朝奉敕入藏的中国僧俗的著述。这部分内容除完整地保存了《赵城金藏》收录的经籍外，又增补了历代其他藏经中有千字文编帙的经籍52种306卷。

第四部分是《赵城金藏》"雁"帙至"几"帙的内容，包括两方面，一是北宋时期的最后一批译经，即"雁"至"塞"帙的《大乘智印经》等8种译经；二是"鸡"帙至"几"帙的华严、天台、法相诸宗的著述。《中华大藏经》的这部分内容，除《赵城金藏》所录全部内容（缺经、缺卷以其他藏经本补足）外，还依内容性质增补了其他藏经的特有经籍194种，2236卷。

为便于检索，《中华大藏经》编印了7种索引，合为附录一册，随同《中华大藏经》一起发行。

这7种索引按照顺序排列如下：经籍名称首字汉语拼音音节索引，经籍名称首字笔画索引，同经异名首字汉语拼音音节索引，同经异名首字笔画索引，译撰人姓名及其译著索引（按时代先后排列），译撰人姓名及其译著，梵语及英语经籍名称索引（按拉丁字母顺序排列）。

《中华大藏经》编印完成后，1997年由北京中华书局出齐全部106册，2004年又出版了《总目》，至此，《中华大藏经（汉文部分）·正编》圆满竣工。它是新中国成立以后我国学术界对浩繁的佛教文献进行集中整理出版的一个重大成果，在汉文大藏经的发展史中有着独特的地位：

首先，以《赵城金藏》的目录体系和千字文编次为基础进行编排，并结合了《房山石经》《崇宁藏》《毗卢藏》《资福藏》《碛砂藏》等共19种藏经的全部内容，共23000余卷，是一部包罗历代一切藏经正藏内容的百衲本大藏经。

其次，在编目体系上，《中华大藏经》尊重了以《开元录·入藏录》

为基础的中国历代大藏经的编目体系。至于日本的《大正藏》的创新分类法，即将全部经籍分为 31 大类，而以《阿含》为首，日本学者认为这是"综合现代学术研究成果的最新式的编修"。[1] 然而，这种分类法受到我国著名佛学家周叔迦、吕澂先生的批评。周叔迦认为，《大正藏》的"本缘部"将经、论、大乘经与小乘经相互混淆，"经集部"中的大小乘经也有混乱。[2] 吕澂则说："向来视为诸大部以外的大乘群经，由于它们的内容复杂，分类较难，各种大藏即以'部外''方等'或'经集'等名目汇为一部，笼统芜杂，本不足为法。"[3] 虽未明说《大正藏》，但是将"经集"的归类只有《大正藏》是如此，故此评说针对《大正藏》也是没错的。

李富华先生指出，《中华大藏经》的编目有其失当的地方。主要是历代藏经中有千字文编帙的特有经籍按内容性质补入，其中有不少偏颇之处，例如第二部分的"未入藏经二十七帙"的唐以前《开元录》未入藏的一类，这类经中主要是以不空为代表的唐代及以前的译经家们的译经，但在其新补入北宋施护译《佛说圣最上灯明如来陀罗尼经》和《佛说佛十力经》，显然是不合适的。再如第三部分的北宋译经中增补了一部由宋天台宗传人遵式的著述《炽盛光道场念诵仪》，这也是不恰当的。

第二十四节　《高丽藏》

在佛教东传的过程中，汉文佛教经籍也随之进入高丽。在古代乃至近代相当长的时间里，朝鲜使用的佛经和中国一样，同为汉文佛经。

根据现有记载，宋太宗端拱二年（998 年）和次年，宋朝应高丽成宗之请，分别向高丽赠送新印的雕版大藏经各一部，这部藏经就是后人所称的《北宋官版大藏经》，亦称《蜀版藏经》《开宝藏》。《开宝藏》初刻本由此传入高丽。真宗乾兴元年（1022 年），《开宝藏》

1　［日］高楠顺次郎：《大正新修大藏经全百卷完成献辞》。

2　周叔迦：《汉文大藏经中大乘经分类法的商榷》，《法音》1982年第 4 期。

3　吕澂：《有关大乘经分类部分的补充说明》，载《吕澂佛学论著选集》第3卷，齐鲁书社，1991年。

的天禧修订本也传入高丽。辽道宗清宁九年（1063 年），在《开宝藏》的基础上增补而成的《契丹藏》又传入高丽。另外，高丽义天等人入宋求法，回国时带回了大批汉译佛经和著述，这就为高丽雕印汉文大藏经提供了样式和底本。在此基础上，高丽王朝分别刊刻了三个版本的大藏经，它们是《初刻高丽藏》《高丽续藏经》和《再刻高丽藏》。

初雕高丽藏

1.《初刻高丽藏》

高丽成宗、显宗年间，契丹国势强盛频频入侵高丽，为祈求佛佑，击退契丹入侵而敕令雕印佛经，显宗二年（1011 年），显宗组织大批人力，大动国帑，开始雕造大藏经，即《初刻高丽藏》，又名《初雕高丽藏》《高丽藏初刻本》，于文宗三十六年（1028 年）雕印完成。但是，关于《高丽藏》的初刻年代还有另一说法，认为"高丽王朝得宋开宝初本后，即据以复刻，1025 年完工"。此两种说法至今未有定论。此次刊刻以崔士成为主持，经板藏于岭南八公山符仁寺。

《初刻高丽藏》完全是以《开宝藏》的版式仿刻的。《开宝藏》是我国第一部官刻大藏经，共经过三次修订：第一，咸平修订本，北宋端拱二年（989 年）到咸平（998 ～ 1003 年）年间校订本；第二，天禧修订本，北宋天禧（1017 ～ 1021 年）初年校订本；第三，熙宁修订本，北宋熙宁四年（1071 年）校订本。

而高丽王朝分别于端拱二年、淳化二年（991 年）、景德元年（1004 年）派遣僧人、使者入宋请藏。那么，从时间上可知，端拱二年、淳化二年所请之大藏经只可能是《开宝藏》的初印本，而景德元年所请之大藏经就很可能是咸平修订本。由此推断，《初刻高丽藏》应当是根据北宋端拱、淳化年间传入的《开宝藏》初印本或景德年间传入的咸平修订本为底本覆刻的，当然也不能排除在刊刻过程中可能参照了天禧修订本及《契丹藏》。

　　《初刻高丽藏》的内容应是以《开宝藏》为底本，并增入《续开元录》新编入藏经而编成，基本上按《开元释教录略出》分570函（帙），千字文自"天"字至"英"字，共收经1106部，5924卷。以每版23行，每行14字的版式进行雕印。但今《初雕》全藏已佚，只余有零星残本。

《高丽藏》本

　　2.《高丽续藏经》

　　高丽宣宗二年（1085年），文宗第四子王煦（1055～1101年），法名义天。入宋求法，在三年中（实际时间不到两年）搜集经疏多部归国。他又组织人到契丹、日本搜求。据说前后所得约1000余部，4700余卷。回国后，任兴王寺住持，经奏请在兴王寺置"教藏主监"，将从宋、辽（契丹）、日本及国内搜集到各种佛教著作（以章疏为主，兼及其他）陆续刊印，在实际雕印前，先编纂目录，随后依目录刊行这些未见于《开宝藏》的经律论注疏，是为《高丽续藏》。义天又将所得这一部分编了一个简目，名叫"新编诸宗教藏总录"。《续藏》现有残本流传，观其版式不甚一致，大约每行20字至22字。不过，当时是否将义天所得的4000余卷新经疏全部刊完，至今不明。[1]

　　宣宗八年（1092年），《续藏经》于兴王寺正式雕印，完成于肃宗元年（1096年），又名《续刻高丽藏》《续雕高丽藏》。《续藏经》依旧以《开宝藏》为底本，根据《开宝藏》的天禧和熙宁两个修订本及契丹本，加上义天所编《诸宗教藏总录》中的所收章疏典籍3000余卷，进行了内容校勘，在兴王寺开雕，全部刻完后，就和初雕本经板一同藏于符仁寺。但可惜的是，在1332年，全部经板都毁于战火，印

　　1　白化文：《敦煌学与佛教杂稿》，中华书局，2013年。

本流传情况不详。

《高丽续藏经》收录的佛经著作的作者多为中国僧俗，也有一些为高丽、日本僧俗。关于收录佛经著述卷数，学术界尚未有统一结论。如《佛光大辞典》中提到，其共收佛教著述 1086 部，其中，经疏 619 部，律疏 145 部，论疏 217 部，其他（论著、纂集、史传等）105 部。《韩国佛教史概说》则载，其收典 1010 部 4040 卷，其中，经疏 561 部、2586 卷，律疏 142 部 467 卷，论疏 1017 部 1687 卷。据说《再雕高丽藏》的前 480 函全同《初雕》。与《开元释教录略出》相比，增加了 18 种，合并了 3 种，析出一种变为 3 种，减去 3 种。这些与《开元释教录略出》的相异之处，究竟是从《开宝藏》还是从《初雕》开始的，还有待于进一步的研究。

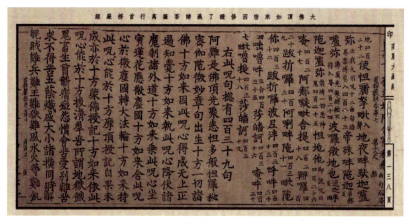

《高丽藏》

总之，从高丽显宗初年开始，经过德宗、靖宗、文宗到宣宗，共历五朝 70 余年，倾注国力，总算把《初雕》及其增补部分刻印完毕。《续藏》也刻印出不少种，也算基本完成。目前，《高丽续藏经》全藏已佚，仅有《大般涅槃经疏》卷十的残本见存于朝鲜松广寺。

3.《再刻高丽藏》

《高丽藏》的第三次雕造始刻于高丽高宗二十三年（1236 年），完成于高宗三十八年（1251 年）。据李奎报编著的《大藏经刻版君臣祈告文》记载，在显宗二年（1011 年）契丹军入侵时，雕刻大藏经上报契丹军已撤退，祈愿因蒙古入侵大藏经板烧毁而重新雕刻，以佛力打退蒙古的入侵。高丽藏经板的第三次雕造，从高宗二十四年（1237年）开始到三十五年（1248年）共雕刻了12年，如果加上准备期间，一共花费了16年完成的。在开雕时，高丽政府置大藏都监于江华岛，分司都监于南海地域。

《再刻高丽藏》以开宝藏、契丹藏及初刻高丽藏等经藏互校，"遍聚宋朝官板及本国所传国前本、国后本、中本、丹本、东本、北本、旧宋本等"，补充和校订编成的。全藏共639函，千字文编次"天"字至"洞"字，以每面23行、每行14字的形式雕印，入经1521部，6589卷。其中，大乘经521部2164卷，大乘律26部53卷，大乘论97部524卷，小乘经240部614卷，小乘律54部439卷，小乘论36部702卷，西土圣贤集68部186卷，此土撰述40部363卷；续入439部1544卷。具体收录有：1.《开元释教录略出》所录入藏经，始《大般若经》，终《集诸经礼忏仪》，共1094部（较《开元释教录略出》有增加）；2. 北宋太平兴国七年（982年）至咸平二年（999年）新译经，始《大乘庄严宝经》，终《大教王经》，共188部；3.《新集藏经音义随函录》等著述，共5部；4.《续开元录》所录入藏经，始《四十华严》，终《贞元新定释教目录》，共140部；5.《高丽国新雕大藏校正别录》《佛名经》等著译，共5部；6. 北宋咸平三年（1000年）以后新译经及拾遗编入，始《法印经》，终《一切经音义》，共92部。在刻造过程中，僧守其"奉敕勘大藏经正错，如素所亲译"，最后整理出《高丽国新雕大藏经校正别录》30卷。[1]

因《再刻高丽藏》共有81218块雕板，故又称为"八万大藏经"。经板初藏于禅源寺，朝鲜太祖七年（1398年）移存支天寺，次年再移晦印寺（今韩国庆尚北道伽耶山海印寺），至今仍存。

《再刻高丽藏》竣工后曾刷印50部，1960年又刷印12部。20世纪70年代以后，又改为书册式装帧影印，共45册。在海印寺刷印的50部中，先后有4部传入日本。[2]此后，它成为日本《弘教藏》《大正藏》所用的底本（日本东京增上寺藏本）。1957年日本曾将其缩印为

1 陈景富：《中韩佛教关系一千年》，宗教文化出版社，1999年。
2 李立言：《国人必知的二千三百个佛教常识》，万卷出版公司，2010年。

书册式精装本发行。近年，韩国利用海印寺现存的 81000 余块经板（每块经板的正反面均刻有经文）予以重印，并传行邻国。

由于海印寺版已经后世补雕，故在收经方面与《大藏目录》所载略有出入。台湾新文丰出版公司出版的《高丽大藏经》（即《再刻高丽藏》）的影印本，共计收经 1513 部 6805 卷，分为 48 册。其中，前 42 册为正藏，第 43 册至第 47 册为补遗，第 48 册为总目录、解题索引。

由于《再刻高丽藏》校订严密，故学术界认为它是汉文大藏经中最精审的一个版本。

第二十五节　《天海藏》

《天海藏》是由江户幕府的第一代将军德川家康发起，日本僧正天海主持，于 1637 至 1648 年（一说完成于 1651 年）在东睿山宽永寺雕造，又称《宽永寺藏》《东睿山藏》或《倭藏》。

天海（天文五年至宽永二十年，即 1536 ～ 1643 年），幼名龟王丸，从安土桃山时代到江户时代初期的天台宗僧侣，是作为德川家康的智囊的政治僧侣。在今《天海藏》典籍中，有"笔者龟书之也"等语，则系天海大僧正年轻时读书的手记。日本永禄年间，天海曾就读于中世纪武家儒学的重要学塾——足利学校，具有丰厚的汉文化造诣。庆长年间，他充当德川家康的幕僚，深得信任，并赐日光山为其领地。天海大僧正居于日光山轮王寺，后来，德川家康令其掌管关东，在上野创建佛寺，寺名东睿山宽永寺，取镇护江户城之意。

天海在各位大德的捐助下，迅速整建堂塔伽蓝，并发愿出版大藏经。在德川家康的指示下，天海在东睿山宽永寺设立经局。以南宋思溪版《资福藏》为底本，并以元版《普宁藏》补充。印刷则是采用文禄之役（1596年）后盛行日本的最新技术——木活字印刷。花溪居士林幸肃，指派工人模仿南宋《资福藏》的字体，制作木活字。自宽永十四年（1637 年，明崇祯十年）三月十七日开版，至庆安元年（1648 年，清顺治五年）三月十七日，历经 12 年而大功告成。

全藏共 665 函，千字文编次由"天"字至"税"字，共收经 1453 部 6323 卷。[1]日本宽永寺存有其全藏。但现存目录千字文编次为"天"字至"最"字，共 599 函，1449 部，数字恐有误。

依李富华、何梅在《汉文佛教大藏经研究》中考证：《昭和法宝总目录》第 2 册收录庆安元年刊《日本武州江户东睿山宽永寺一切经新刊印行目录》5 卷，原本藏高山寺。目录后有全藏的统计数字："部数一千四百五十三部，卷数六千三百二十三卷，函数六百六十五。"但核对目录所记，仍有出入。首先是函数的问题。目录至第 599 函"最"字止，较统计数字至第 665 函"税"字，少了 66 函，其原因待考。其次是部数的问题。昭和编号至"一四四九"，较统计数字少了 4 部。经查"行"字函（202）的 534 号是重号，故总编号应增一号；又"若"字函（283）的 717 与 718 号之间有《邪见经》一部漏编号，故总编号累计应增二号。虽然总部数应达到 1451 部，但仍缺两部。

《宽永寺目录》的收经可分为两部分：前一部分自"天"字至"感"字的 558 函，是刊录《资福藏》与《普宁藏》所收典籍；后一部分自"武"字至"最"字的 41 函，是本藏续入的典籍。以下以表格形式录出《宽永寺目录》前 558 函与《资福藏》《普宁藏》收经之别异处：[2]

序号	千字文函号	《资福藏》《普宁藏》经名、卷数	《宽永寺目录》经名、卷数	备注
1	凤一三〇	无	《观普贤菩萨行法经》1	增 1 部
2	羊二〇〇	无	《诸佛集会陀罗尼经》1	增 2 部
3	羊二〇〇	无	《智炬陀罗尼经》1	增 3 部
4	羊二〇〇	无	《随求即得大自在陀罗尼神咒经》1	增 4 部
5	辞二八六	无	《净业障经》1	增 5 部
6	阜五四〇	无	《药师如来本愿经》1	增 6 部
7	阜五四〇	无	《药师琉璃光如来本愿功德经》1	增 7 部
8	阜五四〇	无	《药师琉璃光七佛本愿功德经》1	增 8 部
9	阜五四〇	无	《因明正理门论》1	增 9 部
10	阜五四〇	无	《因明入正理论》1	增 10 部
11	阜五四〇	无	《显识论》1	增 11 部

1 严绍璗：《汉籍在日本的流布研究》，江苏古籍出版社，1992 年。

2 李富华、何梅：《汉文佛教大藏经研究》，宗教文化出版社，2003 年。

序号	千字文函号	《资福藏》《普宁藏》经名、卷数	《宽永寺目录》经名、卷数	备注
12	阜五四〇	无	《因明正理门论本》1	增 12 部
13	阜五四〇	无	《王法正理论》1	增 13 部
14	推八九	《弥勒菩萨所问本愿经》1	无	减 1 部
15	惟一五四	《药师如来本愿经》1	无	减 4 部
16	惟一五四	《药师琉璃光如来本愿功德经》1	无	减 4 部
17	惟一五四	《药师琉璃光七佛本愿功德经）2	无	减 4 部
18	得一七三	《观普贤菩萨行法经》1	无	减 5 部
19	羔一九九	《幻师飏陀神咒经》1	无	减 6 部
20	贤二〇四	《净业障经》1	无	减 7 部
21	非二三五	《王法正理论》1	无	减 8 部
22	力二五二	《因明正理门论本》1	无	减 9 部
23	忠二五三	《因明正理门论》1	无	减 10 部
24	忠二五三	《因明入正理论》1	无	减 11 部
25	忠二五三	《显识论》1	无	减 12 部
26	善四三六	《一百五十赞佛颂》1	无	减 13 部
27	善四三六	《赞观世音菩萨颂》1	无	减 14 部
28	善四三六	《文殊师利发愿经》1	无	减 15 部
29	善四三六	《六菩萨名亦当诵持》1	无	减 16 部
30	善四三六	《小道地经》1	无	减 17 部
31	善四三六	《阿含口解十二因缘经》1	无	减 18 部
32	相四九二	《出生一切如来法眼遍照大力明王经》1	无	减 19 部
33	相四九二	《楼阁正法甘露鼓经》1	无	减 20 部
34	相四九二	《大乘善见变化文殊师利问法经》1	无	减 21 部
35	阜五四〇	《海印菩萨所问净印法门经》18	无	减 22 部
36	阜五四〇	《圣观自在菩萨不空王秘密心陀罗尼经》1	无	减 23 部
37	微五四一	《大乘中观释论》九	无	减 24 部

由上表可见，《宽永寺目录》较《资福藏》《普宁藏》增了 13 部典籍，但又减了 24 部，增减相抵，减少 11 部。

《天海藏》是德川幕府时期的一部官版大藏经。其主要特征是，虽然有一部分仍是整版印刷，但大部分是用木活字印刷的。日本的活字印刷是由文禄、庆长年间从朝鲜半岛传入的，其后盛行于庆安年间。活字印刷不用准备大量的模板，也不需保存雕板，但却不适用于大量书籍的出版，而且再版时必须重新组合活字，与木板印刷相比误差较多。因此，《天海藏》的刊行量很少，目前只有宽永寺拥有其全藏。

尽管如此，天海所进行的事业还是改变了日本长期依靠书写和输入大量佛教经籍的历史，作为木活字雕印佛经的代表，《天海藏》不仅是有价值的佛教文物，也是中国书法和雕刻艺术的精品，此藏被称作是近世日本出版史上有极大价值的最大型的出版物。[1]

第二十六节　《黄檗藏》

《黄檗藏》自灵元天皇宽文九年（1669 年）开雕，至天和元年（1681年），历时 12 年功竣。由僧人铁眼道光在日本黄檗山募缘住持开版，故又称为《铁眼藏》《黄檗版一切经》，与《天海藏》不同的是，这是一部私版大藏经。铁眼道光（1630 ～ 1682 年），为山城州宇治郡黄檗山万福寺之开山明僧隐元禅师的弟子，也是隐元之高足木庵的法嗣。隐元隆琦（1592～1673 年）是福建福清县黄檗山万福寺之住山僧人。明永历八年（1654 年，清顺治十一年），应日本长崎崇福寺逸然的邀请，至长崎弘扬临济禅。四年后，谒见将军德川家纲。翌年受赐山城宇治之寺地。其后三年，于当地建黄檗山万福寺，创黄檗宗，与日本临济宗、曹洞宗并为日本禅宗三派。

铁眼 13 岁出家，17 岁列于永昌寺讲席。谒见隐元，巡游诸国，在九州岛讲经时，起初想请唐本《一切经》，后发愿开版大藏经。宽文三年（1663 年），他在家乡肥后州熊本县的流长院起草化缘疏。其后，在月江寺讲《起信论》继续募缘。宽文八年（1668 年），铁眼上黄檗山拜见隐元禅师。隐元禅师写了一则偈，记述了铁眼募刻大藏经的由来，并将赴日带来的一部明万历刊方册本《嘉兴藏》赠给铁眼，还提供了可供贮存藏经的地方，以鼓励铁眼的刻藏事业。之后，铁眼就在这块地方起建宝藏院，又在京都二条开设印经房，先行刊出大藏经中数函。宽文十年（1670 年），他以药师寺为中心，一方面从事教化社会和救济事业，另一方面以此处作为大藏经刊行的经济来源地。由于隐元禅师将黄檗山万福寺交弟子木庵继承，铁眼遂转全江户白金紫云山创建瑞圣寺，开始了黄檗禅向关东发展的时期。而铁眼也因此被礼请为江户海藏寺的开山。天和元年（1681 年），全藏刊竣是在天和元年。

1　［日］梶浦晋：《日本古代的汉译大藏经》，《世界宗教资料》1994 年第 1 期。

　　《黄檗藏》以明版《嘉兴藏》为底本，并增入日本《铁眼语录》
《宝洲语录》等编成。全藏分为 19 个部类，而《嘉兴藏》又是据明《永
乐北藏》刊刻此藏的目录，因此校者说"与《大明三藏圣教北藏目录》
全同"。[1] 千字文编号自"天"字至"史"字，即自《大般若经》始，
至《大明仁孝皇后梦感佛说第一希有大功德经》止，共 222 函，1700
册。另有《北藏》缺《南藏》函号附的《续传灯录》《古尊宿语录》《禅
宗颂古联珠通集》《佛祖统纪》，总 179 卷，共 8 函，50 册。两项合计，
总共 230 函，1750 册 6950 卷。

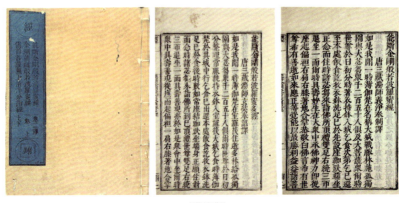

《黄檗藏》

　　《黄檗藏》较《嘉兴藏》有所增补，增补的部分是按照坊刻本补的，
其后便顺次继续准本和雕造，不仅是正藏，即使是续藏，也是数部追
加的，而且新雕印了秘密仪轨类的经典，[2] 这样才有现在的规模。其新
续入藏经共 24 函，1007 册，[3] 收录典籍 217 种，分为四部分：第一部分，
凡 3 种（1～3 号），有法然院藏版《慧琳音义》22 卷，丽藏写本《大
藏陀罗尼集》和《高丽国新雕大藏校正别录》。第二部分，高丽本书
写典籍，凡 25 种（4～28 号），22 册，并有目录 1 卷（29 号）。第
三部分，为丽、北两藏相违补缺典籍，凡 54 种（31～84 号），并有
目录 1 卷（30 号），可见"享保十五年庚戌晚秋（1730 年 9 月）日，
宝洲重校一览讫"的题识。第四部分，有刊本等 131 种（85～215 号）

1　《昭和法宝总目录》第 2 册，第 436 页。

2　［日］松永知海：《黄檗版大藏经的再评价》，《佛教史学研究》1991 年第 2 期。

3　《贞元新定释教目录》30 卷，未注明册数，故暂按 1 册计数。

及丽藏写本2种（216、217号）。刊本多为宽永元年至享保二年（1624～1717年，明天启四年至清康熙五十六年）之间所刊，最早的是建长八年（1256年）刊本《释摩诃衍论》，最迟是延享三年（1746年）刊本《续一切经音义》。在以上第二至第四部分典籍中，还可见宽延三年（1750年）东都缘山僧人等写、校的3种经本，即《佛说回向轮经》《五佛顶三昧陀罗尼经》和《新集藏经音义随函录》，这应该是后来补入的。现将《新续入藏经目录》与历代诸部大藏经核对，可知有十七种典籍属于本目录所独有的典籍，特记录如下：[1]

序号	原序号	书名	卷、册数	著者名等	刊本时间
1	111	《声字义》	1册	昭盛所持	
2	112	《字义》	1册	昭盛所持	
3	113	《般若心经笺》	1册	昭盛所持	
4	114	《即身义》	1册	昭盛所持	
5	115	《菩提心论》	1册	昭盛所持	
6	116	《辨显密二教论》	2卷	昭盛所持	
7	117	《秘藏宝钥》	3卷	昭盛所持	
8	120	《金刚定大教王经疏》	7卷10册	大勇金刚撰	宽文六年（1666年）刊
9	121	《苏悉地羯罗经略疏》	7卷10册	慈觉疏稿	刊本
10	129	《因明论十题》	1卷1册		刊本
11	130	《大乘入道章》	4卷4册		宝永二年（1705年）刊
12	132	《大乘对俱舍抄》	14卷14册	源信撰	元禄十五年（1702年）刊
13	133	《义楚六帖》	24卷24册	义楚集	宽文九年（1669年）刊
14	141	《注维摩经会要发蒙钞》	5卷5册	凤潭撰	元禄十六（1703年）刊
15	162	《胜鬘经义疏》	1卷2册	圣德太子	庆安二年（1649年）刊
16	190	《普贤经记》	2卷2册	智证述	宽文七年（1667年）刊
17	215	《隆兴释教编年通论》	29卷15册		刊本

《黄檗藏》是为方册本的木刻版汉文大藏经，其版式与《嘉兴藏》正藏相同。每纸20行，折成2页，每页10行，每行20字，卷末皆附有与《嘉兴藏》相同的记有施财人名字的刊记。此刊记对研究当时佛教界情况有重要价值。

由于《嘉兴藏》正藏原本错讹之处颇多，《黄檗藏》刊竣后25年，宝永三年至七年（1706～1710年，清康熙四十五年至四十九年）间，京都狮谷法然院的僧人忍澄花了4年时间，将存于建仁寺的《高丽藏》与《黄檗藏》进行对校，并把《高丽藏》中收录而《黄檗藏》未收录

---

1 李富华、何梅：《汉文佛教大藏经研究》，宗教文化出版社，2003年。

的典籍进行了抄写，在元文二年（1737 年，清乾隆二年）编写出《新续入藏经目录》，附在《大明三藏圣教目录》（4 卷 1 册，刊本，有宽文九年铁眼撰《刻大藏缘起疏文》）后，有题识云："元文二祀龙舍丁巳重阳前日，狮谷白莲社藏经库新定目录，当院第六世好誉鹤宝洲检识。"这部对校本大藏经现藏于法然院，其详细目录已刊行。[1]

在忍澄校经之后的 120 年，净胜寺僧人顺艺从文政九年（1826 年）至天保七年（1836 年），花了 11 年时间再次用《再刻高丽藏》对校了《黄檗藏》，勘正了其中的错讹。与忍澄一样，他也对校了 3 次，并抄写了未收录的经典，做成副本一部。这部对校本的一部分现存于净胜寺，另一部分存于东本愿寺，后藏于大谷大学图书馆。

据《大藏经请去总录》《全藏渐请千字文朱点簿》可知，在延宝六年《黄檗藏》刊印完成以后，有相当数量的经籍被贩卖出去，逐渐流布于日本各地，各地寺院均有机会阅览大藏经，为江户时期佛教的发展奠定了基础。完整的《黄檗藏》今存于日本黄檗山万福寺。

第二十七节　《弘教藏》

《弘教藏》是日本弘教书院的一部铅字排印本的大藏经，全名《大日本校订缩刻大藏经》或《大日本校订大藏经》，又称《缩刷藏》或《校订缩刻大藏经》。明治十年（1877 年），由日本教部省社寺局的岛田蕃根，在阅读狮子谷忍澄上人传时，看到忍澄的《大藏对校录》，深感有重新校订开版大藏经的必要。恰逢此时，他得到了一部明版《嘉兴藏》，并得到了传通院福田行诚的支持和稻田佐兵卫、山东直砥二人的资助，并有从美国学习印刷术归国的色川诚一的合作，于是就着手进行出版工作。

为了利用德川家康大将军寄存在芝之三缘山增上寺的《高丽藏》《资福藏》和《普宁藏》，将弘教书院移至芝之源兴院，在那里开始校勘大藏经。校经的人选，委托各宗管长去召集，共得 60 余人。《大日本校订缩刻大藏经缘起》一文，详尽记述了忍澄上人校勘明藏，以及三

1　《狮谷法然院所藏高丽藏对校黄檗版大藏经并新续入藏经目录》，佛教大学佛教文化研究所，1989 年。

缘山增上寺三大藏之由来。[1]

《弘教藏》为方册本藏经。一纸折为 2 页，每页 20 行，每行 45 字，用 5 号铅字排版，经文加句读，经题上附 4 种藏经千字文编次，为 32 开本。每页的上方排有校勘记，记载不同版本的文字异同，用线条与正文隔开（上栏短、下栏长）。

《弘教藏》的总目名为《大日本校订大藏经目录》，又名《大日本校订缩刻大藏经目录》。据其记载，《弘教藏》分为 25 个部类，共 1916 部 8538 卷，418 册，另目录 1 册，千字文编次自"天"字至"霜"字。采用中国明代《阅藏知津》据天台五时判教的分类方法进行编纂，但有改动。根据《阅藏知津》，对经录部分一改整个藏经之结构，突破了智升录之窠臼。全藏其经录结构为：1. 印度撰述部：大乘经（华严、方等、般若、法华、涅槃）、小乘经、大乘律、小乘律（附疑似杂伪律）、大乘宗经论、大乘释经论、大乘诸论释、小乘论、撰述杂部（附外道论、疑伪经），计 1109 部；2. 秘密部：录内（187 部 324 卷）、录外（133 部 182 卷）、知总津（知津）；3. 支那撰述：经疏部、论疏部、忏悔部、诸宗部（三论宗、法相宗、华严宗、天台宗、净土宗、禅宗）、传记部、纂集部、护教部、目录部、音义部、序赞诗歌部；4. 日本撰述部：天台宗、真言宗、净土宗、临济宗、曹洞宗、黄檗宗、真宗、日莲宗、时宗、融通念佛宗。其改动处以表格形式记录如下：[2]

序号	《阅藏知津》类目	序号	《弘教藏》	备注
一	经藏			
一级标题	大乘经	一	大乘经	
二级标题	华严部	一级标题	华严部	
二级标题	方等部	一级标题	方等部	
三级标题	显说部			弘藏保留"显说部"经目
三级标题	密咒部			弘藏移入"秘密部"
四级标题	密咒经			
四级标题	密咒仪轨			
二级标题	般若部	一级标题	般若部	
二级标题	法华部	一级标题	法华部	
二级标题	涅槃部	一级标题	涅槃部	
一级标题	小乘经	二	小乘经	
二	律藏			
一级标题	大乘律	三	大乘律	

1　《昭和法宝总目录》第 2 册，第 439、440 页。

2　李富华、何梅：《汉文佛教大藏经研究》，宗教文化出版社，2003 年，第 601～604 页

续表

序号	《阅藏知津》类目	序号	《弘教藏》	备注
一级标题	小乘律	四	小乘律	
三	论藏			
一级标题	大乘论			
		五	印度大乘宗经论	
二级标题	释经论			
三级标题	西土大乘释经论	六	印度大乘释经论	弘藏移部分经目入"秘密部"
三级标题	此土大乘释经论			弘藏移部分经目入"论疏部"、《诸宗部》
二级标题	宗经论			
三级标题	西土大乘宗经论			弘藏名"印度大乘宗经论",移部分经目入"印度撰述杂部""秘密部(录内)"
三级标题	此土大乘宗经论			弘藏移部分经目入"诸宗部"
二级标题	诸论释			
三级标题	西土大乘诸论释			
三级标题	此土大乘诸论释			弘藏移部分经目入"经疏部""诸宗部"
一级标题	小乘论	八	印度小乘论	
四	杂藏			
一级标题	西土撰述附外道论附疑伪经	九	印度撰述杂部附外道论附疑伪经	
		十	秘密部(录内)	
		十一	秘密部(录外)	
		一级标题	享保	
		一级标题	享和	
		一级标题	十五经	
		一级标题	四部仪轨	
		一级标题	疏释附疑论	
		十二	秘密部(知津)	
一级标题	此方撰述	十三	支那撰述	
		一级标题	经疏部	
		一级标题	论疏部	
二级标题	忏仪	一级标题	忏悔部	
		一级标题	诸宗部	
二级标题	净土	二级标题	三论宗	
二级标题	台宗	二级标题	法相宗	
二级标题	禅宗	二级标题	华严宗	
二级标题	贤首宗	二级标题	天台宗	
二级标题	慈恩宗	二级标题	净土宗	
二级标题	密宗	二级标题	禅宗	弘藏移"密宗"经目入"秘密部"(知津)
二级标题	律宗			
二级标题	纂集	一级标题	传记部	弘藏移"律宗"经目入"传记部"
二级标题	传记	一级标题	纂集部	弘藏移部分"纂集"经目入"诸宗部""传记部"
二级标题	护教	一级标题	护教部	
二级标题	音义	一级标题	目录部	
二级标题	目录	一级标题	音义部	
二级标题	序赞诗歌	一级标题	序赞诗歌部	
二级标题	应收入藏此土撰述	一级标题	日本撰述部	

《弘教藏》对振兴明治时期的佛教界及促进佛教教学事业的发展，均有过极大的贡献。可以说，在明治维新和废佛毁释之后，佛教的复兴，是从出版金属活字版《弘教藏》开始的。不仅如此，《弘教藏》的出版，还标志着日本出版的大藏经有了历史性的改变，即由镰仓时代以来，凡计划开版的一切经，大都是仿制宋代福州版《崇宁藏》《毗卢藏》及湖州版《资福藏》、明代的《嘉兴藏》或朝鲜的《高丽藏》等，转变为独创之重新排版、编目的日本大藏经。《弘教藏》的出现，使得近代以其为肇始的铅印大藏经，如《频伽藏》《卍字藏》《大正藏》《中华大藏经》，均作为研究性藏经对以往藏经进行了重新校勘和编目。"《弘教藏》以其内容之丰富，对校之特长，许以现存者中最善之件"，[1]为后来多种版本的大藏经所借鉴。民国初年私版铅印本《频伽藏》就是以其为底本刻印的。

日本昭和十年（1935年），铃木大拙等曾对《弘教藏》加以影印，题名为《昭和再订大日本大藏经》（略称《昭和再订缩刷藏》）。并对《弘教藏》中的错讹加以订正，编成《大日本校订大藏经正误》11卷。

第二十八节　《卍正藏经》

《卍正藏经》由日本人滨田竹坡、米田无静等发起和主持，始刻于明治三十五年4月（1902年，清光绪二十八年），至明治三十八年（1905）在京都藏经书院刊行竣工，又名《卍字藏》《卍字大藏经》《大日本校订藏经》。

本藏采用宝永三年至七年（1706～1710年），以京都狮子谷法然院忍澄上人用《再刻高丽藏》校订过的《黄檗藏》为底本，相异之处（经名、经文、题记、音释）对校增上寺之高丽藏本排印。全藏总计37套，357册。其中，正文36套，355册（前35套为每函10册，末一套为5册），目录一套2册，为《藏经目录》和《索引目录》，共收经1622部（据目录，一说实际为1625部），7082卷（一说6992卷）。

1　李能和：《朝鲜佛教通史》下编，韩国宝莲阁图画出版社，1982年。

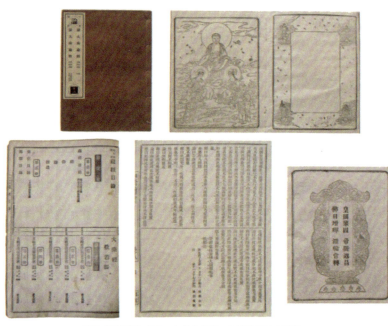

日本《卍正藏》书影　上海龙华寺、中国国家图书馆藏

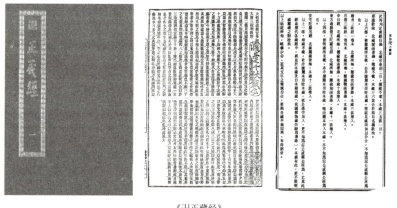

《卍正藏经》

　　《卍正藏》沿用明《嘉兴藏》、日本《黄檗藏》《弘教藏》的方册本形式。正文用四号字体排印。每面分上下栏，每栏20行，每行22字。《卍正藏》的总目名为《大日本校订藏经目录》（1卷），收入日本编的《法宝总目录》（第2册），并首次取消了千字文编次。其编目依据《大明三藏圣教目录》（《北藏》），始自《大般若波罗蜜多经》，终于《大明三藏法数》。另据《大藏目录》（《高丽藏目录》）和《大日本校订大藏经目录》（《弘教藏目录》）补足了6部6卷属于别本、

异译本及缺本的经卷。详情见下表：[1]

《北藏目录》经名、卷数	《卍正藏目录》经名、卷数	备注
无	《佛说般舟三昧经》1卷	卍藏据丽藏增1部1卷别本
《般舟三昧经》3卷	《般舟三昧经》3卷	
《月灯三昧经》1卷	《佛说月灯三昧经》1卷	
无	《佛说月灯三昧经》1卷	卍藏据丽藏增1部1卷别本
《佛说申日儿本经》1卷	《佛说申日经》1卷	
无	《申日儿本经》1卷	卍藏据丽藏增1部1卷异译本
《东方最胜灯王如来助护持世间神咒经》1卷	《东方最胜灯王如来经》1卷	
无	《东方最胜灯王陀罗尼经》1卷	卍藏据丽藏增1部1卷别本
《佛说安宅神咒经》1卷	《佛说安宅神咒经》1卷	
无	《安宅神咒经》1卷	卍藏据弘教藏补入
无	《佛说枯树经》1卷	卍藏据丽藏补入，此经附于《佛说放牛经》后

此外，《卍正藏》还在经文后附有句读训点，为读者提供了方便。

此部大藏经，由于所收书之绝大部分为风行于其后的《大正藏》所收，故此藏之使用价值大体已为《大正藏》所取代。全藏印完后不久，藏经书院失火，存书被焚殆尽，因此流传甚少。《卍正藏》今存。台湾新文丰出版公司出版的《卍正藏经》即是它的影印本，作70册（其中目录1册）。

第二十九节　《卍续藏经》

《卍续藏经》，又称《大日本续藏经》《卍续藏》《续藏经》。日本明治三十八年至大正元年（1905～1912年）间，由前田慧云、中野达慧等编辑收录《卍正藏经》所未收者，而成此续藏。

前田慧云（1857～1930年），日本净土真宗学僧。为编《续藏经》，"亲自历访名山古刹，周搜博采，备录年久"。[2] 此后，又将编纂刊行之事付嘱中野达慧。自明治三十八年4月开始印行。此后，中野达慧且编且印，至大正元年11月，预定的150套始告完成，目录改纂3次。近十年间，虽严寒酷暑，他未曾有懈怠，终致成功。

---

1 李富华、何梅：《汉文佛教大藏经研究》，宗教文化出版社，2003年，第607页。

2 《大日本续藏经编纂印行缘起》。

同时，《续藏经》的刊行还离不开中国佛学界的支持。其中，对其援助最大的当属金陵刻经处的杨文会。杨文会在英国结识了净土真宗留学僧南条文雄，并恳请南条文雄在日本搜购大藏经中未收录的中国高僧著述有280种。另，为藏经书院收集散佚佛典的还有式定禅师。[1]其中，杨文会收搜最多，共有39种，这些书或是他自己收藏、自己撰述，或者向他人所借，原藏主有金陵空浩师、彼岸师、圆音尼、秦谷邨、费蓉生、杭州一愿师、普陀印光师、四川玉崁师、扬州宝来尼、长沙曹显宗等，这些人还在经济上赞助《续藏经》，《随喜助缘芳名录》上均有名。[2]为报答中国高僧大德提供珍本秘籍，藏经书院往往将该书多印刷一部作为回报。因此，可以说《卍续藏经》的编纂是中日两国学者共同努力的结果，是两国间真诚合作与交流的产物。

《卍续藏》作为《卍正藏》的续编，所收多为南北朝至清代佛教撰述的珍籍要典，其中有不少是我国国内久佚的绝版孤本。全藏分为两编150套，每编各附补遗，总计收经1659部，7143卷。其中卷上之第一编共95套，862部。其中，正编（第1套至第87套前部分）收经734部，包括：印度撰述，收经183部，包括经、律、论、密经仪轨部四部。经分大小乘，大乘按华严、方等、般若、法华、涅槃之顺序；支那撰述，收经551部，包括大小乘释经部、大小乘释律部、大小乘释论部、诸宗著述、史传等；补遗（第87套后部分至第95套），收经128部，包括印度撰述（经部）13部和支那撰述（下分大小乘释经部、大小乘释律部、大小乘释论部、诸宗著述部、礼忏部五项）115部。而卷下之第二编共55套，797部。其中，正编全为支那撰述，包括甲编32套（不署"甲"字）和乙编23套（署"乙"字），每套皆5册。甲编（第5套至第32套），下分三论宗著述部、法相宗著述部、天台宗著述部、华严宗著述部、真言宗著述部、戒律宗著述部、净土宗著述部、禅宗著述部、禅宗语录通集部、禅宗语录别集部10项，收经473部。乙编（乙第1套至乙第23套前部分），下分礼忏部、史传部二项，收经207部。补遗（乙第23套后部分）包括印度撰述（经部）

---

1 吕建福：《杨仁山与金陵刻经处》，《法音》1997年第6期。

2 吕建福：《杨仁山与金陵刻经处》，《法音》1997年第6期。

11 部和支那撰述（下分大小乘释经部、诸宗著述部二项）6 部。

《卍续藏》为方册本线装书，亦无千字文编次，正文用 4 号字体排印，每面分上下栏，每栏 20 行，每行 22 字。《卍续藏》的总目名为《大日本续藏经目录》（4 卷），收入日本编《法宝总目录》（第 2 册），由京都藏经书院刊行。《卍续藏经》全藏印成后，存书被大火焚毁，流传不多。

《卍续藏经》虽系《大日本校订藏经》之续编，但是广泛收集了《卍正藏经》以外的已入藏和未入藏的典籍。尤其是中国撰述部分，收录了许多在大陆已散佚、唯日本见存的典籍。上自魏晋译经，下至明清著述。例如，《径山藏》之《续藏》《又续藏》虽收录了许多明末清初的作品，仍遗漏很多，明末四大家袾宏、真可、德清、智旭的作品也收录不全。清《龙藏》之后，中国没有再重编大藏经，乾隆之后 170 多年的佛教著作无人整理，日渐散佚。《卍续藏经》把这些著作收集起来，重新印刷流传，功不可没。与《卍正藏经》相比，《卍续藏经》收书种数不相上下，而字数几乎是正藏的两倍，可见其编辑量之大。因此，《卍续藏经》是研究中国佛教不可或缺的佛典丛书，故每每为研究中国佛教者尤其重视，且常被单独刊行而独立于其正编《卍正藏经》之外。

因此，为了保存这一藏经，使之流传广布，1923 年上海商务印书馆涵芬楼曾以《卍续藏经》为题影印了 500 部。近世，台湾新文丰出版公司出版的《卍续藏经》也是其影印本，作 151 册（其中目录 1 册）。第二次世界大战后，日本出版界将此藏重新整理，以新式版面（分上中下 3 栏，每栏 24 行）印行于世。1990 年前后，全部出齐，16 开精装，计 90 册。

《卍续藏经》也存在一些不足之处：其一，收录了许多疑伪经，如《大藏正教血盆经》《佛说寿生经》《化珠保命真经》《高王观世音经》《大明仁孝皇后梦感佛说第一希有大功德经》等。清溥仁《金解经注释》、清孚佑帝君《金刚经注解》《觉明菩萨说》、清常摄集的《西方确指》都是乩坛之作，即请神来说，按照惯例，自己记录下来的，历代大藏经皆不收。其二，收录不全。此书以日本所藏中国佛典为主，但是敦煌遗书中的佛经基本未收，乾隆之后的佛书也遗漏很多，朝鲜人的佛教著作收入的更少。《卍续藏经》编成的第二年，即大正二年（1913 年），中野达慧历访中国名刹，搜集佛教书籍，回日本后继续编纂刊行《日本大藏经》，专收日本佛教撰述。[1]

第三十节 《大正藏》

《大正藏》，全称《大日本大正新修大藏经》，由高楠顺次郎、渡边海旭、小野玄妙等人主持，是日本大正一切经刊行会编印的一部汉文大藏经，始于大正十一年（1922年），完成于昭和九年（1934年）。

《大正藏》本
日本大正一切经刊行会出版

编修《大正藏》的缘由，可从《大正新修大藏经刊行趣旨》中了解到，日本虽保存有许多大藏经板本，但是这些板本"其容积之广大，几呈埋屋充栋之状"，且不容易被利用其展开研究。而《弘教藏》《卍藏》则印本"奇缺，千金犹且不得入手"，且编纂方法陈旧，难以满足现代学术界的研究需求。[2]于是，在这一前提下，高楠顺次郎、渡边海旭等为发起人，并带动他们的学生，组成大正一切经刊行会，于大正十一年七八月间开始编纂《大正藏》。

《大正藏索引》
日本大正新修大藏经刊行会出版

《大正藏》可分为正藏、续藏、图像和总目录四大部分。

第一部分，正编。共计55册（第1～55卷），收录2184部佛典。这一部分与18世纪以前中、日、韩三国所刊行的人藏经，性质相近，而收录数量则有所增加。内容包含印度佛典的汉译本，以及中国与少数日本、朝鲜古德的汉文撰述。包含下列24部：1. 阿含部，包含四部《阿含经》及其相关佛典（同本异译或节译等）；2. 本缘部，佛陀

1 杨之峰：《〈卍续藏经〉的编纂及其文献价值》，《图书馆理论与实践》2009年第3期。

2 大正新修大藏经刊行会编纂、王春长译：《修订新版大藏经总目录》，台湾新文丰出版公司印行，1992年。

及其弟子等人之传记或前生故事的相关经典；3. 般若部，以《大般若经》为主的般若系经典；4. 法华部，以《法华经》3 种译本为主的法华类相关经典；5. 华严部，《华严经》的各种译本（含同本异译及节译）；6. 宝积部，《大宝积经》及其相关经典；7. 涅槃部，《大乘涅槃经》及其相关经典；8. 大集经，《大方等大集经》及其相关经典；9. 经集部，显教经典之未被收入上列各部者，则汇集于此；10. 密教部，汉译密教经典的总汇，但不含西藏密教经典；11. 律部，大、小乘律典及相关典籍；12. 释经论部，诠释佛经之印度经典；13. 毗昙部，以说一切有部论典为主的小乘论典；14. 中观部，印度大乘佛教中观学派论典之汇集；15. 瑜伽部，印度大乘佛教瑜伽行派论典之汇集；16. 论集部，不能归入上列 4 种论典的其他论书；17. 经疏部，中国人（及部分韩国人）对印度经典的注疏；18. 律疏部，中国人（及部分韩国人）对印度律典的注疏；19. 论疏部，中国人（及部分韩国人）对印度论典的注疏；20. 诸宗部，中国历代各宗派的重要著述；21. 史传部，佛教之历史、地理及传记类著述；22. 事汇部，佛教工具书，为古人所编的佛教百科全书、辞典或字典；23. 外教部，印度宗教、道教、摩尼教、祆教、景教之相关资料；24. 目录部，中日韩三国之古代佛典研究者所撰的佛典目录。其中，前 16 种是印度著述，包含经、律、论三藏；后 8 种主要是古代中国的佛教著述，另外也包含部分日本、朝鲜佛教研究者的汉文著选；此外，史传部及外教部也有部分印度撰述。

第二部分，续编。共计 30 册（第 56～85 册），收录 736 部佛书。分为下列各部：1. 续经疏部，日本人对佛经的注释或解题；2. 续律疏部，日本人对律典的注释或解题；3. 续论疏部，日本人对大小乘论典的注释；4. 续诸宗部，日本各大宗派的重要著述，这部分的分量最多，共计约 14 册（自 70 册后半至 84 册前半）；5. 悉昙部，日本人有关悉昙（古印度字母）、声明（佛教音乐）、讲式（说法仪式）之著选；6. 古逸部，敦煌出土（含少数其他写本或刊本）的古代佛教逸典；7. 疑似部，敦煌出土（含少数其他写本或刊本）的疑伪佛典。

日本《大正藏》本　中国社会科学院历史研究所、中国社会科学院图书馆藏

第三部分，图像部。共 12 册（第 1～12 册），内容为佛教图像或包含佛教图像的佛教著述，共收 363 种。绝大部分是日本真言宗或台密（天台密教）的事相（修法仪轨）类著述，显教类甚少，其中，宋代明教契嵩的《传法正宗定祖国》即收在此部的第 10 册。胡适先生曾谓《大正藏》未收此图而《碛砂藏》有之，并据此认为《碛砂藏》"确是有远胜于《大正藏》的地方"。[1] 其实这些图就收在《大正藏》图像部之中，而且《大正藏》本的卷末还附有《上皇帝书》等资料若干篇，皆为《碛砂藏》所无。

昭和法宝总目录，3 册。收录中、日、韩历代大藏经目录，或与大藏经内容有关的著述，84 种。《阅藏知津》也收在此处（第 3 册）。[2]

《大正藏》体例上一改之前按大小乘佛教分类的方法，而采用

---

1 胡适：《记美国普林斯敦大学的葛思德东方书库的碛砂藏原本》，载《大陆杂志》1959 年第 19 卷 10 期。

2 蓝吉富：《佛教史料学》，东大图书股份有限公司，1997 年。

以佛典的基本内容进行分类的新方法。以"阿含部"为首，次列以叙说佛传为主要内容的"本缘部"，之后则以经、律、论及中国佛教撰述、日本佛教撰述的顺序汇集各类佛教典籍。这种分类方法在历代佛教经录及大藏经目录中不见有任何可供参照的依据，因此是《大正藏》独创的一种全新的分类方法。由于《大正藏》使用方便，体例新颖，校勘精良，已成为目前世界上影响最大、最为常用的汉文大藏经。

同时，《大正藏》所收入佛教典籍的总数远远超过以往各种版本的大藏经，共 3367 部，13520 卷，不仅囊括了中国历代大藏经所录经籍的内容，还广事收罗，将唐宋以来在中国内地失传而陆续在日本、朝鲜等国发现的三论宗、天台宗、法相宗、华严宗及律宗、净土宗诸祖师们的重要著述收录其中，还收录了 20 世纪初在敦煌及其他地方新发现的写经约 200 种。粗略统计，在中国清以前历代大藏经中不录而见载于《大正藏》（不含敦煌写经）的翻译典籍及中国佛教著述有400 余种，其中翻译典籍约 215 种（含别本），中国佛教著述约 220 种（含别本）。特别是其中的中国著述，它们曾在中国佛教史上产生过重要影响，其作者中许多都是创宗成祖的一代宗师。如三论宗的真正创始人嘉祥大师吉藏的著述，即有如下表的 22 种：

经名	卷数
《大品游意》	1
《法华玄论》	10
《法华义疏》	12
《仁王般若经疏》	6
《胜鬘宝库》	6
《中观论疏》	10
《十二门论疏》	2
《百论疏》	2
《三论玄义》	1
《大乘玄论》	1
《二谛义》	3

中国法相宗的创始人、玄奘大师的弟子窥基的著述有 8 种，即：

经名	卷数
《大般若波罗蜜多经般若理趣分述赞》	3
《金刚般若经赞述》	3
《阿弥陀经疏》	1
《说无垢称经疏》	12
《金刚般若论会释》	3
《唯识二十论述记》	2
《边中边论述记》	3
《西方要决释疑通规》	1

中国华严宗的创始人三祖法藏的著述，如下表：

经名	卷数
《华严经探玄记》	20
《华严经文义纲目》	1
《大乘起信论义记》	5
《华严策林》	1
《华严经问答》	2
《华严经义海百门》	1
《华严经关脉义记》	1
《华严发菩提章》	1

南山律宗的创始人道宣的许多律学著作不载于历代大藏经，而见载《大正藏》者有8种，如下表：

经名	卷数
《关中创立戒坛图经》	1
《净心戒观法》	2
《释门章服仪》	1
《量处轻重仪》	2
《释门归敬仪》	2
《教诫新学比丘行护律仪》	1
《律相感通传》	1
《中天竺舍卫国祇洹寺图经》	1

中国净土宗祖师的著作亦有一部分不载于历代大藏，而见录于《大正藏》，如下表：

经名	卷数
北魏昙鸾的《略论安乐净土义》	1
唐道绰的《安乐集》	2
唐善导的《观念阿弥陀佛相海三昧功德法门》	1
唐善导的《转经行道愿往生净土法事赞》	2
唐善导的《依观经等明般舟三昧行道往生赞》	1
唐善导的《往生礼赞偈》等	

以上这些中国佛教诸宗祖师的著述，是研究中国佛教的重要文献，它们因《大正藏》的著录而传世，其意义是十分深远的。同时，在敦煌遗书中保存的一大批初期禅宗的重要典籍，经过《大正藏》第一次公之于世，从而掀起了中日两国佛学界关于禅宗研究的热潮，使得禅宗研究成为近现代中国佛教研究最热门的话题。《大正藏》所收录的有关敦煌出土的主要禅宗典籍，如下表所示：

经名	卷数
《南宗顿教最上大乘摩诃般若波罗蜜经六祖惠能大师于韶州大梵寺施法坛经》（《坛经》敦煌本）	1
《历代法宝记》	1
《观心论》	1
《大乘无生方便门》	1
《大乘北宗论》	1
《楞伽师资记》	1
《传法宝记》	1
《南天竺国菩提达摩禅师观门》	1

此外，在《大正藏》中归类于"史传部"的中国佛教著述，亦不载于历代大藏经的有 30 种左右，如下表：

经名	卷数
《释氏稽古略》	4
《释氏稽古略续集》	3

经名	卷数
《大唐故三藏玄奘法师行状》	1
《弘赞法华传》	10
《法华传记》	10
《天台九祖传》	1
《往生净土传》	3
《华严经传记》	5
《洛阳伽蓝记》	5

《大正藏》为现代精装本，正文为5号字体，每页分上、中、下3栏，每栏29行，每行约17字，行文中间有句读，每页下栏之下附有校勘记。《大正藏》正藏主体部分是以《高丽藏》为底本；《高丽藏》不录者则以日本收藏的其他大藏经版本做底本，使用率较高的是"明本"，即《嘉兴藏》本和《续藏》本，即《大日本续藏经》；此外用做底本的则有日本寺院和宗教院校的收藏本，常见的有"宗教大学本""大谷大学本""龙谷大学本""增上寺报恩藏本""东大寺本""药师寺本"等。而基本校本则为"宋""元""明"三种，即宋刻《资福藏》本，元刻《普宁藏》本，明刻《嘉兴藏》本。

此外，《大正藏》还收集了在日本各地收藏的有校勘价值的刊本和写本为校本。除上面已举出的外，还有"正仓院圣语藏本（天平写经）""宫内省图书寮本"（旧宋本）、"大德寺本""万德寺本""石山寺本""醍醐寺本""仁和寺藏本""中村不折氏藏本""久原文库本""森田清太郎氏藏本""东京帝室博物馆本""西福寺本""金刚藏本""高野版本""敦煌本"等，以及梵文、巴利文原本等。

校勘采用以底本与校本逐字校刈的办法，只勘出异同，不做判断；校勘记以脚注的形式附录于每页经文的下端。在校勘栏中，除了将其他版本的不同内容记录之外，有时还附载梵语或巴利语的罗马字拼音，如《孔雀明王经》（第19册第420页）、《心经》咒（第8册第848页）、《金刚经》"一切为有法偈"（第8册第752页）。[1]而之前，历代藏经在编

---

1 蓝吉富：《佛教史料学》，台湾东大图书股份有限公司，1997年。

修的过程中，都有过校勘的程序，但没有留下一份校勘的结果。《大正藏》首次以现代学术思想为指导，采用现代校勘学的基本方法，在搜罗古今一切收藏本的基础上，对校了同一种经籍的不同版本，留下了校勘的结果，这是《大正藏》的又一项突出的贡献，为佛教研究提供了一份珍贵的资料。

再者，《大正藏》的编纂优势还表现在它的目录和索引的编撰上，即《昭和法宝总目录》。《昭和法宝总目录》，作为《大正藏》组成部分，共 3 卷。第 1 卷收录了《大正新修大藏经总目录》《大正新修大藏经一览》《大正新修大藏经勘同目录》《大正新修大藏经著译目录》（附印度诸论师著作目录）、《大正新修大藏经索引目录》及其他 15 种日本各图书馆、寺院收藏的大藏经的目录，如《宫内省图书寮一切经目录》《东寺经藏一切经目录》《南禅寺经藏一切经目录》《正仓院御物圣语藏一切经目录》等，其中值得重视的有《资福藏》的目录、《碛砂藏》的目录、《敦煌本古逸经论章疏并古写经目录》等；第 2 卷收录了 18 种目录，包括《高丽藏》目录、《至元录》《普宁藏》目录、明《北藏》目录、《龙藏》目录、明《南藏》目录、《藏版经直画一》目录（《嘉兴藏》目录）、日本编刊的《天海藏》《缩刻大藏经》《黄檗藏》《卍字藏》《大日本续藏经》的目录及大藏经提要著作《大藏经纲目指要录》等。第 3 卷收录了 39 部目录索引，其中有《续大正新修大藏经总目录》《大正新修大藏经全览》《续大正新修大藏经勘同目录》等 5 种《大正藏》续藏的目录索引、《大日本佛教全书总目录》《湖州思溪圆觉禅院新雕大藏经目录》《福州东禅大藏经目录》（《崇宁藏》目录）、《禅林寺入藏目录》等日本各大寺院的收藏目录及《阅藏知津》《大藏一览集》《大藏榻本考》《御制大藏经序跋集》等。

综观《昭和法宝总目录》3 卷的内容，可以说这是《大正藏》编修者们十余年心血的结晶，《大正藏》一切重要的成就都集中地体现在这3 卷目录中。其中，以《勘同目录》最为重要。这部目录依《大正藏》收经的顺序，逐次著录了每一种经籍的名称、卷数、日文、梵文、巴利文、藏文的译音、经名的别称或略称、译著者及译著年代、在各版大藏中的函号、底本、校本、品名或内容细目、异译、注疏及各种传本等。从《勘同目录》中可以看到，《大正藏》编者们收集整理及研究佛典的用功之深，也反映了《大正藏》编辑的全过程。《勘同目录》是一种检索汉文佛典的具有很高学术水平的工具书，也是一部编修《大正藏》的不朽的历史记录，这些目录索引中的每一种都是佛教研究的珍贵资料。

此外，《大正藏》的编辑及分类方式较为合乎学术尺度。全藏自《阿含部》起，依循历史发展轨迹将 3000 余部佛典作学术性的编排与分类。这种分法即易理解，又忠于史实。此外，大藏经用语研究会编辑出版的《大正藏索引》，也为佛教研究工作提供了极大的方便。

与历代大藏经不同的是，《大正藏》还收录了诸多佛教图像，数量之多被誉为"佛教美术研究的宝库"。同时还收有不少内含图像的日本佛典，主要是真言宗（东密）、与天台密教（台密）的仪轨或秘传口诀。因此，不管是从佛教美术还是日本密教两方面来衡量，这些资料的史料价值都是相当高的。如收于《图像部》第 10 卷的宋僧契嵩的《传法正宗定祖图》，此图虽与日本密教无关，但却为研究契嵩或中国禅宗史提供了史料。

虽然《大正藏》收录内容颇为完整，但其校订不全错漏之处也相当多，因此受到不少批评，但这不减其学术地位，仍为各佛教寺院与图书馆必备之大藏经版本。1960 年，日本大正新修大藏经刊行会发起重印，对初印本的若干错误做了校正修订。

对中国佛教著述的疏漏是《大正藏》的一个明显的缺点。如台湾学者蓝吉富先生在其《佛教史料学》一书中所说，在 100 册之中，所收的中国著述（不含翻译）大约有 24 册，而收录的日本著述大约有 42 册（第 56～84 册，共 29 册，加上图像部 12 册及《昭和法宝总录》中的日本著述）。虽然这是日本人有意宣扬其本国的佛教文化所致，但就客观事实来看，所收中国著述的数量居然仅是日本著述的一半有余。无论如何，这是不符合实情的。

此外，《大正藏》还有不少缺点，如断句多有不当，分类不尽合适，个别经典甚至有错乱经板、颠倒文义之处，修订时也未予以改正，从而影响了它的学术质量。[1] 还有，总目 3 册收入了中国历代各版藏经

---

1 王志远：《中国佛教百科》第 1 卷，华龄出版社，2008 年。

目录和日本各寺院所藏的写本和刻本藏经目录以及大正藏勘同录、大正藏总目录、总索引、译著目录等77种。虽为比较实用的版本，但是仍有一些缺点，如校核工作粗放，排印错字、错句颇多等。

虽然，《大正藏》有一些缺点和不足之处，但是这是由于时代的局限性和国别的差异性等原因造成的，这种不足是任何一版大藏经都无法避免的，因此，不能否认《大正藏》所取得的惊人成就。

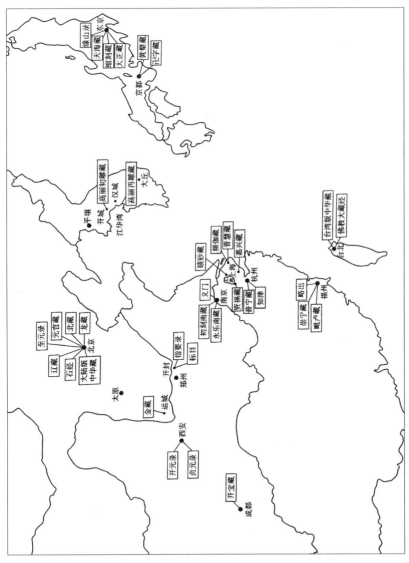

汉文大藏经编刊地点示意图

第五章　汉文大藏经的结构体系

汉文大藏经的结构体系是在长期实践的过程中逐渐形成的。经、律、论是佛经最初的分类。在佛教创始人释迦牟尼去世后的第二年，其大弟子迦叶就在王舍城灵鹫山举行集会，结集出佛教的经、律、论。"经"是释迦牟尼对佛教教义的论述，"律"是释迦牟尼关于戒律的一系列教导，"论"是佛门弟子发挥佛教教义的论述。据说这次结集还背诵出杂集、禁咒等，统称之为"杂藏"。此后数百年间，佛教共经历了五次结集。结集后的经典仍然依靠口头传承。正因如此，最初传至中国的佛经就是根据口头传译的。但这样零星的传播使人很难了解佛经的全貌。

面对着源源译出的佛经，从魏晋时期，佛教目录学家就开始了搜集、整理、著录、鉴别、分类等工作。不过，从现存的各种佛经目录可以看出，直到东晋孝武帝宁康二年（374 年），道安所编撰的《综理众经目录》1 卷，[1] 胪举每个译师的译本，而开《经论录》；编列失去译人姓名及翻译年代的译本，而开《失译经录》（一般的失译经）、《凉土异经录》《关中异经录》（以上为地区性的失译经）和《古异经录》（出经年代较早的失译经）；甄别疑伪，而开《疑经录》；搜集个人撰写的佛教典籍，而开《注经及杂经志录》。但这一部历史性的佛经目录，对我国的汉文佛典还没有形成体系及有机的结构安排。当时把所有的佛典总称为"众经"，也就是"许多经典"的意思。

进入南北朝之后，佛教目录学家企图对佛典进行分类，并安排其结构体系。他们有的从中国佛教的判教理论出发；有的从戒、定、慧等小乘三学出发；有的详细梳理经典的内容等等，各自从不同角度进行了多方面的尝试。

1　［南朝］梁僧祐：《出三藏记集》卷五、《历代三宝纪》卷八。

到了隋代，佛典的分类基本形成以大小乘、经律论来安排的格局，这是借鉴了印度佛教关于经典的理论后出现的分类法。作为这种分类法的代表是隋法经等二十人编撰的《大隋众经目录》。它由两种分类法纵横组织而成，先按佛经内容分为大小乘，再按佛经体裁分为经、律、论，共分为"大乘修多罗藏录""小乘修多罗藏录""大乘毗尼藏录""小乘毗尼藏录""大乘阿毗昙藏录""小乘阿毗昙藏录"，最后再按经律论的流传情况分为"一译""异译""失译""别生""疑惑""伪妄"六类。非经律论的杂书，按体裁分为抄录、传记、著述，再按地域分为西域圣贤、此方诸德。共计 3大类、9中类、42小类。这种三级制分类体系撷取前代经录分类之长，而又能加以整合，适当地概括了佛教的思想体系，实现了从译经特征编排到佛经内容分类的转向，并且符合佛教典籍在中国的流传情况，从而确立了汉文大藏经结构的基本格局。

以后，大藏经的结构虽又有所调整，但基本仍以上述分类法为主。到唐开元年间（713～741年），佛经翻译的高潮已经过去，汉文大藏经的结构体系也随之确立。在充分吸收前人研究成果的基础上，长安西崇福寺僧人智昇通过辨伪存真，去粗取精，撰写出反映盛唐中国佛教发展水平的目录学著作《开元释教录》，进一步完善了此前的分类方法。它分为"总录""别录"两部分。

自后汉孝明皇帝永平十年岁次丁卯至大唐神武皇帝开元十八年庚午之岁，凡六百六十四载，中间传译缁素，总一百七十六人；所出大小二乘三藏圣教，及圣贤集传，并及失译，总二千二百七十八部，都合七千四十六卷，其见行阙本，并该前数。新录合二十卷，开为总别。总录括聚群经，别录分其乘繁，二录合成十卷。就别更有七门，今先叙科条，余次编载。

释智昇《开元释教录》序《开元录》最有价值的部分在于其"别录"，共七大部分：1.《有译有本录》，包括大乘、小乘、圣贤传。2.《有译无本录》，收录名存书亡之佛经。3.《支派别行录》，是指从大部经中抽出一部单行，即"别生"者是。仍然包括大乘、小乘、圣贤集传。4.《删略繁重录》，即将大部经书删繁摘要，另成一书。5.《补阙拾遗录》，指旧录阙题，新翻未载诸经。6.《疑惑再详录》，指真伪互参，是非相矛盾之佛书，分别录之，以待将来圣明高人再为详定。7.《伪妄乱真录》，每经由释智昇考定，确为伪经，并皆附考证之语。这种分类法目录完备，分类合宜，逐渐被后世认同。

由《开元录》确立的汉文大藏经结构
- 大乘经
  - 般若部
  - 宝积部
  - 大集部
  - 华严部
  - 涅槃部
  - 五大部外诸重译经
  - 大乘经单译
- 大乘律
- 大乘论
  - 大乘释经论
  - 大乘集义论
- 小乘经
  - 小乘单重合译
  - 小乘单译
- 小乘律
- 小乘论
  - 有部身论
  - 有部足论
  - 毗婆娑支派及余派
- 圣贤集传
  - 梵文翻译集传
  - 此方撰述集传

近代学者梁启超先生在其《佛家目录在中国目录学之位置》一文中说："要之，《开元录》一书，踵《内典录》之成轨，而组织更加绵密，资料更加充实，在斯学中，兹为极轨"。方广锠先生认为，"智升的分类法的确代表了我国古代佛教文献学的最高水平，但也不是尽善尽美。智升的分类法其后成为我国历代大藏经结构体例之圭臬。"

在《开元录》之后的历代大藏经，包括宋、金、元各藏，朝鲜《高丽藏》、日本《天海藏》等绝大部分藏经都沿袭了这一分类法，再把续收入藏的书汇列于后，并未编次。不过，也有例外，如元代汉藏对照的佛经目录《至元法宝勘同总录》就将整部大藏经先分为经、律、论、圣贤集传四部，每一部再分大乘、小乘。明代的《永乐南藏》《永乐北藏》，虽略有改动，不依《开元释教录》先大乘经律论，次小乘经律论的次第，但也是依《至元录》粗分经律论三藏，先大后小，分别将续收入藏的附加于后。而明清时的《嘉兴藏》，清代的《龙藏》，民国时的《频伽藏》，日本的《黄檗藏》《卍字藏》《弘教藏》也只是在细节的分类上略有调整。

明末清初智旭所著《阅藏知津》，在《开元释教录》分类基础上，综合明《南藏》《北藏》，加以全盘整理，重新组织，提出了新的分类法，将结构调整为经、律、论、杂藏四类。就经部而言，《阅藏知津》也把经部分作"大乘经""小乘经"两大类，在大乘经中，删《开元释教录》所列"宝积""大集"类目，新增"方等""法华"两部，依次排列为"华严""方等""般若""法华""涅槃"五大部。为弥补《开元释教录》不为密教经典单立部类的缺陷，新设"方等密咒部"以收入各种密教经典。在"方等"中，又分"方等显说部"与"方等密咒部"两类。小乘经分类与《开元释教录》大致相同。就论部而言，将大乘论分为"释经论""宗经论""诸论释"三类，均包括"西土著作""此土著作"二分。此外，又新设"杂藏"取代《开元释教录》所设"圣贤传记录"，虽沿袭《开元释教录》所设"梵本翻译集传"和"此方著述集撰"将其更名为"西土撰述""此土撰述"两类，但"此土著述"又细分为"忏仪""净土""台宗""禅宗""贤首宗""慈恩宗""密宗""律宗""纂集""传记""护教""音义""目录""序赞诗歌""应收入藏"等14类。

提要部分则即依总目次第，于每一部类的开端有一简短的总述，说明该部的性质或分部的缘由；又于每一种书，先注明卷数，在南、北藏函号和译著的人，再撮要说明内容，列其品题并品中事理大概。

其特点在于，分出密部，使显、密不致混淆；单本重本合并一处；以符号标明所录书之优劣，供读者选择。

方广锠先生虽然认为这个分类体系"并没有改变智升方案的根本缺陷，只是按照天台五时判教的观点把佛典重新组织而已"。但是 20世纪"日本新编的《大正藏》则在吸收《开元释教录》与《阅藏知津》的分类成果的基础上，力图依据思想的发展与典籍的演变这样的历史线索来安排大藏经的结构，以期给研究者最大的方便"。

1922年，日本编印《大正藏》时，又创造了——套与前大不相同的新的分类法，把佛经分为阿含部、本缘部、般若部、法华部、华严部、宝积部、涅槃部、大集部、经集部、密教部、律部、释经论部、毗昙部、中观部、瑜伽部、论集部、史传部、事汇部、目录部。与以往的分类方法相比，其既承袭智昇的分类法，又遵照先小乘后大乘、由浅入深的顺序，是一套新的分类方法。

1975年，《中国图书馆图书分类法》出版，在"B94佛教"下分大藏经、经及经疏、律及律疏、论及论疏、布教仪注、宗派、佛教组织及寺院、教化流行史等 8个三级类。1980年出版的《中图法》增加了"B948对佛教的分析、研究和批判"，并对"B946宗派"作了细化，列出 8个宗派及"其他"一项。直到 1999年第 4版《中图法》出版，最终将整个佛教部分划分为："经及经疏"下分大乘、小乘、秘密部，"律及律疏"下分大乘律、有部律、四分律、五分律、其他，"论及论疏"下分大乘宗经论、大乘释经论、大乘诸论释、小乘论、秘密部论、杂藏，"宗派"下分天台宗（日莲宗、法华宗）、三论宗（法性宗）、法相宗（唯识宗、慈恩宗）、华严宗（贤首宗）、禅宗（佛心宗）、密宗（秘密教、真言乘、金刚乘）、律宗（南山律宗）、净土宗（莲宗）、其他。将"大乘"的定义为"华严部、方等部、般若部、法华部、涅槃部等入此"，"小乘"则为"长阿含、中阿含、增一阿含、杂阿含、本缘部入此"。

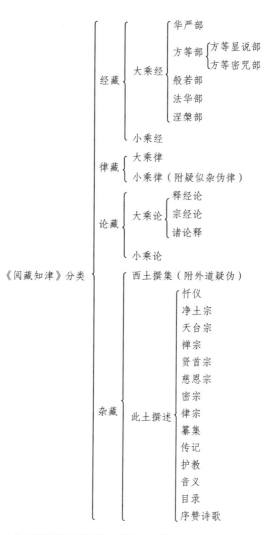

综上，《中国图书馆图书分类法》第四版与《阅藏知津》的分类方法相类似，但是仍有不同。"方等部"分"方等显说部"与"方等密咒部"，而《中图法》只有"方等显说部"，"方等密咒部"则上升两级，成为与"大乘""小乘"并列的"秘密部"。"律藏"只分大乘律和小乘律，如果把"小乘律"再细分，就成为《中图法》的"有部律、四分律、五分律、其他"了。

婆沙支派和余部是另一个印度佛教宗派的论典。《阅藏知津》对此未加细分，《中图法》沿袭这一划分。《中图法》还有"秘密部论"，与"经及经疏"下的"秘密部"相对应，而《阅藏知津》则一并归入"方等密咒部"。

"西土撰集"是印度高僧大德关于佛教理论、历史事件、佛教人物等各方面的论著，"此土撰述"是中国人作的此类著作。《中图法》把"宗派"单提出来，下分细类。除净土宗、律宗、密宗、禅宗两者都有外，天台宗是隋唐时期产生的一个重要派别，《阅藏知津》简称台宗，因以《法华经》为根本教典，故又称法华宗，流传到日本，演变为日莲宗。作为现代分类法的《中图法》必须兼纳外国著作，故有莲宗一类。法相宗，《阅藏知津》称慈恩宗，因这一派最初产生于唐代长安大慈恩寺。华严宗，《阅藏知津》称贤首宗，因这一派以《华严经》为根本教典，其第三祖法藏被称为贤首大师。净土宗，传说西方极乐世界的人从莲花化生，故又称莲宗。律宗是唐朝道宣在终南山所创，故称南山律宗。密宗有唐密、东密、藏密之分，分别指唐朝盛行的密宗流传到日本的密宗和西藏的密宗，藏传佛教虽然包括显教和密教，其内部更是红、黄、白等教派林立，但总起来以密教为宗极，故统入密宗。禅宗以《楞伽经》印心，《楞伽经》第4卷即名之为"一切佛心语品"，故此宗又名佛心宗。三论宗因以龙树的《中论》《百论》《十二门论》为极本教典，故名。这一派只流行于南北朝至唐代，因此《阅藏知津》未列这一派。"其他"收八大宗派以外的宗派，包括日本、韩国的佛教派别，印度、斯里兰卡、泰国等地的新兴宗派，而《中图法》列举的三阶教是隋唐时的一个派别，因多次受到政府禁止，未能流传下来。[1] 到现在，图书馆对大藏经的分类，基本依据《中图法》第4版进行分类。

1991年，吕澂先生编写的《新编汉文大藏经目录》将佛典分为五大类：经藏、律藏、论藏、密藏、撰述。前四类收译本，后一类收中国撰述。这个目录，与过去各种藏经的目录相比较，在编次上有很大的不同，特别是"关于大乘经的分类，是和以前的各种藏经很有出入的"。他首次将汉译大乘经总分为四大部：宝积、般若、华严、涅槃。宝积

---

1 杨之峰：《论大藏经的分类体系与〈中图法〉佛教类的内在联系》，《国家图书馆学刊》2002年第4期。

一类包括了所有通论大乘学说的经籍。后三类则是分别论述大乘学说的。这种分类方法不仅把所有汉译大乘佛典包摄在内，而且相当合理。正如他在《谈新编汉文大藏经目录译本部分的编次》一文中说到："上面四个部门（指宝积、般若、华严、涅槃四部）统摄了一切大乘经典，虽不能说每种都能安排恰当，但大体上勉强说得过去了，这就不用再立什么部门。"[1] 相比于日本的《大正藏》也要简化得多。

20世纪90年代，方广锠教授和日本学者竺沙雅章认为，综观宋代以后的刻本大藏经，按照典籍所分函次、版式、装帧、编目以及参照底本的不同，从而反映出来的传承系统的不同，大致可将汉文大藏经分为三个系统：

其一，宋蜀版《开宝藏》系统。虽然《开宝藏》已存零散经卷，但是为此藏本作解题的宋《大藏经纲目指要录》和《大藏圣教法宝标目》还存在，还有此藏的覆刻本《赵城金藏》和《高丽藏》，均属于此系统。而以《赵城金藏》为主要底本的大陆版《中华大藏经》（正编），以《高丽藏》为主要底本的《缩刻藏》《频伽藏》《卍字正藏》《大正藏》《佛教大藏经》，也与此系统有密切的联系。

其二，辽《契丹藏》系统。尽管《辽藏》也已散佚殆尽，但此藏的许多经籍都被覆刻在带有千字文函号的《房山石经》中。因此，《房山石经》当属于此系统。

其三，宋闽版《崇宁藏》系统。《崇宁藏》的编目依据为《开元释教录略出》，宋《资福藏》《碛砂藏》，元《普宁藏》，明《初刻南藏》，以及日本《天海藏》《缘山三大藏目录》均属于此系统。而依据此系统的藏经重新编刊的明《永乐南藏》《永乐北藏》《嘉兴藏》，清《龙藏》，日本《黄檗藏》和台湾版《中华大藏经》，以及依据《永乐南藏》《永乐北藏》本作解题的《大明释教汇目义门》《阅藏知津》，都与此系统有密切联系。而《高丽藏》以及日本、越南刻本当中，还保留了一部分在中国已失传的著作。到清朝末年，有人将这些佛经典籍从国外取回来，

---

1 曾友和：《论吕澂〈新编汉文大藏经目录〉在佛教目录学上的新成就》，《黔图学刊》2009年第1期。

尤其是敦煌莫高窟发现的写本，有多种是梵文和汉文的对照本。[1]

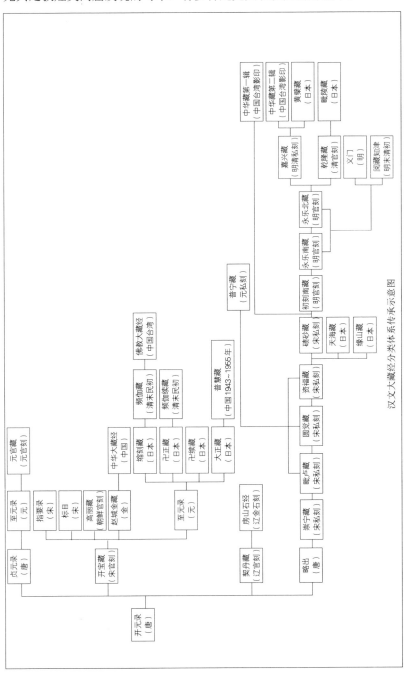

汉文大藏经分类体系传承示意图

---

1 姜亮夫：《敦煌——伟大的文化宝藏》，转引法国伯希和的记述。

第六章　大藏经与中国文化的相互影响与塑造

《普贤行愿品》云："诸供养中，法供养最。"佛法是佛陀的教诲，佛经则是佛法的载体。对于僧俗信众来说，供养大藏经，即供养佛法；阅读大藏经，即如同聆听佛陀的教诲。近代高僧印光法师有言："大藏经者，如来之慧命，人天之眼目，无明长夜之智炬，生死苦海之慈航，觉先觉后之法源，世出世间之道本也。"[1]

对于文史学者来说，打开大藏经，就如同打开了一座文化宝藏，可以去里面寻找自己需要的珍宝。葛兆光先生说："历代由朝廷下令编辑的庞大丛书，无论是儒家的、佛教的还是道教的，它们不仅呈现着那个时代的知识取向，宣示着那个时代的知识世界，还让后世理解那个时代的知识水平。尽管此后的朝代还会有后来居上、更大更全的丛书，但在这个历史的角度看，就像地质学上的'地层'一样，每一层都有每一层的意义。"[2]

各个版本的大藏经中都有再三删补、改订、重译、注疏的内容，而这些记录、删补、改订、重译、注疏，一代又一代、口耳相传、文字笔录、翻译纂辑，最后综合起来便成为现在看到的庞大藏经。由历史层层叠叠构成的大藏经，既是一部"经典传译史"，也是一部"思想诠释史"。大藏经的汇成，对两千年来中国社会的宗教、哲学、政治、艺术和人民的日常生活等诸多领域产生了深远的影响，因此佛教以及大藏经在中国文化史上扮演了一个非常重要的多功能的角色。

第一节　佛经翻译对中国哲学思想的影响

佛教传入中国之后，尤其是系统的大藏经出现后，佛教的唯识、

1　释印光：《影印宋碛砂版大藏经序》。

2　葛兆光：《佛藏的结集、流传和汉译——上海书店版佛藏序》，《文汇报》2010 年 12 月 1 日。

般若等思想，对中国传统哲学的逻辑理性、宋明理学的心性概念，以及中国哲学中的思辨精神的提升都有深远的影响。

中国哲学思想，在周朝已达一定规模，至战国诸子百家各倡其说，是学术史较为发达的一个历史阶段。至汉代，儒、道思想占据主要地位，汉武帝时排斥百家定儒家为最尊。汉魏之际，当中国文化正处于不能满足和慰藉人们的心灵需求之际，而作为世界三大宗教之一的佛教文化，提出了前世、现世、来世的人生观和追根究底的因果关系，以及不生不灭的西方极乐世界的新观点，让中国人的眼界为之一开，仿佛看到人生的一线希望。于是，随着佛经的大量翻译和传播，佛教文化在中国迅速地由点到面扩展开来。

佛经翻译对印度的因明学的介绍，还促进了逻辑学在我国的发展。到南北朝时期，中国化佛教已进入独立发展阶段，并有了中国独立的佛教学派。[1]至隋唐时期，凡明通博达之士，皆知儒家为有门，所以提倡伦理，握政权，主教育；佛家为空门，所以使人止恶向善，净意修德，以辅于社会治安；又以《道德经》中之"常无欲以观其妙，常有欲以观其徼"，与"玄之又玄，众妙之门"之义，而定道家为玄门。儒家虽是有为而作，但仍不得离佛教的空性；以佛家的有、空、非空非有，而成三家调和思想的理论根据，中国佛教进入了它的极盛时代。

宋以后，程朱理学逐渐占据主导地位，而理学便是儒佛道融合的产物。它在很大程度上是受了华严、禅宗和另一部分佛教理论的刺激和影响而产生的。周、程、朱子等之理学，以及陆九渊、王阳明等之心学，无一不受佛教禅宗思想的影响，这是思想界公认的历史事实。儒释道之间持续不断的排斥和调和，不断地推动着中国哲学思想的发展，最终形成了儒释道三教合流并立的局面。

第二节　汉文大藏经对中国艺术界的影响

佛经的翻译与流传，对中国艺术界的影响更为广泛。两万多卷佛经，

---

1 刘祥清：《佛经汉译的历史和作用》，《中国科技翻译》2006年第3期。

内容涉及建筑、雕刻、音乐等诸多内容，给中国文学带来了发展的活力与清新的风格。数十卷由梵文翻译过来的经典，本身就是伟大瑰丽的文学作品。其中如《维摩诘经》《法华经》《楞严经》为历代文人喜爱，并且鼓舞了晋唐小说的创作，《般若经》和禅宗的思想影响了陶渊明、王维、白居易、苏轼的诗歌创作。[1]

建筑艺术：佛教的传入由于得到了历代统治者的大力支持，所以在魏晋南北朝时期发展得非常迅猛。随着佛教势力和影响越来越大，全国僧人越来越多，于是相关的佛教石窟、寺院、佛塔也越来越多，伴随着佛教中国化的历程，中国的建筑文化与外来的佛教建筑文化逐渐融合，形成了具有中国特色的佛教建筑文化。这一点可以在不同年代编修的大藏经中略窥一二。现存的上海龙华寺塔和苏州报恩寺塔，都是在公元2～3世纪的三国时代创建而经后人重修的。4～6世纪，全国各地都有壮丽的塔寺建筑。世界闻名的佛教石窟寺，如敦煌、云冈、龙门等，这些古代雕塑壁画艺术的宝库，西至新疆，东到辽东，南到江南，都是在这一时期开始动工的，随后持续了数世纪之久。随着佛教的传入，建塔造像的艺术很快地风行于中国各地，全国各地兴建大小不一、数不胜数的寺院。可以说，没有佛教建筑的传承就不可能留下这么多文化遗产。

雕刻绘画：在中国雕版艺术发展史上，佛教的影响至为关键，雕版印刷术最初就是大量用于佛经佛画的刻印，国内现存雕版印刷的早期产品，也以佛教经像为多。由于佛经板画对于弘法传教的重要功用，宋元迄明清，凡刻印佛经，无不附佛画插图的。

"佛、法、僧"三宝中之"法"宝指的就是佛教经典，白化文先生说过："供养经卷是汉传佛教在译经过程中慢慢地自己摸索出来的一种供养。它带有中国固有的重视图书的内在影响。唐五代，上至皇帝百官，下至平民百姓的善男信女，都将抄写佛经、绘制佛像作为对佛的一种功德，以捐献数量多少为虔诚程度的标志。"[2]正是由于中国佛教徒的虔诚，促使了其对佛经的大量需求，从而迫切要求大量生产

1　谢天振等：《中西翻译简史》，外语教学与研究出版社，2009年。
2　郎菁：《中国雕版艺术的一朵奇葩——佛经版画概说》，《西藏民族学院学报（哲学社会科学版）》2006年第4期。

刻本佛经及钤印、雕印佛像代替费工费料的写本佛经和泥塑佛像舍入塔中作为礼敬之物。如果说中国寺庙石窟造像、壁画、雕塑等，有着来自印度佛教艺术的明显影响，那么，钤印、雕印佛画的产生则完全源于中国化的供养方式的需求。

不仅如此，对大藏经的需求还推动了雕版印刷术的普及，世界上现存最早的雕版印刷成品就是唐朝印制的《金刚经》。雕版印刷术发明之后，"佛经"与以图像的方式来表达佛经义理，或者图解经文的故事"经变图"的形式渐有融合之势。由于雕版印经促成了佛经的普及化，加之佛经附插画，把"经"文"变"为"图"像，以图解文，利于弘法，遂使原来属于壁画传统的经变图，在佛经中寻到了新的出路。所以，我国佛经刻印甫一开始，就是"文图合一、书画并重"的。

佛教绘画主要是壁画。现存于敦煌石窟中的壁画，为后世提供了极丰富的艺术、历史的资料。值得注意的是，最初盛行的佛陀本生故事画，发展到唐代，逐渐为"经变画"所代替。佛画中的"经变"，也就是将佛经中的故事譬喻演绘成图。"经变画"的兴起，使壁画内容大为丰富起来，因而唐代佛寺壁画之盛，达到极点。当时名画家辈出，在姓名有记载的数十人中，如阎立本、吴道子等，大多是从事于佛画的。由此可见，佛教及大藏经对当时绘画艺术所起的作用。

书法艺术：佛教于两汉之际传入中国，中华书法就与佛经珠联璧合，曾有人说："若将佛教书法的部分拿掉，中国书法史将失去一半的光彩。"可见，佛经影响书法的贡献是不容置疑的。后汉至北宋开雕《开宝大藏经》之前的1000多年，单行本佛经及约7000卷大藏经都是以精美书法的手写本流通。抄写经书则成为一种专门行业，出现了"写经生"。"经生"们大规模的写经、抄经，甚至是后来刻经的书法实践，累积了无数有关书法的文化遗产，对书法字体的演变、书法艺术的繁荣起了巨大的推动作用。

首先，以佛教题材为内容的书法作品大量产生。在印刷术还未产生以前，大量的佛经流传是靠翻译抄写来完成的。而书法在由篆体发展到楷体的时候，则正是以抄经、墓志、碑刻、摩崖和造像记为主要形式出现的。这些形式，在一方面传播了佛教，一方面又很好地发展了书法，因而以佛教题材为内容出现的作品尤多，在各个时期都非常可观。

古往今来，佛教僧侣书法造诣很高的多不可数，这是因为佛教教义对修福功德非常提倡，追求"福为根基，众生以安，福为天护，行不危险。"使得从古至今的佛教僧侣都非常重视练习书法，以得到写经修福的功德。

故而，在佛教僧侣中出现了许多很有成就的书法家。如隋代僧人智永，号称"铁门限"。唐代有草圣怀素和尚，还有深得永禅师神髓的辩才，集"圣教序"的怀仁，集"兴福寺碑"的大雅，还有高闲、亚楼、贯休诸家都是高手。宋代有言法华、政禅师等。元代有溥光、诚道元、慧敏、明本、静慧等。明代有德祥、无辨、宗奎、智舷、道光等。清代有书画家道济、虚谷、破门、超然、雪舫等。到了近现代，僧徒书家更多，如"绚烂之极又归于平淡"的弘一法师，凝重朴实的赵朴初，紧结超脱的海法法师，以及明阳、遍能、真禅、云峰、隆莲等法师。以上列举仅是挂一漏万，历代书法精英尚有很多。

不仅是佛子，很多文人墨客也酷爱研习佛教书法，亦出现了不少有名的书法作品。书写《金刚经》《心经》的书家，历代有王知敬、徐浩、欧阳询、张旭、柳公权、苏轼、赵孟頫等人。唐有颜真卿书《多宝塔感应碑》，柳公权书《玄秘塔碑》，李邕书《麓山寺碑》。宋有苏轼书《次辩才韵诗》《罗池庙迎享送神诗》等，黄庭坚书《发愿文》《七佛偈》《诸上座帖》《华严疏》等，米芾书《方园庵记》。元代赵孟頫书《四十二章经》《妙严寺》《莲华经》《灵宝经》等。这些书法大家的墨迹，如银河星系中的闪闪发光的行星。

除此之外，还不可忽视大藏经中禅学思想对书法的重要影响。唐以后，随着狂草书风的兴起，一些受狂禅思想熏陶的书法家进一步从理论上提倡破法求变，唐人法度受到严峻的挑战。晚唐释亚栖在《论书》中说："凡书通即变……一若执法不变，纵能入石三分，亦被号为书奴，终非自立之体，是书家之大要。"这一论述与禅宗主张"打破佛像，我心即佛"的思想十分相似。宋以后，在禅宗思想的影响下，书法风尚开始由唐人"尚法"转向"尚意"，即个人自由抒情，并出现了以苏、黄、米、蔡四大家为代表的书法家。

苏轼深受"我心即佛"思想的感染，他重视"心"的作用，强调出新意，反对规矩束缚。他说："我虽不善书，晓书莫如我。苟能通其意，常谓不学可。"又说："我书意造本无法，点画信手烦推求。"这里的"意"即"心"，只要有"意"，就可以摒弃所有的法则，点画运笔随性之所至，甚至放荡不羁都可以。因而他进一步说："吾书虽不甚佳，然自出新意，不践古人，是一快也。"

黄庭坚的书论也表现出叛逆性格和独立精神，他在《以右军书数种赠丘十四》诗中写道："大字无过瘗鹤铭，官奴作草欺伯英。随人作计终后人，自成一家始通真。"《题颜鲁公帖》云："回视欧、虞、褚、薛、徐、沈辈，皆为法度所窘，岂如鲁公萧然出于绳墨之外，而卒与之合哉！"对颜真卿摆脱初唐法度、自出新意而又与艺术法则相契合的书法成就给予充分肯定。

宋人之所以能跳出唐人"尚法"而形成"尚意"的书风，是同禅宗的发展及其对艺术所产生的巨大影响和渗透密不可分的。换言之，禅宗的源于本性、源于自然、冲破束缚、打破偶像的反叛精神，为文人士大夫的艺术创作提供了哲学上的依据。因此，把"尚意"的书法作品看作"禅书"的一部分，应该是顺理成章的。[1]

此外，伴随着佛经传入的还有医药的传习。隋唐史书上记载由印度翻译过来的医书和药方就有十余种，藏语系佛教大藏经中还有医方明之学，存有大量医学著作。[2]

还有值得一提的是，《房山石经》这部完全石雕的大藏经，历时千年，它不仅是研究我国古代文化、艺术，特别是佛教历史和典籍的重要文物，也是世界文化遗产的珍贵宝藏。这些经碑，对校勘木刻经本的错讹，是可贵的实物依据。有些刻经题记还保存有唐代幽州、涿州地区的行会名称和政治、社会、经济情况，对研究当时华北社会状况有参考价值，同时也是研究古代金石、书法艺术发展的重要资料。除此之外，尚有太原晋祠的"华严经"，隋开皇大住窟的"大集经月藏分"和"五十三佛名"，四川安岳卧佛院石窟，大足宝顶山小佛湾

---

1 文师华：《佛教对中国书法的影响》，《南昌大学学报》（社会科学版）1996年第2期。

2 赵朴初：《儒佛道与传统文化》，中华书局，1990年。

经目塔，响堂山石窟《维摩诘经》《胜鬘经》《孛经》《弥勒成佛经》等。

第三节　佛经翻译对现代汉语的影响

佛教的汉译，不但为中土输入了一种新的宗教，而且打破了文言一统天下的局面，给汉语言文化注入了新的元素。这首先表现在大量新兴词汇的出现，汉语史上外来成语百分之九十以上都源于佛教。[1]在佛经翻译的过程中，不少佛教外来词被随之引进。在唐宋人编写的《一切经音义》和《翻译名义》集中所收的佛经词汇就不下千条。这些词汇，随着历史的发展，有的成为汉语词汇的组成部分，促进了汉语中大量新词汇的出现。杜爱贤先生认为，从这些词汇的构成来看，佛经翻译的影响有五种情况：汉词佛意，意译词汇，梵汉合璧词，利用新造汉字组成的词，源于佛典的成语与熟语。[2]语言学家们现在通过仔细分析得出结论：汉语中约有三万五千个单词出自佛经翻译，如"天花乱坠"（《心地观经·序分》）、"作茧自缚"（《妙法圣念处经》）等词语也源于佛典的成语和熟语。[3]而现在所常用的"世界""平等""念佛"、"慈悲""智慧""未来""地狱""秘密""神通"等词都是被译经者通过意译创造出来的。这些新鲜词汇不仅融入了汉语的语法和日常用法中，而且丰富了汉语的语体。

另一方面，因为翻译佛经时汉文梵文译者都难学对方的语言，前者是象形文字，而后者是字母文字，译者难以记忆，于是他们根据梵文字母创造了汉字的拼音方式。现已证明，汉字拼音的原辅音实际在梵文的影响下在唐代形成的。

根据玄奘提出的"五不翻"学说，译者可以根据译文读者的需要对佛经当中的部分词汇进行音译处理，因此产生了大量的佛教音译词，如"罗刹""舍利""罗汉""瑜伽""菩提""涅槃""袈裟"等。还有许多的单音节词随着译经事业的发展，被赋予了新的意义，如

1　史尤为：《外来词——异文化的使者》，上海辞书出版社，2004年。

2　杜爱贤：《谈谈佛经翻译对汉语的影响》，《世界宗教文化》2000年第2期。

3　骆贤风：《论翻译文学对现代汉语的影响》，《名作欣赏》2006年第12期。

"色""有""净""圣""爱""戒""缘"等。张建木在《佛教对于中国音韵学的影响》一文中指出，佛家对中国音韵学最重要的影响有三个方面：一是四声，二是字母，三是等韵图表。[1]可见，佛教经典的翻译对中国音韵学的影响至深。[2]

除了新增大量的词汇外，佛经对于古汉语的语法也有深远的影响。翻译佛经中，当时流行的骈文绮词丽句，被大量的倒装句、提问句以及解释句取而代之。梁启超指出：普通文章中所用"之乎者也矣焉哉"等字，佛典一概不用（除支谦等之译本）；既不用骈文家之绮词俪句，亦不用古文家这绳墨格调；复、倒装句法极多；一句中或一段中含解释语；多复用前文语；有连缀十余字乃至数十字而成之名词——名词中，含形容格的名词无数；同格的语句，铺排叙列、动至数十；一篇之中，散文与诗歌交错；其诗歌之译本无韵。[3]

例如，"如是所闻"，在语法结构上受了梵文的影响。汉语助词"于"字，在先秦两汉书籍中从来不用在动宾之间，魏晋南北朝时译经，为了凑韵文字数，才有了这种用法，如鸠摩罗什译的《法华经》中就有"击于大法鼓""供养于诸佛"这类的句子。此种用法，后来传到皮黄戏词里，就出现了"打骂于他""取笑于我"的说法。[4]汉魏六朝时期的佛典中，也开始出现由"把""将""着""了""便""就"等构成的新兴语法成分。

第四节　大藏经对古代少数民族文字创制发展的影响

大藏经在传播过程中，不仅对汉民族影响深远，对少数民族也有着不可忽视的意义。各少数民族在深受佛教影响的同时，还进一步发明或使用本民族文字来翻译佛教典籍，使本民族文字逐渐发展、完善，创造了新的文化形态。

1　杜爱贤：《谈谈佛经翻译对汉语的影响》，《世界宗教文化》2000 年第 2 期。
2　何慧敏：《试论佛教翻译对中国文化的影响》，《东岳论丛》2008 年第 2 期。
3　高秀娟：《浅谈佛经翻译对中国文化的影响》，《文学教育（中）》2011 年第 1 期。
4　马祖毅：《中国翻译简史——五四以前部分》，中国对外翻译出版公司，1984 年。

藏文约产生于 7 世纪中叶，吐蕃法王松赞干布（？～649 年）时期。据几部重要藏文史籍记载：藏族原无文字，松赞干布派遣屯米桑布扎赴天竺学习梵文和佛法。他学成之后返回吐蕃，遵照法王旨意，据梵文创立了藏文。屯米桑布扎从梵文的 34 个字母中，剔除藏语中没有音的 11 个，又据藏语的实际增补了 7 个，制定了 30 个藏文的辅音字母。又从梵文的 16 个元音字母中，挑出 4 个与藏语相符的，制定了 4 个元音符号。他根据梵文兰查字母创制了藏文正楷，又根据乌尔都字母创制了草书。并用藏文写下了 8 种文法书，翻译了《宝云经》等 20 余部梵文佛教经典。[1] 可见，藏文文字的出现，首先就与佛经的学习有直接关系。

1036 年，西夏开国皇帝元昊正式颁布西夏文字，史书称为"番书""番文"，与汉文并用，推行国内。因元昊极为推崇佛教，西夏文创制不久，即开始了译经活动。北宋景祐元年（1034 年），汉文大藏经《开宝藏》传到西夏。元昊于兴庆府建造高台寺予以收藏，同时召集僧人将其译为新创造的西夏文字。西夏建国前的 40 多年中，曾先后 6 次向宋朝进马赎经，然后进行翻译。从 1038 年起，到 1090 年，共译出佛教经籍 3579 卷，以后又陆续有所增加，最终形成了一部西夏文译写的大藏经，或称《蕃文大藏经》。西夏文大藏经是除藏文佛经外，翻译、结集最早的少数民族文字大藏经，在我国中古时期的佛教史上占有重要地位。据统计，现存的西夏文共有 5900 余字[2]。西夏文字的成熟和翻译大藏经有着密切关系。西夏文大藏经很多是从汉文译过来的。西夏文字虽仿造汉文，但无一字与汉文相同，只有几十年历史的西夏文与有几千年历史的汉文对翻译卷帙浩繁的大藏经，其文字、词汇、语法、表现能力都受到严峻考验，如果西夏文字本身没有巨大的发展和进步，完成这一工作是难以想象的。同时，还有相当部分的西夏文大藏经译自藏文，这也说明在译经过程中，西夏文字的活

---

1 罗秉芬：《藏文·中国民族古文字研究会·中国民族古文字》，天津古籍出版社，1987 年。
2 《国家图书馆学刊》（西夏研究专号）（增刊），2002 年。

力在不断增强。[1]

蒙古文字同样深受汉文大藏经的影响。17 世纪后，康熙帝钦命刊刻的《如来大藏经》传至蒙古，导致蒙古文的书写形式和拼写规则发生了很大变化。字母笔画结构有所改进，拼写规则渐趋严密，一个词分成两段书写的现象也逐渐消失。[2] 由于刻写经书对语言文字本身和概念的准确反映都有严格要求，这使回鹘式蒙古文变得更加规范化，终于形成了近代蒙古文。

总之，佛教一旦为各民族统治者所接受，作为佛教文化载体的大藏经，必然有将其翻译为本民族语言的迫切需要，那么借助其他民族已有的文字来创造本民族的文字，这也是势在必行的。这些文字创造出来后，首先用于政府诏令、军事文书，进而用于民间书信、记账等。而让这些文字最先受到考验的就是大规模使用的大藏经。因此，也可以说，大藏经是我国许多少数民族创造文字的催化剂。

第五节 佛经翻译对中国文学的影响

佛教传入中国后，大多数朝代的统治者都崇信、扶植佛教，文人与佛教的关系也极为密切，佛教为中国文学营造了一种新的文化氛围和文化土壤，也就是新的意境、新的文体和新的命意遣词方法。

首先，佛经词汇丰富了汉语言文化。梁启超先生曾在《翻译文学与佛典》中提到：

近代日本人所编佛教大辞典，所收乃至三万五千余言。此语者非他，实汉晋迄唐八百年间，诸师所创造。加入吾国语系统中而变为新成分者也。夫语也者，所以表观念也，增加三万五千语……由此观之，则自译业勃兴后，我国语实质之扩大，其程度为何如者。

由此得知，佛经词汇对中国文化的影响及贡献是深远而丰厚的。

---

1 魏忠：《大藏经的翻译传播对我国古代少数民族文字创制发展的影响》，《大连民族学院学报》2004 年第 6 期。

2 道布、傅懋：《中国民族古文字图录》，中国社会科学出版社，1990 年。

其次，白话文的产生。为了广泛地传播佛教，以普度众生，佛教用语一般力求清晰明了、通俗易懂，佛经翻译也力求明白晓畅。随即，白话文初见端倪，为汉语言开辟了一方新天地。为了方便给一般不识字的普通信众讲说佛经故事，还产生了宝卷、讲俗等形式的文本，后发展成为通俗小说。新文化运动以来，白话文丰富了佛经译入语的表达方式，佛经翻译家在翻译时摒弃了六朝骈文的浮华绚丽，拒绝使用"之乎者也"之类的文言句式和古文作家所遵循的文言句法，而是通过直译与意译相结合的手法，更加注重读者对译文的接受和理解能力，将佛经翻译成大众更易接受的白话文，这也为汉语的演变和发展开辟了一片新的天地。胡适指出："中国佛经翻译给中国文学史上开了无穷新意境，创了不少新文体，添了无数新材料。……它抬高了白话文体的地位，留下无数文学种子在唐以后生根发芽，开花结果。"[1] 瞿秋白也给予佛经翻译很高评价，认为中国最早的白话文学是在佛经影响之下开始的，佛经翻译从汉到唐的进化，正是从文言文到白话文的进化。

再次，想象世界的丰富。佛教带来了三世（前世、今世、来世）、因果轮回及三界、五道的观念，把思维的时空维度扩大了，人的想象世界随之扩大。佛经中的幻想、夸张等艺术手法对中国小说也产生了重要影响。佛经长于譬喻，如佛教《百喻经》的翻译就为中国文学带来了大量的生动形象和极富想象力的比喻。所以，中国文人皆爱好读佛经以助其文章之妙思，进而想象力不期而增加，诠写方法不期而革新。

佛经直接影响了中国文学的发展。佛经的传入，直接影响了《封神榜》《西游记》等小说的创作，如超自然的想象人物孙悟空、哪吒和其他不朽的众神鬼怪深深吸引了读者，"三头六臂""七十二变"等在每一个中国儿童的心里播下了想象的种子。吴承恩的《西游记》虽说以唐玄奘到天竺取经为原型创造，但唐僧师徒除妖斗魔的惊险却随着孙行者的一个筋斗跑出了十万八千里，中国人的思维终于沾上了佛门仙气，开始进入"海阔凭鱼跃，天高任鸟飞"的自由境界。在某种意义上，我们可以说中国的浪漫主义文学就是印度佛经的产儿。[2]

---

1 胡适：《白话文学史》，岳麓书社，2010 年。

2 何慧敏：《试论佛教翻译对中国文化的影响》，《东岳论丛》2008 年第 2 期。

还有文学形式的变化。佛教来华前，汉语文章中很少有散文与韵文相交错的形式出现，而这种活泼的风格在佛经中却极为常见，正是这种活泼的文体风格，很大程度上导引了唐代以后变文的形成，为汉语向口语化方向发展作了前期准备。变文是为佛教普及的目的而产生的一种特殊的文学，也就是把佛经内容演变为便于讲唱的通俗文辞。敦煌石窟发现的各种变文，是文辞酣畅想象力非常丰富的大众化的文艺作品。从这些作品中，可以看出后来的平话、小说、戏曲等中国俗文学的渊源所在。如马鸣的《佛所行赞》带来了长篇叙事诗的典范，《法华经》《维摩经》《百喻经》等鼓舞了晋唐小说的创作，《般若》和禅宗的思想深深影响了陶渊明、王维、白居易、苏轼的诗歌创作。

在译经体方面，鸠摩罗什创造出了一种融和梵语与汉语之美感又不失佛经原有韵味的译经文体。南怀瑾认为，鸠摩罗什"翻译了许多经典，其中《金刚经》以及《法华经》影响中国文化极大，尤其他的文字格调，形成了中国文学史上一种特殊优美、感人的佛教文学。此外还有《维摩经》的文字也很特别，是另创一格的文字意境。后来玄奘法师等人的翻译，在文学境界上，始终没有办法超越鸠摩罗什，这就是文字般若不同的缘故"。[1]

此外，还有由禅师们的谈话和开示的记录而产生的一种特殊文体——语录体，这种朴素而活泼自由的口语文体，后来被宋明理学家仿效而产生了各种语录。可以说，佛经的翻译是我国翻译文学产生的标志，汉译佛经的流传产生了变文、俗讲、语录体等文学形式。中国的评话、评书、戏曲文学也深受其影响。佛教对中国文学和思想文化影响巨大，许多文人墨客往往在文学作品中流露出各种佛教思想。

还有故事性的加强。随着佛典的弘传，经典中的譬喻故事、偈颂、思想也潜移默化地融入中国的文化中，生动有趣的寓言故事更是引人入胜。如《百喻经》中的"空中楼阁"，提到一位富翁想要兴建楼房，看中了别人的第三层楼的建筑，于是要求建筑师不要从第一层建起，直接兴建第三层楼。以此来告诫弟子修行非一蹴而就，要打好

---

1 南怀瑾：《金刚经说什么》，复旦大学出版社，2001年。

坚实的基础，现在则用来形容不切实际的想法或行为。诸如此类的譬喻故事还有很多，不胜枚举。即使不信教者，亦心醉于其字里行间。如《四分律》卷四九、卷五〇写了一个妓女的儿子成为神医的事迹，除了首尾部分外，并未宣传佛教思想，却重在阐述国王的无耻与残酷。这样的经文数不胜数。佛经中记载的大量故事，随着佛经的翻译传入中国，并且流传到民间，加强了中国文学的故事性与可读性。

中国文学中有的故事就是直接来自佛经，而后又在小说里改写为中国本土的故事，如（梁）吴均《续齐谐记》里所记"鹅笼书生"。有些则是印证佛教思想的中国本土产生的故事，如《幽明录》等书中大量的记载。南北朝时期，记载因果报应之类故事的小说大量出现，这显然与佛教有关。鲁迅在《中国小说史略》中也指出，魏晋南北朝志怪小说与佛教有密切关系。另外，中国戏曲的故事情节也深受佛教故事的影响。像元杂剧中的许多剧情都取材于佛经故事，如李好古的《沙门岛张生煮海索妇》中张生煮海索妇的情节等等。[1]

此外，佛经的传入还丰富了佛教派别，进而为中国文化增添了新鲜血液。畺良耶舍译《观无量寿经》，建净土之法要。昙无谶译《涅槃经》，促佛性之研讨，扬涅架之妙旨。僧伽提婆阐有部之真谛，弘毗昙之实学。菩提达摩南来又北上，大弘禅教，实禅宗之开山。真谛三藏译《摄论》《唯识》诸论，奠法相之基石。佛陀大弘止观禅法，导天台之先路。从汉末至南北朝几百年，佛教旧译经论灿然大备，为隋唐判教开宗及新译经论打下了坚实的基础。[2]

综上所述，作为历史上一种文化思想革命的产物，佛教在传入中国后，尤其是大藏经的编纂汇集，对中国文化的影响既深且巨，而且是全方位的。通过对佛经的传译，将印度佛教的精深和奥秘引入儒家和道家占统治地位的中国本土，给中国传统文人学者和普通百姓提供了思考人生、探讨宇宙的另外一条新奇和特别的途径。同时，佛经翻译对中国汉语言、翻译理论、文学、哲学等方面产生了巨大而深远的影响，彰显了佛经翻译对中国文化的推动与促进作用。

---

1 《试论佛经翻译对中国文化的影响》，http://blogsinacomcn/s/blog_623e799d00100ff7yhtml.

2 吴立民：《论佛教与中国文化》，《佛教文化》1991 年第 5 期。

第七章　践行菩萨道，复兴中国文化

中国文明是在五六千年的发展历史中不断吸收各民族、各国家、各地域的文化基础上而形成的多元一体的文明共同体。[1]站在全球的视野，唯有中国文明在激流奔涌的历史长河中延绵不绝，无论是战乱、失政、外族入侵还是水旱灾疫，都未能割裂和阻止中国文明的连续性。刘家和先生指出：中国古代文明的连续性，无论在时间上还是空间上都有自己的明显的特色。从时间而言，中国的政治史上的连续性甚至在南北朝时期也没有中断，而这种连续性往往可以成为文化史上连续性的保证，这一点对中国古代文明的连续生存是至关重要的。中国古代文明在文化史上发展的连续性，包括两个方面，一是作为中国文化赖以流传的工具或其重要表现形式的汉语言文字发展的连续性，　二是作为中国文化的精神内容的学术本身（其中尤其重要的是哲学和史学）发展的连续性，这种强有力的文化传统不仅使中国在文化史上的连续性具有最完整的意义，也在一定程度上成为保证中国文明的政治史上的连续性的一个重要条件。从空间而言，中国古代文明完整地经历了在空间展延或者统一的三个层次，即从城市国家性的邦到地区性的王国，从地区性的王国到跨地区性的帝国。中国文明在空间展延的过程中，政治方面经历了持久的统一过程，民族方面则展现出一种不断的融合和联合的趋势。[2]这种统一的趋势，源自家国一致的思想以及随之

1　汤一介：《文化的互动及其双向选择——以印度佛教和西方哲学传入中国为例》，《开放时代》2002年第2期。阮炜在系统梳理学界对"文明"与"文化"这一对既相近又有区别的概念的阐述后，指出："目前各方面使用的文明一词不仅可以指一种特定价值观念体系及相应生活样式，也可以指认同于该价值观念体系和生活样式的人类共同体，而文化则具有更为明显的形态学含义，或者说指前者，而基本上不指后者。也可以说，文明既可以指一特定生命形态即一特定价值观念体系及相应生活样式，也可以指认秉有该特定生命形态的人类共同体，而文化基本上只指生命形态即某特定价值观念体系及相应生活样式本身。"见《文明与文化》，《深圳大学学报（人文社会科学版）》2001年第18卷。

2　刘家和：《古代中国与世界》，北京师范大学出版社，2012年，第335～353页。

而来的礼法一致、忠孝一致的思想，源自先秦以文化区分民族的优良传统以及四海一家的天下观念。

中国文明固然古老，却总能生生不已，日久而弥新，究其根源，就在于中国文明源远流长，博大精深，兼收并蓄，有容乃大。刘家和先生说："中国文明的统一性特点的形成，并非依靠它能排斥或者消除异己的因素，恰恰相反，完全依靠它能兼容并蓄，然后经过熔冶将不同的因素化为一个不断发展的新整体。"[1] 在中国文明发展的漫长过程中，"有两次重大的外来文化的传入，它们深深地影响了中国文化的面貌。第一次是自公元一世纪开始传入的印度佛教文化；第二次是自十六世纪末、特别是自十九世纪中，西方文化的传入"。[2] 这两次外来文化的传入，无不深刻影响并融入了中国文化。梁启超曾说："国有国之学术。"中国之学，或者说"国学"，亦即刘家和先生所说的"中国文化的精神内容的学术本身"，所包含的意义有着极其丰富的多元性。其中，既包含绵延数千年的中国本土文化——儒、道二家，也包括经中国创造性转化而形成的中国佛教。儒、道、佛三家构成了中国传统文化的三大支柱，深刻影响着人们的日常生活。这业已成为当代政、学、教以及社会各界的共识。

此外，还有自明朝末年到近代，乃至当代的西方学术思想向中国传播的历史过程——即"西学东渐"中所形成的哲学思潮与理念。其中，尤为重要的是，结合中国国情、创造性发展中的马克思主义在中国的落地生根、开花结果，为中华民族的独立、自主和伟大复兴奠定了基础。这一中国化的马克思主义哲学已成为中华文明复兴的又一坚实支柱。这四者多元共生，异彩纷呈，蔚为壮观，共同汇成中华民族文化的四维，并植根于中华沃土，相互交融，成为中华文明的基因，深刻影响着中国人的思想及行为方式。

因此，正如美国学者阿里夫·德里克所指出的，将"国学"等同于儒学就抹杀了"国学"的多元性。正由于延绵不绝的中华文化的滋养、

1 刘家和：《古代中国与世界》，北京师范大学出版社，2012年，第353页。

2 汤一介：《文化的互动及其双向选择——以印度佛教和西方哲学传入中国为例》，《开放时代》2002年第2期。

化育，养成了炎黄子孙浩然正气、放眼世界、兼善天下、坚韧不屈的民族性格和非凡创造力，使中华民族虽历经风雨而始终能岿然屹立于世界民族之林。

第一节　佛教中国化的趋势要求

2014年3月27日，习近平主席在法国巴黎联合国教科文组织总部的演讲中指出：

佛教产生于古代印度，但传入中国后，经过长期演化，佛教同中国儒家文化和道家文化融合发展，最终形成了具有中国特色的佛教文化，给中国人的宗教信仰、哲学观念、文学艺术、礼仪习俗等留下了深刻影响。中国唐代玄奘西行取经，历尽磨难，体现的是中国人学习域外文化的坚韧精神。根据他的故事演绎的神话小说《西游记》，我想大家都知道。中国人根据中华文化发展了佛教思想，形成了独特的佛教理论，而且使佛教从中国传播到了日本、韩国、东南亚等地。[1]

时隔半年，习近平主席在印度世界事务委员会发表了《携手追寻民族复兴之梦》的演讲，谈及中印两千多年的文化交流，并将佛教作为人类文明交流互鉴的典范，指出：

佛兴西方，法流东国，讲的是中印两国人民交往史上浓墨重彩的佛教交流。公元67年，天竺高僧迦叶摩腾、竺法兰来到中国洛阳，译经著说，译出的《四十二章经》成为中国佛教史上最早的佛经翻译。白马驮经，玄奘西行，将印度文化带回中国。[2]

习近平主席通过剖析佛教中国化的历程与意义，阐明了文明因交流而多彩，文明因互鉴而丰富；文明交流互鉴，是推动人类文明进步和世界和平发展的重要动力；以文化人，如春风化雨，让文化为人类进步助力，推动中华文明创造性转化和创新性发展。

---

[1] 习近平：《在联合国教科文组织总部的演讲》，《人民日报》2014年3月28日第3版。

[2] 习近平：《携手追寻民族复兴之梦》，《人民日报》2014年9月19日第3版。

追求人民幸福、实现中华民族伟大复兴的中国梦，与中国佛教自身梦想的三个层面——追求涅槃境界，成佛作祖；慈济天下，普度众生；庄严国土，利乐有情的价值契合、会通，体现了中国佛教徒觉悟人生、奉献人生的崇高精神，曲折地反映了人民的内在愿望和追求，折射出人们对社会理想和社会进步的关切和诉求，构成了团结佛教界力量，共同为实现中华民族伟大复兴这个梦想而奋斗的思想基础。

在 2016 年 4 月召开的全国宗教工作会议上，习近平主席提出了我国宗教要坚持中国化方向。指出：宗教问题始终是我们党治国理政必须处理好的重大问题，宗教工作在党和国家工作全局中具有特殊重要性，关系中国特色社会主义事业发展，关系党同人民群众的血肉联系，关系社会和谐、民族团结，关系国家安全和祖国统一。而做好新形势下宗教工作，就要坚持用马克思主义立场、观点、方法认识和对待宗教，遵循宗教和宗教工作规律，深入研究和妥善处理宗教领域各种问题，结合我国宗教发展变化和宗教工作实际，不断丰富和发展中国特色社会主义宗教理论，用以更好指导我国宗教工作实践。积极引导宗教与社会主义社会相适应，一个重要的任务就是支持我国宗教坚持中国化方向。要用社会主义核心价值观来引领和教育宗教界人士和信教群众，弘扬中华民族优良传统，用团结进步、和平宽容等观念引导广大信教群众，支持各宗教在保持基本信仰、核心教义、礼仪制度的同时，深入挖掘教义教规中有利于社会和谐、时代进步、健康文明的内容，对教规教义做出符合当代中国发展进步要求、符合中华优秀传统文化的阐释。[1]

因此，中国佛教在实现中国梦尤其是其中精神层面的实践中要充分发挥佛教的精髓，以菩萨道坚守和践行社会主义核心价值观，主动投身于中华文明创造性转化与创新性发展的历史洪流之中，自觉担当起复兴中国文化的历史责任。

而这种文化自觉，费孝通谓之为"生活在一定文化中的人对其文化有'自知之明'，明白它的来历、形成的过程，所具有的特色和它

---

1 《习近平在全国宗教工作会议上强调全面提高新形势下宗教工作水平》，《人民日报海外版》2016 年 4 月 25 日第 1 版。

发展的趋向，自知之明是为了加强文化转型的自主能力，取得决定适应新环境、新时代文化选择的自主地位"。[1]中国佛教正是这种文化自觉的创造性成果，既是自身发展的内在必然要求，也契合了习近平主席反复强调的"中国化"这个关键问题。中国佛教虽然在历史上已经实现中国化，且已成为中外文化互融互鉴的一个不可多得的范例，但倘若仍然停留在原来的程度就远远不够了。因为宗教中国化的实质，就是不断调适其自身以适应时代发展的新要求，是一个与时俱进、从无止境的现代化过程。

因此，当今宗教中国化之倡导，有如下应有之义：

一是宗教界人士及信众要增强政治认同，热爱祖国，拥护社会主义制度，拥护中国共产党的领导，遵守国家的法律法规和方针政策，把广大信教群众团结在党和政府周围，积极投身到实现中华民族伟大复兴的中国梦的实践中去。

二是宗教界要积极适应中国特色的社会主义社会，以开放包容的心态和与时俱进的精神，在宗教观念、制度、组织等方面进行自我革新，从现实社会中吸收新鲜养分，进而与社会主义核心价值观相资相益、相辅相成，自觉承担起相应的社会责任。

三是将宗教文化融合到中华文化沃土中去，与本土传统的风俗习惯相适应。一方面要继承和弘扬中华文化多元包容、求同存异、和谐共处的优良传统，并以中华优秀传统文化浸润宗教；另一方面要以社会主义核心价值观引领宗教，对宗教教义，特别是其中的伦理思想，适时做出符合当代中国文明发展进步要求、有利于中华优秀传统文化的调适和创新。

因此，循价值认同、社会适应、文化融合的标准和路径，可使宗教界人士和广大信众与党和人民在思想上同心、目标上同向、行动上同行，达到宗教对国家认同、民族认同及文化认同，共同融入建设繁荣富强的社会主义事业之中。这种佛教中国化的进程，才能塑造出与时俱进的中国佛教。

---

1 费孝通：《对文化的历史性和社会性的思考》，《思想战线》2004 年第 2 期。

赵朴初老会长曾说"好将佛事助文治",符合《仁王护国般若经》的大乘佛教精神。具体做法如下:

第一,要坚持佛教中国化方向。早在东晋年间,道安法师就处理弘扬佛法与国家政权的关系,提出了一项基本原则:"不依国主,则法事难立。"这一原则为佛法在中国的发扬光大奠定了坚实基础。当前,我们要更加深刻地理解、坚持中国化方向,不断提高佛教与社会主义社会相适应的广度和深度。全国佛教界要继承和发扬爱国爱教的优良传统,始终不渝地坚持正确的政治方向,拥护中国共产党的领导,坚定不移地走中国特色社会主义道路,做到"信教仍思爱国兴邦,修行未忘济世利民"。要引导四众弟子热爱祖国、热爱人民,维护祖国统一,维护中华民族大团结,服从服务于国家最高利益和中华民族整体利益。秉持佛子本分,不干预行政、司法、教育等国家职能实施,服从政府依法对涉及国家利益和社会公共利益的佛教事务进行管理。

第二,要适应中国化佛教趋势。国家的发展和社会的进步,要求佛教与时俱进、革故鼎新,与新的时代和形势相适应。自汉明帝遣使西域访求佛法以来,印度佛教在中国与中华文明相互碰撞交融,最终发展成汉传佛教,成为中华文明的重要组成部分,这即是"中国化佛教"。历史上,无论是佛门八宗的出现,还是"马祖建丛林、百丈立清规",以至近代太虚大师"人间佛教"的提出,都是在中国化佛教的同时,赋予了佛教更加强大的活力和生命力。新形势下,佛教界要致力构建积极健康的宗教关系,使佛教适应"三个需要":

首先,是适应社会化需要。要在保持基本信仰、核心教义、礼仪制度的同时,深入挖掘教义教规中有利于社会和谐、时代进步、健康文明的内容,对教规教义做出符合当代中国发展进步要求、符合中华优秀传统文化的阐释。坚持"人间佛教"的发展方向,奉行五戒十善以净化自己,广修六度四摄以利益人群,自觉地以建设人间净土为己任,为庄严国土、和谐社会、利乐有情贡献自己的力量。要本着"知恩报恩"精神,密切联系和切实服务信教群众,满足信教群众的信仰需求,引导信众正信正行,维护信教群众的合法权益。

其次,是适应法治化需要。党的十八大强调把法治作为治国理政的基本方式。十八届四中会议通过了《中共中央关于全面推进依法治国若干重大问题的决定》。习近平主席讲话要求，"提高宗教工作法治化水平，用法律规范政府管理宗教事务的行为，用法律调节涉及宗教的各种社会关系"。这要求佛教界要适应法治化建设需要，正确处理国法与教规的关系，把国法与教规有效衔接起来，把爱国与爱教有机结合起来，把政府依法管理与佛教界依据教规自我管理全面协调起来。佛子要带头遵法学法守法用法，依法建设管理寺院，依法开展教务活动，依法抵制各种非法违法活动。要关注和参与立法进程，积极向党和政府建言献策，坚持通过法治方式、合法途径解决涉及自身权益的重大问题。

再次，是适应网络化需要。在当今日新月异的新媒体时代，一切都要像网络一样联成一体。社会上的各个行业、团体都很强调这一点，这就是共业的力量。在这个网络时代若排斥网络，佛教就没有办法去广泛深入地影响社会。佛教虽然是传统而古老的，但四众弟子是现代的，佛教徒和佛教应该接受先进科学，把慈悲、平等、圆融等佛教智慧，用适应现代社会的方式传递到社会上去，让各阶层的人们都能够听到正法之音。要具有"互联网＋"思维，根据时代因缘积极尝试，充分利用现代科技技术，通过拍摄纪录片、视频，通过网络、APP，通过微信、微博等自媒体，弘扬优秀文化，光大如来佛法。要探索建立"网上法身""寺院上网"，通过互联网进行在线撞钟、在线供佛、在线抄经、在线念佛、在线坐禅、在线浴佛、在线早晚课例等一系列活动。同时，佛教适应网络化，既要求遵守国家相关政策法规、严守佛门清规戒律，又要把握社会公共道德尺度，熟悉互联网"游戏规则"，归根结底是正知正见、正信正行、正己正人。

第三，要发挥佛教化中国作用。所谓"佛教化中国"，就是以佛法的真善美、戒定慧来影响中国民众，推动社会进步，最大限度地发挥佛教的积极作用。实践证明，只有国家兴旺、社会进步，只有利益众生、发挥作用时，佛教才能健康有序传承发展。发挥宗教在促进社会和谐中的积极作用，发挥宗教界人士和信教群众在促进经济社会发展中的积极作用，发挥宗教界人士和信教群众在促进文化繁荣发展中的积极作用，这是中国佛教界的首要任务，主要体现在以下三个方面：

一是为促进社会发展发挥积极作用。这是党和政府对佛教界和信教群众的殷切希望，也是当前社会历史条件下，践行"人间佛教"思想的必然要求。只有充分发挥佛教界在促进经济发展、社会和谐、文化繁荣、生态文明和法治建设中的积极作用，才能体现佛教的时代价值，为佛教事业的发展开辟更加广阔的空间。佛子要号召广大信教群众，把智慧和力量凝聚到祖国现代化建设上来，为实现"两个一百年"奋斗目标、实现中华民族伟大复兴的中国梦而奋斗。要积极传播佛教优秀文化，使和谐理念进一步深入人心，使佛教成为激活善信的力量、启迪智慧的法门、点亮心灵的明烛和引导前行的灯塔，承担更多的安顿众生身心、安顿社会秩序的责任。

二是做好民间友好交往排头兵。我国佛教是热爱和平、倡导和谐的宗教，是与世界各国佛教徒友好交流的精神纽带。在对外交流方面，既要"请进来"，又要"走出去"，做民间友好交往的排头兵。在国内，要邀请兄弟省、市、县佛协相互参访学习、交流提高、增进友谊。与港澳台，我们同根、同祖、同源，要建立稳定的交流平台和合作机制，不断增进彼此的血缘、文缘、佛缘联系，促进民族团结，维护祖国统一。积极与其他国家进行文化交流和宗教对话，为促进世界持久和平、共同繁荣发挥积极作用。

三是积极开展佛教公益慈善事业。"佛子所行道，布施以利人"。佛教公益慈善应从三个方向发力：一是拔苦，广种福田，救众生于水火；二是医心，净化心灵，使众生息灭贪嗔痴；三是扬善，化世导俗，促进社会和谐、自然和合。为达成以上目标，要致力推动成立佛教公益慈善机构，创新运作模式，拓宽慈善领域，将公益慈善引入常态化、规模化、持久化。倡导僧伽"月行一善"，建设稳定的志愿者队伍，引导汇聚四众弟子向上向善的正能量。

第二节　汉文大藏经的现代化使命

中国作为佛教的第二故乡，今天已成为东北亚乃至全世界佛教的中心，可谓南传、汉传、藏传三大体系俱存，汉语、藏语、巴利语三大语系具足，八大宗派齐全，独立的汉语系、藏语系、巴利语系经律论三藏文本汗牛充栋，这些独一无二的优势说明了中国佛教在世界佛教上的地位和重要性。汉文大藏经既是佛教中国化的重大成果或结晶，也是中国佛教对印度乃至世界佛教的反哺。所谓盛世修藏，历来是中华民族的优秀文化传统，不仅延绵不绝，且能踵事增华。

但是，自近代以来，一如方广锠先生所痛心的，"我们对梵文佛典、巴利语佛典的整理，我们都落在世界的后面。对藏文佛典的研究，现在也很难说我们一定掌握着优势。如果我们在汉文佛典的整理研究方面再落后于世界，则实在愧对祖先，愧对'佛教第二故乡'的称号"；而"目前日本、韩国、美国等国家以及我国台湾地区都比较重视这一事业，将大量人力、物力投入其中。我们实际上已经处在相对落后的地位"。[1]因此，我们不能让大藏经这份祖先留下的遗产的知识产权丧失，而应该在汉文佛教典籍的整理方面做出应有的贡献。

同时，时代在发展，历史在前进，传统的文本面临着一个重要的问题，那就是现代化的问题。仅以现存的汉文大藏经为例，其很难适应当代人的阅读习惯，原来的句读方式与现代标点差距较大，为研究、读诵与普及造成了困难。因此，整理一套全面、系统、科学的汉文大藏经，是佛教界值得关注的事情。

因此，在发展中国文化的过程中，应以马克思主义的唯物史观为指导，以现代科学的思维方式和研究方法重振佛学。重建中国人的精神家园，弘扬爱国主义精神和悠久的人文传统，实现中华民族的伟大复兴，让古老的国学焕发新的活力，是当今中国佛教界的历史任务。古人说："虽有佳肴，弗食，不知其旨也；虽有至道，弗学，不知其善也。"[2]如果不对中华文化进行深入的发掘和研究，又怎么能够掌握中华文化的真实价值呢？如果没有国际化、现代化的视野探究中华文化，又怎么可能让中华文化重光，中华文明更进一步？只有按照时代

---

1 何云：《〈藏〉外话佛教（二）——关于〈藏外佛教文献〉的访谈录》，《佛教文化》1996年第5期。

2 《礼记·学记》。

的新进步，推动中华文明创造性转化和创新性发展，激活其生命力，才能把跨越时空、超越国度、富有永恒魅力、具有当代价值的文化精神弘扬起来，让收藏在博物馆里的文物、陈列在广袤大地上的遗产、书写在古籍里的文字都活起来，让中华文明同世界各国人民创造的丰富多彩的文明一道，为人类提供正确的精神指引和强大的精神动力。

杜继文先生认为，从传统文化的角度重新审视大藏经，对于我们的民族文化的形成和发展，可能会有许多新的发现、新的认识。这一点非常重要。佛教是第一次大规模移植于我国内地的异质文明，并融入我国社会的域外宗教文化，我们的先人接受了什么、甄别了什么，对于我们民族的思维方式和思想观念都发生过什么作用，以及如何做总体的估量等，都值得认真思考。而这不仅有着深远的历史意义，还有着针对性、借鉴性很强的现实意义。[1]

基于这种使命，笔者从2006年就与韩欣居士开始了整理点校汉文大藏经的工作。首先，带领团队完成了《中华汉文大藏经》的经目考证以及目录编撰工作。从学术的视角出发，在采纳被称为"现代以来佛典分类最新成就"的《大正藏》基础上，参考何梅先生的《历代汉文大藏经经目新考》，将所有汉文佛典依次分为阿含部、本缘部、般若部、法华部、华严部、宝积部、涅槃部、大集部、经集部、密教部、律部、释经论部、毗昙部、中观部、瑜伽部、论集部、经疏部、律疏部、论疏部、诸宗部（三论宗、法相宗、华严宗、律宗、天台宗、净土宗、禅宗、真言宗、净土真宗、时宗、日莲宗）、史传部、地志部、护法部、礼忏部、事汇部、别集部、音义部、目录部、南传部、藏传部、悉昙部、古逸部、疑似部、外教部34个部别，并在各部别中增加了最新的研究成果，这将使《中华汉文大藏经》目录的分类成为迄今为止最完善的。

其次，《中华汉文大藏经》涵括了以往汉文大藏经收录的全部汉文经籍、以往大藏经失收的经籍乃至新发现的佚经（尤其是敦煌佚经），近代译自藏文、巴利文、梵文的经籍，以及有一定水平的晚近

---

1 杜继文：《〈中华大藏经〉的价值》，《光明日报》2005年7月14日。

著述，收录五千多部佛典，规模达3.5亿字。正如方广锠先生2013年在展望未来的大藏经编撰工作时所说：

> 现存辛亥革命以前的有关佛教资料总数大约在3.5亿字左右，已经收入历代大藏经（包括日本诸种藏经）大约为2.5亿字，即还有1亿字左右的资料需要我们去收集整理。辛亥革命至今的资料总数大约也不会少于1亿字。如果我们能够把这2亿字全部收入大藏经，就能突出时代的特色，占据历史的高峰，在中国文化史、世界文化史上树立起一座丰碑。无愧于前人，无愧于后代。[1]

再次，经文采用简体横排、规范某些异体字，所收佛典均适当地划分段落，并全盘借助新式标点。

作为中国佛教精髓总汇的汉文大藏经的发展，自古至今经过了写本时期、刻本时期、近代印刷本时期。这些旧版大藏经，均为竖排、繁体且无标点；近代出现的石印和铅印大藏经，即使有句读，但也并非新式标点；而近来出现的数字化大藏经，即使横排、简体，无新式标点的佛典甚多。这不符合给现代人的阅读习惯，给人们造成了阅读和弘扬方面的障碍。再者各版汉文大藏经收录的经本，都是用古文写成的，大多是不分段、竖排、无标点的雕版印刷品，再加上佛教术语晦涩难懂，但是对今天的非专业人士来说，阅读起来实在困难。

因此，采用古籍整理学的学术方法对传统的汉文大藏经进行现代化的整理，即用校勘、标点、注释、辑佚等方法进行整理，以适应今人的阅读习惯。

著名语言学家吕叔湘说："标点是整理古籍的第一关。"[2]标点佛经，同样是整理佛经的第一关。而以往的所有汉文大藏经，包括广受称赞的日本《大正藏》，都缺乏全面、正确的标点。自改革开放以来的30多年，我国的佛教研究突飞猛进，佛教研究队伍也飞速成长，目前已经具备了对大藏经进行标点的学术力量。

---

1 何云：《〈藏〉外话佛教（二）——关于〈藏外佛教文献〉的访谈录》，《佛教文化》1996年第5期。

2 吕叔湘：《整理古籍的第一关》，《出版工作》1983年第4期。

第四，由于历代汉文大藏经版本众多，诸版本之中的经文相异之处颇多，此次整理工作力求选择"源头版本"为底本，首先将《房山石经》《资福藏》《碛砂藏》《赵城金藏》《普宁藏》《永乐南藏》《径山藏》《高丽藏》《乾隆大藏经》的异文撰写了详细的校记，并将所出校记附在佛经每卷卷后，以期研究者看到诸多善本的不同之处，起到工具书式的判断，便于读者各自判断、取舍参考，能克舛误错讹。力求以孜孜以求、精益求精的工作态度，使这部《中华汉文大藏经》成为大藏经有史以来校勘较为精到的版本。

第五，由于佛经文句艰涩，义理幽奥，术语独特而且繁多，这给阅读和使用带来了一定的困难。因此，在广泛阅读和借鉴古今中外的研究成果的基础上，整理团队对每部经撰写题解一篇，置于经文之前，内容一般依次为经名、异名、定性语、著译者、卷数、译撰者事迹、序跋题记、篇章结构、内容大意、研究价值、流传概况（包括历代经录有无著录）、有无异本等，以期达"抉奥提纲，溯源竟委"之功效。到全藏编撰完成时，这些题解便可集合成目前分类细致、解说详尽的佛学工具书——《中华汉文大藏经总目提要》。

第六，以现代印刷、书册本的方式出版，并以数字资源上线做配套，使之更加符合现代人的阅读和研究习惯。

因此，使《中华汉文大藏经》成为中国乃至世界目前收经最完备、版本最权威、使用最便利的现代读本，是汉文大藏经的现代化使命之一。这对佛教文化的进一步发展，对中西方文化的进一步交流意义重大。

唯其如此，方能按照时代的新进步，推动中华文明创造性转化和创新性发展，激活其生命力，把跨越时空、超越国度、富有永恒魅力、具有当代价值的文化精神弘扬起来，让中华文明同世界各国人民创造的丰富多彩的文明一道，从而为人类提供强大的精神动力和正确的精神指引。